Miegel · Alt-Königsberger Geschichten

AGNES MIEGEL

ALT-KÖNIGSBERGER GESCHICHTEN

EINGELEITET VON ANNI PIORRECK

EUGEN DIEDERICHS VERLAG

MIT 10 ABBILDUNGEN

CIP-Titelaufnahme der Deutschen Bibliothek

Miegel, Agnes:
Alt-Königsberger Geschichten / Agnes Miegel. Eingeleitet von
Anni Piorreck. – 3. Aufl. d. Neuausg. 1989 – München : Diederichs,
1991
    ISBN 3-424-00722-6
NE: Miegel, Agnes: [Sammlung]

3. Auflage 1991
© Eugen Diederichs Verlag, München 1981, Neuausgabe 1989
Alle Rechte vorbehalten

Umschlaggestaltung: Zembsch' Werkstatt, München
Fotos: Karl Grunwald
Produktion: Tillmann Roeder, München
Druck und Bindung: Pustet, Regensburg

ISBN 3-424-00722-6

Printed in Germany

INHALT

Die in Klammern gesetzten Jahreszahlen beziehen sich auf die jeweiligen Erstdrucke. In der siebenbändigen Werkausgabe Agnes Miegels, die 1952 bis 1965 erschien, sind folgende Texte nicht enthalten: *Alte Liebe, Der Abschied, Kindergeburtstag, Wenn der Schloßteich blühte, Nach dem Schneefall, Freundschaft, Von der Bärenapotheke bis Oxböl, Mein Leben, Verlorene Heimat, Der goldene Tag, Mein Dom, Königsberg* (Erste Fassung).

VORWORT

Königsberg in Ostpreußen ist eine außerordentliche Stadt. Das heißt, sie steht außerhalb der gewohnten Ordnung, sie ist anders als alle Großstädte der Welt.

Nicht, weil sie im Krieg bis auf den Grund zerstört wurde, weil ihre Bewohner sie verlassen mußten, Fremde sie wieder aufbauten und ihr einen anderen, fremden Namen gaben – dieses Schicksal teilt sie mit Danzig, Breslau, Stettin. Königsberg, das seit Jahrzehnten Kaliningrad heißt, bleibt für Besucher unbetretbar. Niemand wird hier in den nördlichsten Teil Ostpreußens, der 1945 von Sowjetrußland besetzt wurde, hereingelassen.

Soweit der Befund im Vorwort zur Erstausgabe dieses Buches. Stimmt er noch? Seit kurzem hat sich einiges geändert: Erstmals nach 44 Jahren ist es möglich, auf dem Umweg über Leningrad und Wilna per Flugzeug für ein paar Tage nach Königsberg zu reisen. Das ist eine neue Situation für all die Familien, die einst aus Stadt und Land vertrieben wurden; auch, wenn auf vielfachen Gründen nur einem kleinen Teil der alten Königsberger eine solche Fahrt möglich sein wird.

Fotos und Fernsehbilder zeigen eine veränderte Stadt, mit hohen gleichförmigen Wohnbauten, anders geführten Straßen, kaum wiederzuerkennender Topographie. Nur einige alte Bezugspunkte, wie Hauptbahnhof, Börse, Kant-Grabmal, Schillerdenkmal, und natürlich der Pregel. Das Schauspielhaus, die Luisenkirche stehen da unzugehörig, beinahe beziehungslos in einem Mißverhältnis zu dem so anders gewordenen wesensfremden Stadtgebilde.

Wir sollten dennoch versuchen, diese Stadt für uns anwesend zu machen, den Silhouetten und Schatten der Erinnerung klarere Konturen zu geben. Wie könnte dies besser geschehen als durch das Erinnerungsvermögen und die Sprachkraft einer Dichterin, die lange Jahrzehnte dort gelebt, das Wesen dieser Stadt erspürt, ihre Geschichte gekannt, ihre Menschen geliebt, ihre Luft geatmet hat. »Der Ruch von Teer und von Getreidesäcken strich mit dem Ostwind durch die Lastadie«, so beginnt eines der frühesten Gedichte Agnes Miegels, und so setzt es sich fort, in Augenblicksgeschichten und Historien, Bildern der Erinnerung und visionärer Beschwörung.

Das Autobiographische, die lebenslange Verbundenheit Agnes Miegels mit der Stadt Königsberg verleihen diesem Buch einen eigenen Reiz. Auf der Pregelinsel nicht weit vom Dom wurde sie 1879 geboren, damals, als Preußen bis nach Kiel, Frankfurt und ins Saargebiet reichte, unangefochtene Hegemonialmacht des jungen Deutschen Reiches. Oft war die junge Agnes zum alten Speicherviertel am Hundegatt gelaufen; der Vater hatte ihr alles erklärt, die großen Handelshäuser, den Elefanten-, den Hunde- und Pelikanspeicher. Breite Lastkähne lagen im Pregel mit braundunklen Segeln. Schwere Säcke hoben sich über Fachwerkmauern, Rollwagen ratterten über das Kopfsteinpflaster, Brücken klappten hoch – besonders dann, wenn man es eilig hatte.

In diesen Alt-Königsberger Geschichten entsteht – über alle örtlichen Gebundenheiten hinaus – vor unseren Augen ein Stück Preußen. Es ist ein eher verschwiegenes Preußentum, das dem Klischee kaum entspricht, in seiner religiös bestimmten Geistigkeit, seinem stillen Vertrauen in die Literatur und die schönen Künste, seiner Heiterkeit, Anmut und Daseinsfreude. So preußisch genügsam es oft zuging, zu allen Jahreszeiten wurde viel und gern gesungen und musiziert. Es waren Zeiten des späten Biedermeier, die Kindheit und Jugend Agnes Miegels bestimmt haben.

Geschichte wird in Geschichten lebendig. Das alte Schloß, im 13. Jahrhundert errichtet und seit 1525 Residenz der Herzöge von Preußen, spielt hinein in die aufregende Erzählung um Hochverrat und Hinrichtung *(Das Bernsteinherz)*. Große Namen gewinnen Gestalt: im *Bernsteinherz* Herzog Albrecht von Preußen, im *Nachtspaziergang* Simon Dach und der Organist Albert aus dem Dichterkreis der Kürbishütte.

Manche Namen sind verschlüsselt, um die leibhaftigen Vorbilder nicht erkennen zu lassen. Aber die Leser in Königsberg wußten doch allemal, wer das war – die alten Kaufherren Heygster und Conneegen in *Der Abschied* oder der berühmte Arzt Dr. Lebus in *Heimgekehrt*.

Zwei erzählende Gedichte tragen im Titel den Namen Königsberg: das erste mit visionären Szenen aus der Entstehungszeit der Stadt, geschrieben am 13. Juni 1924, zur Wiederkehr des 200. Jahrestages, an dem die drei alten Städte Altstadt, Kneiphof, Löbenicht zur »Königlich preußischen Haupt- und Residenzstadt« zusammengelegt wurden.

Das zweite, *Abschied von Königsberg*, nach dem grauenvollen Untergang der geliebten Stadt geschrieben, ist Dokument einer Endzeit: »Und sahen schauerlich / Den Pregel schwarz an den verkohlten Pfählen / Vorbei an leeren Hafenstraßen schleichen, / Und sahn, wie Opferrauch am Grab, die reichen / Schätze gesunkner Speicher qualmend schwelen ...«

Agnes Miegel hat ihre Vaterstadt nie wieder gesehen. Nur in ihren Träumen ist sie unzählige Male nach Königsberg zurückgekehrt, und sie berichtet – man liest es mit Erschütterung – immer von neuem in ihren Tagebüchern darüber, z.B. 1957: »Ich bin immer wieder in Königsberg und gehe über die geländerlose, mit alten wackligen Holzplanken ausgeflickte Brücke ...« Etwas weiter: »Immer wieder und wieder von der Pregelbrücke (Langgasse) geträumt ..., über die mit mir eine große Menschenmenge drängt.«

Einige Male noch hat sie Königsberg dichterisch heraufbeschworen, so in den Erzählungen *Alte Liebe, Von der Bärenapotheke bis Oxböl, Mein Dom* und *Verlorene Heimat*. Diese Geschichten findet man nicht in der siebenbändigen Ausgabe ihrer Gesammelten Werke (1952–1965), ebensowenig wie eine Reihe von Skizzen, die Agnes Miegel in den

Zwanziger Jahren mit rascher, sicherer Hand für die Ostpreußische Zeitung entwarf: *Kindergeburtstag, Nach dem Schneefall, Wenn der Schloßteich blühte, Der goldene Tag.* Das sind heitere Erinnerungsbilder, sehr genau im Atmosphärischen und von einer Detailtreue, die um so erstaunlicher ist, wenn man weiß, daß es sich hierbei um Auftragsarbeiten unter Zeitdruck handelte.

Vielschichtig und erstaunlich umfangreich sind die Königsberger Zeugnisse in Agnes Miegels Dichtung. Wie ihre Briefe, so konnten auch die größeren Novellen *Noras Heimkehr* und *Dorothee* in diesen Band nicht aufgenommen werden. Es galt, Bekanntes mit Unbekanntem zu mischen, und ich hoffe, die hier getroffene Auswahl zeigt auch das Gesamtwerk Agnes Miegels, nun von einem besonderen Blickwinkel aus angeleuchtet, in neuem Reichtum.

Die Bilder stammen aus Agnes Miegels eigenem Besitz; sie hat mir ihre kleine Sammlung kurz vor ihrem Tode 1964 geschenkt.

Anni Piorreck

ALTE LIEBE

Von Zeit zu Zeit senden mir freundliche Landsleute Berichte
zu, die sie in alten Zeitschriften über unsere Heimat, über
Königsberg oder gar über mich entdeckten. So fand vor kurzem auch ein etwas vergilbtes Blatt zu mir, wo eine Thüringerin über ihre Reise nach Ostpreußen erzählt und von ihrer
Wanderung durch Königsberg an Hand einer hilfsbereiten
Unbekannten. Was diese, eine direkte Nachkommin des erfindungsreichen Odysseus, ihr alles von den Sehenswürdigkeiten unserer alten Haupt- und Residenzstadt erzählt hat,
wage ich nur zu vermuten. Jedenfalls witterte sie bald literarische Verehrung für mich, und so zeigte sie der Fremden
»mein Vaterhaus«, wo ich geboren war und aufwuchs, wo
ich dichtete und lebte, bis ich auf die Hufen zog, um mich
dort, nie getröstet, danach zu sehnen.

Es war eine rührende Geschichte, und ich war beim Lesen
sehr ergriffen – am meisten, weil nichts, aber auch gar nichts
davon stimmte. Was mich gegenüber der gutgläubigen Verehrerin recht bedrückt. Denn meine Natur ist die des seßhaften Nachkommen von Bauer und Bürger, und ich wäre einem Vaterhaus treu geblieben über alle Mängel und Zeiten –
allein das Schicksal wollte es nicht. Denn es gab mir Eltern,
die trotz jener Vorfahren – zu meinem mit jedem Jahr wachsenden Erstaunen – dem in jenem verstädterten Zeitalter
weit verbreiteten Irrtum verfielen, daß nur eine Mietswohnung erstrebenswert sei.

So begann schon früh zu meiner Qual der immer gleiche
Wechsel von Wohnungssuche und Auszug, von Einzugschaos, neuen Hoffnungen, begeisterten Verwandtenkaffees –
und wachsenden Enttäuschungen bis zum neuen Entschluß:
»Wir ziehn!«

Nun begriff ich schon im Flügelkleide, daß auch die schönste auf Kündigung gemietete Wohnung niemals das sein kann, was nur ein eigenes Haus für Menschen bedeutet, die das Gemüt eines Hauskaters mitbekommen haben und für die es schon unsagbare Bitternis bedeutet, aus geliebten Räumen fortzugehen.

So hängt Erinnerung und Liebe heute noch an den drei Wohnungen, die für mein Leben bestimmend waren: der schönen, großen am alten Jahrmarktsplatz, in der wir glücklichste Zeiten verlebten und in der ich im Traum heute noch meine Eltern suche.

An der letzten in der Hornstraße, auf dem Grund und Boden, der einst zum Landhaus der Urgroßeltern gehörte und aus der ich an einem grauen Februarmorgen mit guten Freunden und getreuen Nachbarn für immer fortging.

Und an der, die meine erste Liebe wurde, wie der nahe Dom mein erster Freund – die Wohnung in dem doppelgiebligen alten Barockhaus in der Magisterstraße, in die ich sanft schlafend, hinter den blauen Gardinchen meines Kinderwagens einzog. Denn geboren bin ich in einem alten Haus Ecke Brodbänkenstraße, in einer kleinen altmodischen Wohnung. Aber dies Haus mußte bald einem massiveren Neubau weichen.

Die zur Fremdenführerin bestimmte Dame hat aber meiner Verehrerin weder dies noch das Barockhaus gezeigt, sondern eins, das sehr viel jünger war als ich – das hübsche Haus neben dem Artushof, in dem ich noch lange mit meinem Vater gewohnt habe. Aber das war viele Jahre später. –

Und dort standen noch alte Häuser, als ich in der Magisterstraße mir erst einmal rutschend die geliebte Wohnung eroberte, so wißbegierig-beglückt wie nur je ein Weltumsegler seinen neuentdeckten Kontinent.

Noch kannte ich ja nicht das Haus. Erst, als ich schon an Minnas Hand mitgenommen wurde, wagte ich es einmal, ganz an der hohen Front empor zu blicken. Und so steht es heute noch vor mir: durch die Höhe schmal wirkend, sehr stattlich, wenn es auch nur einen nischenartigen Aufgang mit einer hochgestellten Abendbank hatte, da in der schmalen Straße kein Raum für einen steinernen Beischlag oder verandaartigen Wolm war. In den Scheiben der sehr hohen, schmalen Fenster des ersten Stocks spiegelte sich das Licht, über ihnen wölbten sich schöngemeißelte Sandsteinbögen wie Augenbrauen. Schmal wie diese, aber kleiner waren die Fenster der Zimmer darüber, und rund blinkten die Mansardenfenster unter den sehr hohen Barockgiebeln, die mir immer wie zwei gute dicke Pferdeköpfe erschienen, die uns beschützten.

An diesem Haus lernte ich – lange, ehe späte Schulweisheit mich mit Kunst- und Kulturgeschichte bekannt machte – die Bauart der alten Kaufmannshäuser der Waterkant, wie man sie damals noch von Amsterdam bis Riga, von Bremen bis Kopenhagen, von Lübeck bis Elbing, überall fand. Wenn auch schon oft, wie hier, in verarmenden Zeiten durch Umbauten zu Mietswohnungen gewandelt und seiner sinngemäßen Bestimmung als Wohn- und Kontorhaus einer Sippe in spätem Unverständnis entfremdet.

Noch in der Erinnerung fühle ich wieder das Glücksgefühl, das ich immer beim Betreten des Flurs verspürte. Seine düstere Kühle schreckte mich nicht, auch nicht die immer verschlossenen Türen zu den ehemaligen Kontorräumen. Gleich war ich auf der breiten Treppe mit den bequemen Stufen und dem zu hohen schönen Geländer. Sie machte einen kühnen Schwung, von dem ich mehrere Male herunter sauste, dann kam eine Glastür, die ich nicht liebte, trotz bunter Borte – sie war wohl eben beim Umbau zur Mietswohnung eingefügt und mißfiel mir wie der Klingelzug. Von dem engen Flur dahinter, der nur ein Podest gewesen, führte die schmälere Treppe hinauf in den zweiten Stock, wo das alte Ehepaar wohnte, dem jetzt dies Haus gehörte – an die ich keine Erinnerung habe, wohl aber an den Waldruf ihrer Kuckucksuhr. –

Die sehr hohen Zimmer unserer Wohnung, die schönen Ro

kokotüren, alles Glastüren, zeigten noch deutlich, daß dies einmal die Fest- und Wohnräume der Erbauer gewesen waren, deren Kinder- und Schlafzimmer dann darüber lagen, und über diesen in den Mansarden die Wohnräume der Dienstboten und Lehrlinge. Ganz oben kam dann der Boden. Ich war schon vier Jahre alt, als ich zum erstenmal von Minna dorthin mitgenommen wurde. In den sonnenwarmen Dunst von altem, harzschwitzendem Gebälk, von Rauch und Kräutern. Und von diesem Boden durfte ich nach beglücktem Wühlen in den Schätzen von Minnas großem Reisekorb zum erstenmal aus dem Lukenfenster sehn – fest von Minna gehalten –, auf den blitzenden Pregel, auf gelbe Holzschlangen, auf weiße und bunte Segel und spitze Masten, in dämmrige Gasse und auf Pferde, die wie braune Käfer ihre großen Rollwagen über die Brücke zogen.

Aber das war ein Erlebnis, groß und selten wie eine Bergbesteigung. Mein Leben ging da unten weiter, meist nur in dem Zimmer, das »die Kinderstube« hieß, obgleich es eigentlich das richtige Wohnzimmer war. Es hatte niemals Sonne, höchstens den Widerschein blinkender Fenster von Gegenüber. Aber hygienische wie pädagogische Ansichten waren noch nicht entdeckt, und so gediehen wir alle auf das Beste in diesem Nordzimmer, und im Nebenzimmer der Vater in seinem »Comptoir«, wie es sich damals noch schrieb, dessen Einrichtung auch von der Maas bis an die Memel genau so genormt, nur sehr viel gemütlicher war, wie heute eine Schwedenküche.

Aber dieser Raum war für mich tabu – mit Ausnahme des Sonntagnachmittags, wenn ich im Papierkorb wühlen und mit Blau- und Rotstift auf alten Umschlägen kritzeln durfte, ein nicht allzu verlockendes Vergnügen, da dort am Sonntag nicht geheizt wurde, während in meinem Zimmer der große weiße Ofen »kachelte«. Er mußte seine Wärme ja auch dem dunklen Zwischenzimmer abgeben, dem »Alkoven«, wie es noch immer genannt wurde, in dem die Eltern schliefen,

bewacht von dem großen Wäschespind aus Zuckerkistenholz und dem von einer Großtante ererbten, uns allen greulichen, aber als Andenken geehrten Stahlstich einer busenrei-
chen, rosenbekränzten und glotzäugigen Schönen. Es war
wohl einst der Raum für die Leinenschränke, die Servanten
mit dem englischen Fayenceservice und den böhmischen
Gläsern gewesen, wenn die Erbauerfamilie und ihre Nachkommen feierten. Noch zeigten die Wände eine unvergeß-
lich schöne alte Tapete, mit heiterem Rosenmuster auf
blauen Bändern, die ich immer wieder bewunderte, wenn ich
durch die am Tag weit offene Tür in das immer strahlend
helle Eßzimmer ging, die «rote Stube», wie ich sie nach dem
schweren Sofa mit dem bordeauxroten Ripsbezug nannte,
der gut zu dem dunkelgeflammten Nußbaumholz der Möbel
paßte.

Noch zeigten die gleichen, schmalen, graublank gelackten
Dielen, die gleiche Anordnung der Fenster und Deckenbal-
ken, daß es einst der zu solchem Haus stets gehörende drei-
fenstrige Saal gewesen war, den leider frühere Bewohner
durch eine dünne Wand in dies zweifenstrige und ein einfen-
striges Zimmer geteilt hatten. Diese törichte Anordnung
glich meine Mutter etwas aus, indem sie allen Fenstern die
gleichen, reichgestickten Schweizer Gardinen gab, und statt
der häßlichen Tür nur eine Portiere nahm, so daß ich von der
Schwelle immer ungehindert in die gute Stube sehen konnte,
auf die großen Kaulbachstiche im goldnen Rahmen über
dem kleinen grünen Sofa, auf die beiden Gummibäume auf
den kleinen Tischchen daneben, auf die blaugläserne Obst-
schale auf dem ovalen Tisch. Es war alles kühl und ein bißchen feiertäglich. Die großen Palmen vor dem Fenster liebte
ich gar nicht, sie verdeckten nur die alte Linde über dem
Teerdach des Vorbaus.

Wenn ich mich ein Weilchen am bunten Geflimmer der immer leise bebenden Glasprismen des Kronleuchters ergötzt
hatte, nahm ich Mutters kleinen Schreibtischsessel, schob

ihn an das Wohnzimmerfenster und sah hinaus auf den Pregel, auf die Kähne, die da am Bollwerk lagen oder schon darauf warteten, daß die Köttelbrücke aufging, auf die Holzflöße und auf das bunte Menschengewimmel, das zu Wasser und auf dem schmalen Uferweg – Kai wäre zu hochtrabend gewesen als Benennung – vorüberging, und ich wurde nie müde, es anzustaunen. Bis zum nächsten Schwibbogen, bis zu dem Floß, auf dem Minna und die Nachbarn ihre Wäsche spülten (denn noch gabs keine Zellulosefabrik, es war das klare Wasser eines tiefen Wiesenflusses), reichte meine Welt. Was dahinter kam, das ergründete ich erst später, als ich schon zu Besorgungen, ja, sogar auf den Altstädtischen Markt mitgenommen wurde, und an die Succaser Obstkähne am Junkergarten. Soweit gingen aber Kenntnis und Ehrgeiz noch nicht, als ich da auf den Pregel blickte und herüber, von wo durch die offne Raute der Kienhauch der großen Holzplätze kam.

Der schläferte ein, wie das Flappen des Wassers unten am Bollwerk, und es war gut, dann herunterzugleiten und in die schummrige Küche zu laufen, wo Minna immer einen kleinen Becher mit Milch oder ein zuckerbestreutes Butterbrot für mich hatte, und wo auf mich unter dem hohen Leiterstuhl die alte Fußbank wartete, von der ich in die Schwärze des Herdmantels starrte, auf dessen Bort die Messingkessel funkelten.

So lebst Du heute noch in mir, geliebtes altes Haus, geliebte Wohnung!

Es blieb mir erspart, den Aufbruch aus dir mitzuerleben; man hatte mich zu Tante Usche in das Stift an der Neuroßgärter Kirche gebracht. Aber noch heute weiß ich, wie entsetzt ich mich an einem andern Abend mit meinem Bett in einem fremden Zimmer, einer fremden Wohnung, in ganz andrer Straße fand.

Doch das ist eine andere Geschichte. Ich will nur noch sagen, daß ich erst nach vielen Jahren den Mut aufbrachte, noch einmal durch die Magisterstraße zu gehn. Selbst als ich wieder am Domplatz wohnte, vermied ich es.

Aber als ich an einem klaren, kühlen Septembertag noch einmal, zum letztenmal, in den Kneiphof ging, dieses alte Inselherz meiner Stadt, und alles gespenstig verwandelt, immer noch Glut aus den leeren Kellern hauchend, um mich stand, als ich den Dom sah, kohlschwarz wie einen unseligen Geist, und heraustrat in die grelle Helle – da ragte über den Trümmern der alten Häuser etwas empor, schön geschwungen und würdig noch in seiner Verlassenheit, über sinnlos gewordener Leere wachend wie das Haupt eines edlen Pferdes: der letzte der beiden Barockgiebel des alten Hauses in der Straße, die einst die Magisterstraße hieß.

GESPRÄCH MIT DEN AHNEN

Im Traum stehe ich wieder in meiner Vaterstadt, auf der alten Brücke zwischen Münchenhof und Lindenmarkt, und blicke stromaufwärts. Alles ist, wie es immer war: kleine wimpelbunte Dampfer tragen stadtmüde Menschen und wasserselige Kinder in den Wiesenfrieden der Pregeldörfer. Flinke Motorboote schnellen wie Fische unter den Brückenpfeilern vor, ein Holzkahn gleitet langsam hinter dem schwarzen Kohlendampfer über das blauspiegelnde, glänzende Wasser. Über roten Giebeldächern und geteertem Schuppendach kreisen blitzende Taubenschwärme, goldne Kirchturmskugeln funkeln aus tiefer Augustbläue und vom Bollwerk drüben trägt der weiche, wasserfeuchte Wind den süßen frischen Heuduft der hochbeladenen Niederungskähne. Alles ist wie immer, hier und vom andern Geländer, wo ich dunkel vor dem goldstäubenden Spätnachmittagshimmel den Giebelzug der Fachwerkspeicher sehe, bunt und vertraut und über dem Ahornbaum am Ufer, der einst in mein Fenster blickte, den Dom mit zierlichem Dachreiter zwischen spitzem Turm und schwerer Giebelwucht.

Alles ist, wie ich es als Kind sah vor mehr als einem halben Jahrhundert.

Nein, nicht alles. Die Brücke, auf der ich stehe, war wirklich, und nicht nur dem Namen nach, eine Holzbrücke. Auf ihren regenzerwaschenen, windgedörrten Planken standen die allerletzten der Buden, grau und zerfleddert wie greise Bettlerinnen, an denen einmal das Geschick über das Leben des kleinen Jungen entschied, den es mir zum Vater bewahrte. Unten, wo im Vorgärtchen des hohen Mietshauses die ersten gelben Herbstblumen blühn, sah ich noch den rotgestrichenen, schiefen Fachwerkbau des alten Schlachthofs, so wie er ihn sah auf dem Floß, auf dem seine alte Retterin die Heringsfässer scheuerte. Seine Kinderwelt ragte noch in die meine. Aber meine lebt nur noch in ein paar verstreuten alten Menschen so weiter wie in mir. Langsam gleitet in mir das Bild meiner Vaterstadt, so wie ich es noch sah, hinab in die Dämmerung zu meinen Toten. Nicht vergessen. Aber ihnen gehörig und gegeben, Hort, den sie betreuen und mir bewahren, solange ich noch durch meinen Abend gehe und wach und begierig das neue Bild dieser Stadt, dieses Landes in mich aufnehme. In meine Seele trinke ich es, wie einst das Kind das Bild der alten Stadt, bis es sich mir unverlöschlich einprägt wie jenes. Herübernehmen will ich es in meinen letzten Schlaf, damit die drüben, die alle mit mir davon scheiden, träumen können von dieser Heimat, die sie sich selbst erwählten, die nach Leiden und Wanderung ihr schwererrungener, stumm und glühend geliebter Besitz war.

Nichts kannte ich als diese Heimat durch viele Jahre. Stadt war für das Kind immer nur diese Stadt, deren Dom es in den ersten Erdenschlaf gesungen, war vertrautes buntes Markttreiben zwischen Pregelbollwerk und schirmender Breite des mächtigen Schlosses, von dessen rotem Wächterturm der Choral herübergrüßte über Straßenlärm und Brückenklirren zu dem schwingenbrausenden Engel auf dem schlanken Turm im Süden, zu dem über Wälle und Friedhöfe die Militärsignale schmetterten.

Land war immer nur sanfter Hügelhang unterm Dorfkirchhof einer alten Ordenskirche, waren die grünen, herdebunten Wiesenweiten Natangens um silberne Stromwindung, war meilenweit wogende, blasse Roggenflut, sanft brandend an dunklen Waldrand auf jenseitigem Hügelufer. Küste war immer nur brandungsumtobter Samlandstrand, war dunstendes Tanggewirr, brausend verschüttet auf naßdunklem, steinbuntem Sand, wo man mit ungeduldigen braunen Händen kleine Bernsteinstückchen aus Algen und Tang klaubte, tiefer und tiefer einsinkend in mahlenden Sand, in strudelnde Feuchte, übersprüht von salzigem Nebel, windzerzaust wie Strandgras.

Und Ferne – was war Ferne? Ferne waren die Hochseedampfer im Hundegatt und an der Grünen Brücke, an deren Flaggen man die klingenden Namen lernte: Schweden und Schottland, Holland und Dänemark. Waren apfelsinengelbe Holzflöße, weit von Osten her, waren schwere Wittinnen mit klagendem Fiedellied. Aber nicht Ferne, sondern lustiger Nachbarbesuch waren die breiten Kähne vom Frischen Haff, die erste Kirschen brachten und Winterobst, dessen Duft überm Wasser lag, waren die andern langgestreckten Kähne, die zum Töpfermarkt das bunte Bunzlauer Geschirr herführten. Lockung nur zu Wanderschaft über das Nächstvertraute wie diese waren die Schlesinger Frauchen mit den bunten Schürzen und Leintüchern in den hohen Tragkörben, waren die braunen Rheinländer, Sommervögel wie sie, die in den hohen Gestellen das schwere Steinzeug ihrer Heimat an unsere Türen trugen, froh immer wieder begrüßt –

erzählten sie nicht in einem Platt, das uns ganz vertraut klang, von ihrem Dom?

Weiter, aber längst nicht Ferne, nur ein Hof, zu dem man allezeit hinüberfahren konnte vom eigenen Grundstück, waren die Städte der Waterkant, deren Namen man lernte, kaum daß man sprechen konnte, an altem Schifferreim. Waren vor allem Danzig und Memel – mit gutmütigem Neid und Stolz genannte, wohlhabende angesehene Verwandtschaft, bei deren Namen man den Kienduft ihrer Holzplätze atmete, weiße Segeljachten, möwenumflattert, aus blauer Bucht, über stürmisches Tief in die offne See gleiten sah.

Aber die Ohmchenstub im Vaterhaus, Wunschtraum der ehrgeizigen Kinder, erst dem Erwachsenen offen, um ehrwürdige Älteste bei Fest und Beratung zu hören – das war Hamburg! Hamburg, Vorburg am anderen Ufer, Hamburg, das aus blinkenden Feueraugen über die graue Nordsee blickt, von dessen Kai man mit Dampfern, groß wie eine Stadt, überall hinfahren konnte, wohin man sich sehnte – wenn man erst groß war!

Aber wo man hinkam, so gewiß wie auf die Schulbank und an den Kommunionstisch – das war Berlin! Berlin, tief im Land über Weichsel und Nogat, über Niederung und Heidesand, über Oder und Bruch – Berlin! Nicht das Sterntalermärchen, das auch so hieß, von dem wir uns abends im Winter, wenn draußen die Sterne in der eisigen Frostnacht funkelten, heimlich noch im Bett erzählten, jene immer helle Weihnachtsmarktstadt, wo jeder Arme Arbeit fand und auf den Reichen Kuchen und Braten warteten – nein, nicht jenes Berlin. Sondern das andere zwischen Brandenburger Tor und Wache, der lindengesäumte Tempelweg Preußens, den jeder von uns einmal gehen mußte, um vor der Siegesgöttin, die dort vor den Wolken ihr Viergespann lenkt, das heilige Feldzeichen erhoben – sich erschauernd als das Kind des Volks zu fühlen, das sie geführt. Um sich voll ergriffener Ehrfurcht zu fragen, wie man das eigne kleine Ich in der stummen Selbstzucht pflichterfüllten Alltags solchen Ruhms, solch strenger Größe wert erweisen könnte!

In dieser Welt wuchs ich, aus ihr kamen, die mich erzogen. Keinen andern Ehrgeiz, keine andre Aufgabe kannten sie als diese.

Einförmig mögen sie andern erschienen sein, in ihrer Eigenart nur den Ihren ganz vertraut. Sehr schlicht waren sie in Wort und Wesen – nicht weltmännisch, wie es dann eine spätere, nun auch schon versunkene Zeit von ihnen verlangen wollte. Aber sie hatten die ruhige Würde der in ihrem Selbstgefühl Sicheren, der in Heimat, Beruf und Sippe Verwurzelten. Aufrecht waren sie, diese Ruhigen, deren Nüchternheit doch Liebe kannte und tiefste Ehrfurcht vor Ehrwürdigem. Gern schmückten sie ihr Leben mit Schönem. Offen und unbestechlich wie Kinder erkannten sie, die eignes Gewerbe von Grund aus gelernt, den Wert guter Kunst. Sie alle, der Arme und der Bescheiden-Wohlhabende (denn »Reiche« gab es hier nicht – was so hieß, war wie schon in der Vorzeit nur der durch den Besitz schöner Pferde vor andern Bevorzugte) liebten als schönste Freude, als besten Schmuck ihrer gastfreien Feste die Musik. Ein allzeit liederfrohes Herz ist das Herz meines Landes – Volkslied, unerschöpfliches – holdes Kunstlied, Choräle aller Festzeiten und ihr, Arien aller alten Opern – kannte ich euch nicht schon mit den ersten Kinderreimen?

Es ist eine der lautesten, der lebhaftesten Ecken der lebenbrausenden Stadt. Autos hupen, Rollwagen mit schweren Pferden rasseln, Räder blitzen, die Straßenbahn klirrt vorbei, Menschen mit Marktkörben und Koffern hasten zum Bahnhof, wo ich einmal mit dem Seehundranzen zum erstenmal allein zur Schule ging, während die Mutter mir nachwinkte. Aber dort, wo die Schienen blitzend abbiegen, spannten sich kleine Holzbrücken über das dunkle Wasser des Zuggrabens, wo die Schaufenster der hohen Mietshäuser locken, rauschten alte Gärten. Nur das niedrige graue Haus am

Marktplatz steht noch hinter den windzerzausten, straßenstaubgrauen Bäumen, die ich pflanzen sah. Aber keine Blumen nicken mehr bunt von der breiten Holzveranda in die Fiederblätter der alten Esche. Verschwunden ist sie wie das kleine Gärtchen darunter mit der Schneeballaube, wie die Kastanien des Nachbarhofs. Die hohe Tür ist noch die gleiche, aber nie war sie so fahl verwaschen, all die vielen, immer wieder wechselnden Schilder hingen noch nicht an der Hauswand unter den großen Fenstern.

Das Licht spiegelt sich in ihnen – wie damals. Hinter den hohen blanken Scheiben steht der große, stille, helle Saal – unverändert. Die hohen weißen Flügeltüren, die Stahlstiche überm Sofa, die schmalen Spiegel blinken sanft im goldnen Schein des alten Kronleuchters, der Wachskerzen am Klavier. Es ist sehr kühl hier, trotz der Glut, die der riesige Ofen ausstrahlt. Ein süßer, unwirklich holder Duft erster Hyazinthen schwebt durch den Raum, ein Festduft nach Kuchen und Obstsaft und Kölnischem Wasser. So festlich blinkt es von dem glänzenden Damasttuch des Tisches. In weitem Halbkreis sitzen dort die Meinen alle, ich sehe die schwarzen Kleider, die ruhig feiernden Hände, ihren entrückten Blick, ihr stilles Lächeln. Mit ihnen höre ich andächtig, wie die schönste Stimme, silbern wie die eines Geistes singt:

»O wie war glücklich ich
Als ich noch mit euch
Sahe sich röten den Tag, schimmern die Nacht!« – –

Nun ist die Wolke hinabgesunken, die schiefergraue, hinter den Dom, den schon rötliches Abendlicht umsäumt. Von den Gemüsekähnen am Zwiebelsteig qualmt blauer Rauch, stiller wird die Straße, kühler der Wind überm Wasser. Habe ich so lange von euch geträumt, ihr, die ihr davongefahren seid mit dem Schiff ohne Segel und Steuer, von der Glocke gerufen, die nicht klingt – zu dem Land, das weiter liegt als Übersee?

Was werde ich sagen, wenn dies Schiff kommt, mich zu euch zu holen?

Wie werde ich vor euch stehn, vor dem weißgedeckten Tisch, an dem ihr und alle vor euch auf mich warten, um mir den letzten Platz, den einzig noch freien, zu weisen? Was kann ich berichten? Was euch aufweisen, ihr Stillen?

Dies will ich euch sagen, hier ins Wasser hinab spreche ich's: alle Wege bin ich gegangen in dieser Stadt, in diesem Heimatland, die ihr gegangen seid. Sein Antlitz habe ich erforscht, wie ich das eure erforschte, als ich zuerst von eurem Schoß emporblickte, seinen Himmel habe ich gesehn wie einst eure Augen über den meinen. Seine Erde habe ich geliebt, wie man den Staub liebt, der die eigne Hülle formt. War das genug?

Nein, es war nicht genug. Ein Kind liebt seine Eltern – mehr muß es geben als nur das.

Ich sah die Stadt, ich sah dies Land wie ihr – euren Tagen bin ich nachgegangen und denen eurer Väter hier. Ich habe alles gekannt wie ihr und sie und die, die vor ihnen hier lebten. Ich habe andern davon erzählt, damit sie es so sahen, es so liebten – war das genug?

Nein, es ist nicht genug. Ein Kind soll seine Ahnen kennen, es soll den Hof kennen, auf dem es erwuchs, es soll des Hofes Geschichte kennen und es soll andern davon sagen. – Nicht genug!

Ich bin alle Wege gegangen, die ihr gingt. Ich bin alle Wege gegangen, die ihr wandertet, meine Vorväter, als ihr in diese Stadt, in dieses Land kamt. Ich habe den Niederrhein gesehn, wo du wohntest, Vorfahr, dessen Antlitz der trug, der mich erzeugte. Ich stand im schönen Garten Elsaß, von dem du noch träumtest, als du dich in die Professorengruft am Dom bettetest, Urahn, dem mein Blick gleicht. Ich sah die Sonnwendfeuer auf den Bergen lodern, wo euer Hof unter der Mur verschüttet liegt, von dem ihr mit Tränen ziehn mußtet um eures Glaubens willen, Ahnen, deren Erbe ich trank aus meiner jungen Mutter Blut und Milch. Und ihr Vaters-Väter, deren Namen ich führe, in deren Stadt an der Oder ich zum erstenmal schlief in der Nacht, als ich ihn ein halbes Jahrhundert trug – ihr gabt mir den jähen heißen Zorn, den wilden Freiheitssinn, das zweite Gesicht des aus dem Bruchland Geborenen und das lange seidne Haar, das wir alle haben seit den Tagen, als wir's noch um die gewundenen Bronzespangen drehten.

Weit, weit bin ich gewandert, euch alle zu finden, weiter noch zu den Ländern eurer Frauen, vertraut war auch dort noch Sprache und Antlitz, Straße und Stube – war der Weg weit genug?

Nicht weit genug! Welch Kind geht nicht gern über Großvaters Schwelle? Welchem Kind schmeckt nicht Patenbrot wie Kuchen? Welchem Kind ist der Glasschrank in der Muhme Stube nicht Wunder und Lockung?

Aber ich habe andern davon erzählt – was ich sah und fand, ich teilte es mit meinen Geschwistern.

Muscheln und bunte Ketten, glänzenden Vogelbalg und fremde Götzen – bringt das nicht der Seemann mit für die Kinder zum Spielen?

Nicht zum Spiel nur. Zu schwer war mein Herz, als ich es heimtrug. Zu viel mußte ich dafür hingeben: Jugend und Behagen, Freundschaft und Ruhe.

Hast du das alles für dich verlangt, als wir dich führten? Als wir dir die Viktoria zeigten auf dem grauen Tor?

Nein, ich habe es nicht verlangt. Verzeiht, daß ich einen Augenblick traurig war. Ich habe es nicht verlangt. Ich habe an euch gedacht – und an die, die kommen, wenn ich erst mit euch vereint bin.

Hast du sie geliebt, wie uns?

Ich habe sie mehr als euch geliebt. Ich liebe sie, wie ihr mich liebtet. Mehr noch. Ich war euer Fleisch und Blut, war euer Geist und Wesen. Durch mich gingt ihr bis in diesen Tag. Ich gab mein Blut nicht weiter. Nichts gab ich als meinen

Geist in meinem schwachen Wort an Jugend, die andre Mütter trugen. Nichts als dies – und meine große Liebe.

Verlangst du Dank dafür?

Nein – denn habt ihr ihn je von mir verlangt, ihr Geduldig-Liebenden?

Glaubst du, daß dein Werk weiterleben wird in den Kommenden? Hoffst du, daß deine Liebe sie erreicht?

Ob mein Wort weiterleben wird, ich weiß es nicht. Nie habe ich mich das gefragt. Ich sagte es, weil diese Gabe meine Spindel und mein Spaten, mein Acker und meine Schreibstube war und weil ihr mich lehrtet zu wirken, solange es Tag ist. Und das andere? Ich weiß, daß meine Liebe mit dieser Stadt, mit diesem Land, mit allem darin, mit allen meines Volkes sein wird – denn war nicht eure immer bei mir? Sehe ich euch nicht da unten in dem treibenden Schiff auf dem dunklen Wasser?

Nichts siehst du, Kind, als einen kleinen Weidenbusch, als ein Stück Grassoden, vom Ufer gespült, das stromab treibt zu Haff und See. Blick fort von dem dunklen Wasser, blick auf – was hörst du?

Ich höre, wie es still wird in den Straßen und auf den Schiffen. Ich höre den Choral vom Schloßturm und ich höre die jungen Soldaten singen und ihren Marschtritt auf der andern Brücke.

Nun sehe ich den stumpfen Giebel und den spitzen Domturm ganz schwarz vor hellem Himmel. Ich sehe sehr weiß und sehr klein den Abendstern über den Speichergiebeln. Und nun höre ich's von fern aus dem hellen Himmel wie das Dröhnen einer großen Orgel. Es ist wie das Klirren von tausend Rädern, es ist wie das Rasseln sehr großer Streitwagen. Es kommt näher und näher, unaufhaltsam wie das Brausen großer, sturmgefüllter Segel. Es steht über mir und über der Brücke wie sehr schwarze Fittiche.

Und nun?

Nun ist es wie das Rauschen von Adlersflügeln über mir.

Verzeiht, ich hielt die Hände vors Gesicht. Es war wie der Brand der großen Speicher, den ich drüben vom Kai sah. Es sprühte stürzend wie flammende Kräne. Verzeiht, ich weinte. Es knirschte zermalmend wie die getürmten Schollen im Eisgang, als ich in der Osternacht an meines Vaters Hand durch den eisigen Sturm über diese Brücke ging und das Wasser übers Bollwerk schäumte. Die Brücke schütterte wie damals, noch bebt sie, noch schwanken die Pfosten, noch bebt mein Herz, das euren Frieden nicht kennt. Aber der Schatten glitt vorüber, das Brausen verhallt. Nun ist es noch wie das Singen der Sensen im Erntefeld, wie das Surren der Ähren, die auf die Stoppel sinken. Nun ist es nur noch wie das Summen der Bienenvölker oben in den Linden. Nur noch wie das ferne Flüstern der jungen Saaten im Nachtwind.

Und wie ist der Wind?

Er ist flinker als ein Fohlen, er ist so weich wie Wiesengras an eines Kindes Wange, er ist süß vom Heuduft wie frische Milch, er ist dunkel und feucht vom Tau wie ein Holunderstrauch am Ufer. Er trägt das Singen und Gurgeln des Stromes her.

Was siehst du, was hörst du noch?

Ich sehe nichts mehr von der Stadt, von Türmen und Giebeln, so dunkel ist es geworden. Nur die Sterne sehe ich oben und ihre feurigen Tränen und ich sehe, wie sie sich unten im Wasser spiegeln. Ich höre nichts mehr als die Schritte eines Kindes, das verspielt auf der Brücke stehenblieb und durch ihr Geländer über den Fluß sah und das nun heimläuft zu seines Vaters Haus, zu dem Bett, das die Mutter ihm bereitet hat.

DAS BERNSTEINHERZ

Die Störmersche schritt den Schloßberg hinauf.

Sie war schon außer Atem, als sie in das kleine dunkle Tor auf halber Höhe bog. Der Weg von der Domgasse unten im Kneiphof und der steile Anstieg von der Schmiedegasse an hatten sie erschöpft, am meisten aber der Weg über die Brücke. Der Nordweststurm, der seit Tagen die Nebelwolken von Ostsee und Haff über das herbstliche Samland trieb, brauste über das graue Ordensschloß talab durch die engen Gassen Königsbergs und ließ die Obstkähne, die breiten Boote der Gemüsebauer auf dem Pregel schaukeln und warf die Stände der Fischfrauen durcheinander. Er stürzte sich auch hier, als sie aus dem Tor trat, ihr mit voller Wucht entgegen, wie er über die Giebel und Dächer und den kantigen Nordturm bergab raste.

Die Frau lehnte am Torpfeiler und rang nach Atem, während sie ihr graues Regentuch zurücksinken ließ und die kleine weiße Haube fester auf den blonden Scheitel drückte. Hier, an dieser Stelle, hatte früher ihr Johannes immer nicht weiter gekonnt und nach Luft gerungen. Dann war sie ungeduldig geworden mit seinem Leiden, seinen schweren Füßen, und hatte ein bißchen Mitleid mit sich selbst gespürt, weil sie, die stattliche junge Frau, solch früh alternden Mann haben mußte. Bis sie dann oben im Schloß, von Herzog Albrecht und der fröhlichen jungen Herzogin Dorothee, die laut bewundernd vor dem Schmuck ihre schlanken Hände zusammenschlug, das alles vergaß über dem Stolz, solch berühmten Steinschneider zum Ehemann zu haben.

Ein stilles Lächeln machte das Gesicht der Störmerin, das voll, aber jetzt gelblich vergrämt war, wieder ganz jung, und der Sturm, gegen den sie nun wieder anstrebte, gab ihr die frische Röte der Preußin zurück. Ihr weiter, pflaumenblauer Faltenrock flog rauschend wie ein Segel, es flog das schwere

Regentuch und die lange weiße Schürze über der buntge-
stickten Tasche.

Es freute sie, so gegen den Herbststurm zu wandern wie als
Kind. An dem hellsilbrigen Himmel sah sie, besser als daheim an der Werkstattuhr, daß sie noch ein wenig Zeit hatte.
So schritt sie denn an der dunklen Toreinfahrt und den Wachen vorüber, als hätte sie im Schloß nichts zu suchen, und
wanderte, vor dem Sturm von dem eckigen Haberturm ge-
deckt, dort oben langsam auf und ab. Lust überkam sie,
weiter zu blicken. Sie raffte den Rock und sprang geschickt
von Stein zu Stein über die wassergefüllten Gleise des glit-
schigen Fahrwegs auf den grasigen Schloßteichdamm. Der
Sturm wehte die welken Blätter der Linden und Eschen des
verlassenen Spittelgartens an der verfallenden Magdalenen-
kapelle vor ihre Füße. Ein paar schöne Fuchsfohlen schienen
jetzt dort die einzigen Bewohner. Die Störmersche wurde
traurig und blickte lieber über die schimmernde, silbern vom
Wind gerauhte, weite Wasserfläche. Zwei wilde Entchen flo-
gen eilig über sie hin. »Bringt Glück«, murmelte sie. Gelblich weißer Schaum flockte bis an den kleinen Bootssteg,
dürres Röhricht neigte sich raschelnd, es war alles wie am
väterlichen Mühlenteich daheim, selbst das Sturmgebraus
und das Rauschen der Katzbach, die von dem Wehr unter
der kleinen Bohlenbrücke bergab durch die Schlucht unter
der Vorburgsmauer zu den Ordensmühlen des Löbenichts
stürzte. Das wilde Wehn fegte durch Tuch und Kleid, durch
Haar und Haut und fegte auch Trübes und Schweres aus
ihrer Seele. Sie atmete tief den frischen Dunggeruch der Felder, die samtbraun neben den leuchtenden Saatstreifen um
den kleinen Pachthof am rechten Ufer lagen. Das erinnerte
sie an den Chrysoprasring, den sie mit den andern Sachen in
der Tasche trug, um ihn dem Herzog zu bringen. Sie wollte
gerade die Stufen der Böschung hinunterschreiten und raffte
schon die Kleider, um nicht von dem kleinen Planwagen
bespritzt zu werden, der da langsam heranknarrte, als unter

der Leinwand eine Stimme rief, vertraut wie der Winterapfelduft, der ihr entgegenquoll: »Hei, Trinke! Wohen?«

Neben der rufenden Frau, die vor Tüchern und Pelzjacke sich kaum regen konnte, lachte das Stoppelbartgesicht des Mannes sie freundlich an. Der Bauer pfiff und die magern Pferdchen hielten unwillig, denn es ging steil bergab, und die groben, lehmstarrenden Räder quietschten erbärmlich. Die Störmersche trat so nah wie möglich an den Wagen und zeigte ein fröhliches Gesicht. Sie sah über den Damm den Ältesten der Elenden-Bruderschaft kommen, zusammen mit dem Schaffner des Artushofs und ihren beiden Knechten. Die beiden Herren taten, als hätten sie nie bei dem Meister Störmer Siegelringe bestellt oder bei der Störmerin Ketten für ihre Frauen gekauft. Sie traten auf das Brückchen und streuten der heransegelnden Schwänin und ihren grauen Jungen Stritzelbrocken zu, hörten aber ebenso wie die Knechte, was sie in dem Sturm von dem Gespräch der Frau mit ihren Verwandten erwischen konnten. »Wohin?« Die Störmersche sprach hochdeutsch, wie eine vom Hofgesinde.

»Ins Schloß!«

»Du moßt woll ook enne Pienkoamer wie dine Prinzeß, wat, Muhmke?« fragte blinzelnd der Bauer. Die Frau schubste ihn in die Seite, aber der Schafspelz war zu dick, und er lachte bloß.

Die Störmersche aber tat, als hätte sie nichts gehört, und sagte bloß, vor Eifer ins Platt fallend: »Red nich! Loat mi man leewer vabi, dat ös höchste Tid, de Herr Herzog wacht all op mi!« Sie merkte, wie der Aeldermann sich umdrehte, und fügte rasch hinzu: »Ich muß den Ring mit dem neuen Stein abbringen und die Nesteln, die Seine Gnaden bei uns bestellt hat!«

Sie fühlte mehr, als daß sie es sah, wie nun auch der Schaffner im Schwänefüttern innehielt, und sprach hoch weiter: »Bloß gut, daß der Johannes nun wieder so in Ruhe arbeiten kann. Mit all der Unruhe von den Fremden kam er gar nicht mehr dazu. Wir nehmen jetzt auch keine mehr in Kost. Man mott siene Noahwersch ook wat to vadeene gäwe!«

»Es zieht hier sehr auf der Brück«, sagte der dicke Schaffner, dessen Frau an Studenten vermietete. Aber der Aeldermann wollte gern mehr hören und lockte die Schwänin zurück.

Die Frau beugte sich unter dem Plan vor und fragte neugierig, als ihr Mann schon die Peitsche hob: »Wo ös dine Schwindlersche nu, Trinke? De Ohmke Bergau säggt joa, se vertelle oppem Marcht, de Diewel hefft er gehoalt!«

Die Störmersche strich über die wehende Schürze. »Waş die nich wissen! Sie is zu ihren Verwandten gereist!« Ihre Stimme klang ganz ruhig, aber ihre Lider zwinkerten, wie sie starr gradeaus sah.

»Wohl bi ehrem Herrn Herzog-Broder, noa Cleve?« sagte halblaut einer der Knechte, und der andere: »De sull joa schon so sehr niegierig ob er sen! De Clever kenne noch goar keene Hore – –«

Der Sturm trug die Worte und das breite Lachen bis an den Wagen. Die Peitsche knallte, die Pferdchen zogen an, die Räder ächzten und die Teerpaudel schwankte. Die Störmersche sprang zurück und dann wieder über den Weg. Die Begegnung mit den Verwandten hatte ihr gut getan, sie konnte noch sehen, daß die Herren ihr nachblickten, wie vom Sturm gedreht, als jetzt am Torweg ein alter Mann in der schwarz- und gelbbunt gestreiften Jacke der Hofdiener die Störmersche mit freundlichem Gruß empfing. Der eilig nachspringende Knecht des Schaffners stellte fest, daß er sie zwar in den hellen Schloßhof geleitete, aber nicht zur Peinkammer, sondern zu der Tür mit dem Hochmeisterwappen, die nach den Wohnräumen Herzog Albrechts führte.

Im Hof hörte man den Sturm nur oben um die Dächer toben. Er wehte das Vespergeläut des hohen Kirchturms hinab ins Pregeltal, über die Giebel der Kaufmannshäuser der Langgasse, nur hin und wieder schlug ein Glockenton an die eisenbeschlagene Tür, die sich schwer auftat.

Die Störmersche blickte noch einmal um sich. Es fiel ihr ein, wie sie hier an einem schönen Sommermorgen zuerst gestanden hatte, als sie der verstorbenen Herzogin allerlei Schmuck brachte, den ihr Johannes den neumodischen Formen, die er in Augsburg gesehen, sorgfältig nachgearbeitet hatte. Die Tauben, die jetzt verschüchtert auf den Holzgalerien des Archivflügels duckten, hatten als blitzende Schwärme in der strahlenden Bläue gekreist, der Brunnen an der Südmauer, den heut der Sturm übertönte, rann klingend in sein Sandsteinbecken, und aus dem Erkerfenster hingen die roten Gewürznäglein und weißen Röschen, die Frau Dorothee so liebte.

Die Störmerin seufzte tief und nicht bloß vom Ersteigen der steilen Eichentreppe. Sie faltete ihr Regentuch und reichte es dem Alten, der es in die große Truhe legte, während sie sich die Sohlen an der Schilfmatte rieb. Der Diener seufzte auch, es klang trübselig in dem hohen Treppenflur, dessen Stille nach dem Brausen draußen beklemmte. Dabei war deutlich ein schwerer, hastiger und ungleicher Schritt zu hören. »Die Frau Herzogin?« Der Alte nickte. »Das macht der Sturm. Ihre Durchlaucht sind dann immer besonders unruhig.«

Der Schritt wanderte weiter, nun ging oben die Tür, eine Frauenstimme flüsterte beschwichtigend in das wilde Reden einer anderen, heiseren und jäh anschwellenden Stimme, die vor sich hinredete wie in bösem Traum und dann plötzlich laut aufkreischte. Weite Röcke rauschten, und über das Geländer der gewundenen Eichentreppe neigte sich ein Gesicht – das ehemals ländlich frische, nun von den stockenden Säften ihres kranken Blutes bläulich gedunsene Antlitz der Herzogin Anna Maria von Braunschweig, Herzog Albrechts zweiter Gattin. Mit wirrem Haar, unordentlich mit Schmuck behangen, starrte sie mit dem leeren Blick, den sie seit der schweren Geburt ihres Sohnes behalten, grell nach unten, aber ohne über den Wahnbildern ihres zerstörten Geistes die beiden da unten im Flur zu gewahren. Nun tauchte neben ihr die weiße Haube und das von Wachen und Übermüdung wachsbleiche, niedersächsisch-schmale Gesicht ihrer alten Hofdame auf. Sie zog die Kranke sanft vom Geländer fort, deutete nach der Tür, und ihrem halblauten, ruhigen Zureden gelang es, die Kranke, die zwischen dem raschen Hinschwatzen noch immerfort jäh aufschrie, wieder ins Zimmer zu ziehen. Die beiden Gesichter verschwanden, die Tür fiel zu. Es war auf einmal sehr still, trotz des Sturmes draußen, nur das ruhelose Schreiten begann oben von neuem, als die Störmersche mit gesenktem Kopf und verstört wie von einem Spuk dem Alten durch das schmale Vorzimmer in die nächste Stube folgte.

Es war warm darin, und hier waren die Schritte der kranken jungen Herzogin nicht zu hören, wohl aber hinter der eingelegten Tür, die zu Herzog Albrechts Gemach führte, das sachte Gemurmel einer Männerstimme, in der die Störmersche unschwer die Fistel des Hofpredigers Funk erkannte. Das konnte lange dauern. Der zeigte dem Herzog gewiß einen kostbaren Bibeldruck für einen neuen Silbereinband oder machte ihm den Kopf heiß mit einer herausgeklaubten Katechismusformel, um deren Vieldeutigkeit sich der alte Herr in Wittenberg nie gegrämt hatte.

Die Störmersche seufzte, aber diesmal vor Ungeduld. Sie griff nach einem kleinen Schachbrett. Es stand immer noch auf dem schwarzen spanischen Spind. Sie breitete ein grünes Friesdeckchen drauf, das sie aus der bunten Tasche zog, holte das rote Saffianbeutelchen vor, knüpfte es auf und breitete die Arbeiten ihres Johannes auf dem grünen Tuch aus. Nur unter den Ring mit dem Chrysopras tat sie ein Stückchen Pergament, damit das reine Grün des Wappensteins besser zur Geltung käme, auch unter den Anhänger mit dem hellroten Karneol. Freude erfüllte ihr Herz dabei, es schien ihr, als ob Alter und Krankheit der Kunst ihres Mannes nichts anhaben könnten, ja, als ob sie im Gegenteil immer vollkommener würde, so wie sein Gemüt sich zu einer diamantenen Klarheit läuterte, der keine Prüfung was anhaben konnte.

Sie stellte das Brettchen mit den funkelnden Kostbarkeiten auf die große Truhe an der Wand, auf das schwarzgoldgestreifte, gepreßte Leder, das sich um den Eichenleib spannte. Alle Stücke aus dem Brautschatz der seligen Herzogin Dorothee waren außen und innen von erlesener Schönheit gewesen. Die Störmersche sah durch den Truhendeckel wieder die schimmernde holsteinische Leinwand vor sich, die vor ihr und der jungen Frau des Magisters Sabinus ausgebreitet wurde. Da waren seidenglatte Bettlaken, köstlich gebleicht vom Wasser der sanften Seen in den Buchenwäldern, von denen die junge Herzogin dabei erzählte. Lange schmale Tischtücher, gestickt und mit Durchbruchsäumen geziert, zeigten breite Einsätze von sächsischen Klöppelspitzen. Aber das Schönste waren die Handtücher! Man vergaß, sich die Hände zu trocknen, so vertieft betrachtete man neben dem kupfernen Waschbecken die perlfeinen Kreuzstichmuster, die springenden Hirsche, die Vasen und Vögel, alle immer paarweise wie Braut und Bräutigam unter dem Baum, aus dessen Zweigen das Herz mit dem D und A leuchtete. Auf der Spitze des Baumes aber saß ein Vogel, so wie draußen die Taube auf dem Fenstersims, als die Störmersche auf dieser Truhe, auf eben solch grünem Tuch, die Ketten und Spangen, die Ohrgehänge und den Siegelring ausbreitete – die Willkommsgabe Herzog Albrechts für seine junge Frau. Durch die weitoffenen Fenster trug der heuduftende Wind das Rucken und Gurren der Tauben. »Hör! Sie rufen: Truutste Fru!« hatte der Herzog leise gesagt, als er den Ring mit dem Topas – es war das erstemal, daß Johannes den kleinen Heidengott mit dem Bogen geschnitten hatte – auf Frau Dorotheens weißen Finger streifte. –

Die Störmerin bückte sich zur Seite, damit ihre Tränen nicht auf den Schmuck fielen. Sie konnte es aber nicht hindern, daß sie über den weißen Brustlatz und die Samtborte des

Leibchens rieselten. Sie wischte eilig erst mit dem Handrük-
ken und dann mit dem Schürzenzipfel, aber so sehr sie auch
auf diesen hauchte, es war doch noch zu sehen, daß sie ge-
weint hatte, als der alte Diener vorsichtig hereinkam. Er tat,
als merkte er's nicht, sondern käme bloß, um ihr durch die
Winterraute, die er leise aufkrampte, den kleinen Herzog zu
zeigen, der eben mit seinem Erzieher über den Hof ging. Er
trug noch weite Mädchenröckchen, aber schon eine flache,
rotsamtene Knabenmütze. Der Sturm fegte das seidenfeine
Haar aus der hochgebuckelten Stirn des gesenkten Kinder-
hauptes. Als spürte er den guten Blick dort oben, hob er es
einmal, und die dunklen Augen in dem blassen Gesichtchen
blickten voll zu der Störmerschen empor. Aber das feine
Mündchen gab ihr Lächeln nicht zurück. Langgezogen und
ernsthaft, mit den jetzt schon dunklen, runden Brauen, erinnerte sein Antlitz nur an Herzog Albrechts strenges Alters-
gesicht, in nichts an die derbe Schönheit der Mutter. Er ging
tapfer gegen den Sturm an und zog sein kurzes grünes Mäntelchen sorgsam um den kleinen braunen Wachtelhund in
seinem Arm. Es tröstete die Störmersche, daß hinter dem
schwarzen Schatten des jungen Magisters, der ebenso klein
und verloren wie das Kind über den weiten Platz wanderte,
die alte Kammermagd der Herzogin ging. Wenn auch nicht
wie sonst in dem mohnroten Rock und blumenbunten
Brusttuch ihrer Heimat, sondern in der düsteren, schwarz
und blauen Trauertracht, die sie um irgendeinen Verwandten des Braunschweiger Hauses trug.
Nun bogen die drei im Schutz der Nordmauer in die schöne
Spitzbogenpforte der alten Firmarie, wo der Magister
wohnte. Darunter lagen die Keller, es lag da die Peinkammer. Die Störmersche zuckte zusammen und sah versunken
auf die Raute, die der Alte leise schloß. Purpurnes Leuchten
flutete ihr daraus entgegen; aber kein Blut, sondern die
warme Glut des Mantels, der den Heiland umflatterte, wie er
sich vom Kreuz mit weitoffenen Armen zu dem dürstenden

Menschen neigte, der sich ihm entgegenreckte. Es mochte ein großer Heiliger sein – welcher nur? Ja, das entfiel einem so sachte. Die Störmersche sah nur die flehend gereckten Hände, den verschmachteten Mund, die Sehnsucht der gottverlangenden Kreatur und die erbarmende Gnade.

Sie wandte sich ab. Wenn auch ihre Tränen erneut flossen, so war's doch nun aus Dank über die Tröstung, die sie heiß durchrann. Der Alte blickte fort, sein Schlüsselbund klirrte leise, und sie hörte das altvertraute Knarren des spanischen Schranks, dessen Türen er weit öffnete. Er stand still daneben, nur hin und her auf ein neues Stück weisend, als sie die Schätze darin betrachtete. Im obersten Fach standen die Buchschnitzereien. Wie schirmende Ritter bewachte der ganze Olymp nebst mehreren Lukrezien und Faunen den großen schwarzen Medaillenkasten. Den kannte sie ganz genau. Auch die Figürchen mochte sie nicht lange betrachten. Sie hatte in den engen Kneiphofgassen und am Hafen, hatte auf weiten Messereisen und in wirren Kriegszeiten soviel sehen müssen, daß sie es nicht verstand, wie die blühende Nacktheit des menschlichen Leibes als verführerisch oder gar als ein würdiger Gegenstand zur Gestaltung gelten konnte. Längst war er für sie wieder wie für Kinder, nur dazu da, nackt mit Birkenrute und schäumendem Badzuber bearbeitet zu werden oder ihn wohlig zu recken, wenn man nach zerplagtem Tag unterm warmen Deckbett in den Mutterschoßfrieden des Schlafes sank.

Sie bedauerte im stillen die Nürnberger Meister, die ihre große Kunst um des lieben Brotes willen an solche Aufgaben verschwenden mußten und dachte, daß es doch schöner gewesen war, als man noch in die zarten Marien der Krippchen oder in die Heiligen und Propheten seine Andacht legen konnte. Mit einem Aufatmen der Erleichterung gewahrte sie im untersten Fach den herrlichen, altarähnlichen Kelch, den Meister Stenzel aus einem einzigen Bernsteinblock geschnitten. Sie hatte ihn seinerzeit in der Werkstatt des befreundeten Zunftgenossen entstehen sehen, es heiterte sie auf, ihm hier, am Ehrenplatz, wieder zu begegnen.

Unbekannt aber war ihr das danebenstehende Laternchen aus Bernstein. Sie nahm es vorsichtig in die Hand, nicht ohne einen betrübten Blick auf das Köfferchen an seiner andern Seite zu werfen. Das Sichelschloß war achtlos aufgerissen, eine ungeschickte Hand hatte die Riechfläschchen aus Bernstein gewaltsam öffnen wollen, die Stöpsel verworfen und den gedrechselten Hals des einen angeschlagen. Noch entsann sich die Störmersche, wie es rosensüß daraus geduftet hatte, wenn Frau Dorothee es vorsichtig einmal als holden Lohn aufkorkte. Sie seufzte, und auch der Alte nickte traurig und zeigte ihr gleich, wie leuchtend selbst das trübe Licht dieses Abends durch die goldene Helle des Bernsteinlaternchens leuchtete, dessen klare Platten von schmalen Elfenbeinrippen getragen und von winzigen Engelsköpfchen gekrönt waren.

Heiß vor Entzücken sah sie auf das schöne Werk, als ihr Herz einen jähen Schlag tat. Die Tür neben ihr ging auf, der Brokatvorhang dahinter rauschte, und die Stimme des Herzogs – eine dunkle Stimme, die noch jetzt im Alter den vollen Klang des Fränkischen bewahrte – fragte freundlich: »Was dünkt Euch von meinem neuesten Stück, Störmerin?« Sie faßte sich schnell, reichte das Laternchen dem Alten, daß er es zurückstellte und antwortete, während sie sich mit Anstand neigte: »Daß es ein besonders schönes für Euer Durchlaucht Sammlung ist. Schade, daß wir es nicht mehr erblicken können, wenn es am allerschönsten sein wird!«

Der Herzog, der sie von der Schwelle aus betrachtete, schien guter Laune über ihre Antwort. Er lächelte, was jetzt nicht oft vorkam. Daß jemand für das Schoßkind seiner Sammlungen, die Bernsteinsachen, rechtes Verständnis zeigte, begegnete ihm selten genug. Er winkte dem Alten den Spind zu schließen und der Frau, die das Schachbrettchen vorsichtig von der Truhe hob, ihm zu folgen. Sein Zimmer war nicht viel größer als die Vorstube, aber die Tür zu dem nächsten, dem Eckzimmer, dessen Fenster schon nach dem Markt unten ging, stand weit auf. In dem Schein des Kaminfeuers, das dort durch die sinkende Dämmerung geisterte, sah die Störmersche den Hofprediger Funk, wie er dem langen Pagen ein dickes Buch nach dem andern auf die Arme legte. Dann wandelte er, sich würdig vor dem Herzog neigend, mit dem Junker davon.

Als sich die Tür hinter ihnen schloß und auch die Tür zum Vorsaal klappte, fragte der Herzog, der jetzt selber die eingelegten Türen des großen Wandschranks öffnete, mit der jähen Vertraulichkeit sehr einsamer Menschen – denn er hatte den geraden Blick der Störmerschen an dem hohlwangigen Eiferergesicht hängen sehen –: »Und was dünkt Euch von unserm Hofprediger?« Sie hatte sich schon ganz in der Gewalt und antwortete beinah heiter: »Daß es die höchste Zeit ist für Ehrn Funk, einmal zum Balbier zu gehn!«

Der Page, der, noch keuchend von der Bücherlast, eben wieder seinen Platz an der Tür des Eckzimmers bezog, zuckte mit dem weichen Jungenmund.

Der Herzog winkte die Frau heran. Sie hielt immer noch das Brettchen mit dem Schmuck, stellte es aber auf ein Tischchen neben dem Sessel, als der Herzog »nachher« sagte und ein schlankes Zinnlämpchen nahm, dessen Licht schon gegen die Dämmerung der Ofenecke kämpfte. Er ließ den zarten Schein über die kostbaren Bernsteinwerke gleiten, die wie aus dunklen Meereswogen aus dem Schwarzblau der Schranktiefe tauchten: kleine zackige Altäre, breite Schubfachtruhen für Schmuck, der heilige Christoffer aus dunklem und St. Katharina aus weißlichem Bernstein, Schatullen, deren Steine noch wie frischfließendes Harz in dicken Buckeln vorquollen, Petschafte, aus denen es wie Flammen züngelte, geschliffene Siegelsteine, flache Schälchen, aus einem klaren Stein geschnitten oder wie ein Schachbrett aus lichten und dunklen zusammengefügt. Auf richtigen Schachbrettern aus Ebenholz und Elfenbein ritten Pferdeköpfe aus braunem Bernstein gegen knochenhelle Türme an. In der Mitte trug ein gedrechselter Kelchfuß, goldener als Gold, eine durchsichtige Schale aus Horn, zart wie eine Wasserblase. Aufgehäuft lagen da Ketten wie aus Honigtropfen, ganz helle, die wie Kristall funkelten, neben andern mit eigroßen, wie alter Tokaier glühenden Perlen. Neue Stücke, angeschliffen und weizengelb wie frisches Brot, lagen neben uralten Klumpen, seltsam gestaltet wie die Köpfe verschollener Tiere, mit der rauhen Schuppenhaut bösen Gewürms. Aus gelben Schlangenaugen blinzelten sie nach rindigen Stücken, scharf wie Lanzenspitzen, aus deren Splittern es weiß wie nackter Knochen sah. Sonne schien aus langen Tropfen zu leuchten, die des Drechslers Hand, ihrer gewundenen Form liebevoll nachgehend, klar abgeschliffen hatte. Da lagen glatte Anhänger, aus deren Bildung der Schleifer sonderbare Gestalten, die angedeutet darin schliefen, sorgsam hervorgeholt hatte und andere, in deren Klarheit es wie Gewölk schwebte, das sich zu Wappentieren gestalten wollte.

Der Herzog stellte das Lämpchen auf das weit vorspringende Schrankgesims. In unirdischer Klarheit und Glut, und doch sanft und stet, leuchtete es durchs Zimmer bis zu seinem Armstuhl neben dem blaubunten Ofenturm, auf dessen kissenbelegter Bank er der Störmerschen einen Platz anwies. Sie verneigte sich nicht ohne Würde, setzte sich dann behaglich zurecht und drückte sich wohlig an die warmen Kacheln, obgleich es sich nicht gut saß vor den Bogennischen mit den vielgestaltigen Darstellungen der Leidengeschichte. Der Herzog fand währenddessen Zeit, mit seinen scharfen Augen den neuen Schmuck auf dem grünen Deckchen zu betrachten, er nickte zufrieden und streifte den Ring mit dem Chrysopras an seinen Mittelfinger.

»Euer Mann versteht seine Arbeit«, sagte er nur, aber der Frau war's genug. Sie atmete tief, schob sich ein Kissen in den Rücken und blickte stumm, mit zusammengelegten

Händen, nach dem Bernsteingerät. So saßen sie beide eine Weile still, dann zog der Herzog ein Schubfach auf und reichte ihr einzelne Stücke hin, die er erst vor das in der sinkenden Dunkelheit nun heller leuchtende Flämmchen hielt, das der Page, der selber von der Pracht heiß entzückt war, die da auch vor seinen Augen strahlte, sorglich auf das Tischchen gestellt hatte und neben dem er noch eine hohe, spitzgedrehte Wachskerze entzündete.

Die Störmersche nahm die Stücke ehrfürchtig in die Hand und sah gegen das Licht die gefangenen Insekten in dem erstarrten Harz noch einmal ihren Totenreigen tanzen. Zarte Flügel schimmerten durchsichtig, Beine, feiner als Gräser, hoben sich gespenstisch, winzige Häupter lehnten sich sterbend an dunkle Rindensplitter.

»Solche Einschlüsse wie diese, gibt's nie mehr!« sagte sie ganz überwältigt und drehte das letzte Stück hin und her, das in seiner gläsernen Klarheit einen winzigen Thujazweig barg. Der Page reckte den schlanken Hals und bog seine langen Beine, um auch etwas von dem seltenen Anblick zu erhaschen. Nun konnte er seine junge Begeisterung nicht mehr stumm ertragen. Er brach los: »Und das haben bloß wir!«

Der Herzog vergaß, ihn für diesmal zu rügen. Er nickte freundlich, ein schöner Schein, der Welkheit und Alter fortwischte, ging über sein langes Gesicht, seine Augen, selbst leuchtend, sahen in den leuchtenden Bernstein: »Ja – und wir sollten es stets bedenken: wenn Gott unserm Land so einmalige Gnade erwiesen, daß wir uns dessen auch wert erzeigen!«

Er stand schwerfällig auf und blickte, an die Schranktür gelehnt, auf seine Schätze: »Christen und Heiden verzehren sich danach, bis von der Welt Enden senden sie darum. Es stillt das Blut, es heilt den Krampf, sein Rauch vertreibt die Pest und duftet Gott angenehm –« Er versank in Sinnen und sprach dann wie ein Gebet weiter: »Wir graben danach und keschern es, unerschöpflich gibt es die See heraus, schenkt es der Sand. Noch der Acker gebiert es mit seinen Steinen. Ein Wunder ist es, nur diesem Land gegeben, um das so viele Wölfe kreisen – soll Gott da nicht große Dinge mit uns vorhaben?«

Seine Stimme wurde sehr leise, er stand reglos vor dem schwarzen Schrein, sein Schatten fiel riesengroß über den Schatz darin und über die bläuliche Wand bis hoch an die getäfelte Decke. Es war ganz still im Zimmer, nur der Sturm rüttelte am Fenster, dumpf brausend wie Brandung.

Herzog Albrecht sah um sich wie ein Erwachender. Er schloß vorsichtig die schweren Türen. Dann wandte er sich zu dem Pagen: »Kramp die Läden zu!« befahl er. »Und schick den Jonas in die Küche – er soll Warmbier heraufbringen.«

Er schob sorgsam das Fach mit den Einschlüssen zu und horchte, wie der rasche Schritt des Junkers verhallte. Dann sagte er zu der Frau: »Es ist mir gestern ein seltenes Stück angeboten. Ich will's Euch zeigen, Störmerin, Ihr sollt mir sagen, ob's zu erstehn lohnt!«

Aus der Schublade des Tischchens nahm er eine kleine Schachtel, eine armselige, rotbemalte Spanschachtel. Ehe er sie öffnete, setzte er sich tief in seinen Sessel und schob einen Lichtschirm aus dunklem Leder zwischen sich und das Licht, so daß der Schein von Kerze und Lämpchen voll auf die Störmersche fiel, die auf der Ofenbank näher rückte und das Stück, das er ihr reichte, gleich vor die Kerze hielt.

Im Schatten verborgen sah er, wie ihr Gesicht, das von der Ofenwärme und der Freude an seiner Sammlung lebhaft gerötet war, erst dunkelrot und dann schneeweiß wurde. Ihre Hand sank in den Schoß. Sie atmete zitternd, aber ihr Blick sah fest auf das kantige Herz aus klarem Bernstein, in dessen Schliff sich das Licht brach. Die kleine goldene Öse des Anhängers blinkte hell und gerade unter ihr reckte sich das runde Haupt eines winzigen Kaulquäppchens empor, das seinen klaren Schwanz wie eine schimmernde Schleppe durch die goldene Harzflut zog.

»Ein ganz seltenes Stück. Es gibt kein zweites davon«, sagte der Herzog.

»Nein! Solch eine Fälschung gibt's nicht wieder!«

»Fälschung?!« Nun rückte auch der Herzog näher zum Licht. Eifrig blickte er auf den Stein. »Woran wollt Ihr das erkennen?«

Die Störmersche sagte tonlos: »Weil ich's kenne – mein Johannes hat's gemacht!«

»Frau! Bedenkt, was Ihr sagt!«

Aber die war nicht eingeschüchtert. Sie sprang auf und stand kerzengerade vor dem Herzog. »Fürstliche Durchlaucht! Um Christi Blut – woher habt Ihr das?«

Der eben noch aufsteigende Zorn des Herzogs war jäh verflogen. Mit stillem Mitleid blickte er auf die vor Erregung an allen Gliedern bebende Frau und sagte sehr leise und deutlich: »Solltet Ihr's nicht wissen?« Er drückte die Zitternde wieder auf ihren Platz. »Nun – von wem?« Trotz aller Güte fragte er so eindringlich wie ein Richter. Ihre Zähne schlugen vor Aufregung, als sie antwortete: »Von der Fremden, die bei mir wohnte. Von der Betrügerin Amalie, die sich Herzogin zu Cleve nannte – und deren letzter Betrug es wohl gewesen, Euch dieses zu verkaufen!« Sie schlug die Hände vors Gesicht und weinte herzbrechend.

Der Brokatvorhang rauschte, die Flämmchen flatterten, der alte Diener stand mit der Warmbierkanne vor ihnen, und der Page, der die Zinnbecher auf den Tisch stellte, sah verwundert und mitleidig auf die Schluchzende. »Das Feuer im Kamin geht aus. Schür's und schütte nach!« mahnte der Herzog. »Und dann lauf rüber ins Archiv, der Schreiber soll dir die Akten geben – alle. Er weiß schon, welche!«

Der Schürhaken rasselte nebenan, der Sturm stürzte sich heulend in die Glut, es prasselte und knisterte und duftete bis in die Ofenecke streng und gut nach Heidetorf und harzigem Sprockholz. Der Alte schenkte das Warmbier ein und der würzige Dampf mischte sich mit dem andern Duft, es war heimelig und beinah schon weihnachtlich. Die Störmersche schluchzte noch, aber sie versuchte zu nicken und zu lächeln als der Diener Jonas und der schlanke Junker hinausglitten. Der Alte blieb aber nahe der Tür. Doch er lauschte nicht, sondern ging bloß kopfschüttelnd im Vorzimmer auf und ab.

Der Herzog trank in kleinen Schlucken sein Warmbier, ermunterte die Frau, auch zu trinken, und sah zufrieden, wie ihr Gesicht und ihre Hände ruhiger wurden. Er schenkte ihr selbst noch einmal ein und sagte freundlich: »Trinkt, Störmerin, und erzählt.« Er lächelte leise: »Da Ihr auf meinen Befehl nichts vor Gericht auszusagen brauchtet, könnt Ihr's jetzt gerne zu mir.«

Die Frau rückte sich zurecht, sie war ganz gefaßt, nur ihre Rechte strich immerfort über die weiße Schürze. »So war's, Euer Durchlaucht: An Bartholomä abends saßen wir auf dem Wolm. Die Muhme Bergau hatte uns Austbrot von der Mühle gebracht. Es war so ein heißer Tag gewesen, meinem Alten tat's gut, mal aus der Werkstatt herauszukommen, wir hatten ihn im Lehnstuhl hinausgetragen. Es donnerte von weitem, wir hörten nichts sonst – da sagt er ›Hufschlag!‹, und da hielten auch schon die Pferde. Die Muhme nimmt das Laternchen vom Tisch und leuchtet herunter, der Schein fällt auf die Stufen. Da steht ein Reitknecht und fragt gleich: ›Habt Ihr ein Zimmer frei?‹ Noch ehe ich antworten kann und grad überlege, ob ich vielleicht das Zimmer von dem sächsischen Junker abgeben könnte, der bei den Kanitzschen Verwandten war – da steht schon eine große Gestalt vor mir, ganz dunkel im Reisemantel, und sagt: ›Ich bin krank. Ich kann nicht weiter.‹ Und als sie die Kapuze zurückschlägt, braust die Eilung heran und die Laterne geht aus. Der Reitknecht faßt gleich mit mir an den Lehnstuhlriemen und hilft meinen Alten hereintragen. Wie wir alle im Flur sind, schlägt der Sturm die Tür zu. Aber grad vorher blitzte es, und ich konnte noch ihr Gesicht sehn.«

Die Störmersche schwieg erschöpft. Sie mußte sich erst eine Weile ausruhen, als wäre sie einen schweren Weg gegangen.

Dann begann sie wieder: »Da war sie nun, und ehe ich noch was sagen konnte, standen sie beide in der Stube, und der Knecht hatte auch gleich Feuer geschlagen. Ich wollte nicht – aber es war, als mußte ich gehn und die Fremde bedienen. Sie saß ganz still am Tisch in ihrem Zimmer, ich schloß die Läden, ich bezog das Bett, sie kümmerte sich um nichts. Ich wunderte mich, daß sie so wenig Gepäck hatte. Auch ihr Mantel war sehr dünn, aber ich wollte nicht fragen. Ich brachte ihr noch was von unserer Abendsuppe und sie aß auch, obgleich es immer noch gewitterte. Aber sie aß so, als ob's ihr ganz gleich wäre, was sie in den Mund steckte – und so blieb das auch immer.

Dann schickte ich den Reitknecht fort, zu Jürge Rodmann, dem Schmied, der nahm ihn auch auf. Wie ich dann in die Stube gehe – in unsere Stube –, da sagte die Muhme: ›Das ist ein schlechter Mensch! Bloß gut, daß er außerm Haus wohnt!‹ – ›Aber Muhmchen!‹ sag' ich, ›du hast ihn ja kaum gesehen!‹ Da meint sie: ›Ganz genug, um das zu wissen!‹ Ich frag meinen Alten: ›Und was meinst du, Johannes?‹ Da ist er erst ganz still, und endlich sagt er: ›Ich sah bloß die Frau. Geh und frag, wie sie heißt!‹ Ich geh also, und auf einmal war mein Herz wie Blei, und meine Füße wollten mich nicht über die Schwelle tragen. Sie saß noch immer am Tisch, ganz still, den Kopf gesenkt. Ich zieh den Wachsstock hoch und stell ihn näher zu ihr, denn ich wollte doch ihr Gesicht wieder sehn, und dann frag ich: ›Frau, ich muß doch wissen und dem Rat melden, wen ich in meinem Haus hab – wie heißt Ihr?‹ Sie rührt sich nicht und sagt mit ihrer gleichgültigen Stimme: ›Amalie, Herzogin zu Cleve!‹ Ich sah sie an – aber sie saß so starr wie ein Bild. Und da war mir, als hätt ich sie schon einmal gesehn!«

Die Störmersche strich über die Stirn, als müßte sie sich besinnen. Dann sprach sie lebhafter: »Was dann kam, das wissen Euer Durchlaucht wie ich, und besser. Denn der Rat Gans und der Herr Kanzler haben ja berichtet, was sie mit ihr gesprochen haben auf das Gesuch hin, das sie Euch sandte und vor meinen Augen mit meines Johannes Tint und Feder aufsetzte. Sie schrieb eine schöne Hand – aber daß sie kein Siegel und keinen Wappenring hatte, das war das erste, worüber ich stutzig wurde!«

Es kam ein harter und beinah beleidigter Klang in die gute Stimme, als sie weitersprach: »Sie hatte auch kein bißchen Verständnis für die Kunst meines Alten, sah gar nicht danach hin. Auch der Dürersche Stich, den wir durch Euer Gnaden Schreiber erstanden, der war ihr ganz gleich! Was sie um hatte von Schmuck war ohne Wert, und die großen Spangen steckte sie immer falsch ein. Aber all das sah ich erst viel später. Es war, als würd ich blind, wenn ich bei ihr war. Blind und dumm. Sie kuckte mich an mit ihren großen hellen Augen, so starr und leer – und dann war ich wie im Schlaf, tat was sie wollte, und glaubte, was sie mir erzählte.

An dem Mittwoch, wie sie sich anputzte, um zu Euer Durchlaucht aufs Schloß zu gehn – ich dachte grade, wie verschlissen ihr Kleid und daß es solch ein Rot wäre, wie eine vornehme Frau es nie trägt –, da kramte sie in ihrer Schachtel nach einem Ring. Ein hübscher Ring war's, aber altmodisch, noch mit Ranken und Herzchen, ein Ring, wie ihn die Bauern unten am Neckar tragen – da wirft sie auf einmal alles heraus. So nach ihrer Art, immer erst ganz gleichgültig, und dann auf einmal bös, ganz bös und ungeduldig, am liebsten machte sie dann alles zuschanden. Es flog nur so vom Tisch runter. Ich bück mich und such's zusammen. Granatkette und Silberspange und Ringe und Nadeln und ein Korallenhörnchen und –«

»Und dies Bernsteinherz mit der Kaulquappe!« ergänzte der Herzog.

Sie nickte. »Ja! – Ich dachte, mich rührt der Schlag. Ich sah zu ihr auf, da fährt sie mich wütend an: ›So steht doch auf! Soll ich Euch etwa helfen?‹ Aber ich konnte nicht, so zitterten meine Knie. Ich sah sie bloß an und hielt ihr das Bernsteinherz entgegen. Sie nahm's und sah mich wieder an. Da wußte ich, daß sie wußte –«

»Wer sie war?« fragte der Herzog so eindringlich, wie man zu einem Fieberkranken spricht. Die Störmersche rang die Hände: »Ja und nein. Das ist's ja eben!« Sie sah ängstlich auf. »Was ich davon weiß, das erzähl ich hernach. Erst bloß dies.«

Sie atmete auf, als befreite sie sich von einer Last. »Als ich merkte, sie war weg, und der Knecht auch – immer schlich er hinter ihr her, wie ihr Schatten, aber ich habe nie gesehn, daß sie mit ihm sprach oder ihm Augen machte –, da ging ich zu meinem Alten in die Werkstatt. Er arbeitete grade an dem neuen Siegel fürs Archiv, und die Glaskugel schien klar in sein Gesicht. Aber er stellte gleich den Schirm vor, legte den Stichel hin und sagte, wie ich noch an der Tür stand: ›Trinke, was hast du?‹

Ich setz mich auf den Schemel neben seinen Stuhl und sag: ›Johannes, besinnst du dich noch auf das Bernsteinherz, das du damals in der Herberge in Meißen machtest, nach der Wette mit dem Stenzel Martin, als wir dort im sächsischen Krieg festlagen?‹ Da lachte er ganz leise, nahm meine Hand und streichelte sie. ›Das mit der kleinen Kaulquappe? Selbst der Martin hielt's zuerst für einen Einschluß! Was für einen Spaß hatte er dran! Ich war ganz stolz, wie er es so bewunderte und als Geschenk nahm!‹ – Da sag ich leise: ›Ja, das! – Das er dann wieder unserm Malenchen bei der Nottaufe umhing. Und das wir dann dem fremden Kind schenkten –‹ Da fragt er ganz leise: ›Hast du es wieder gesehen? Hat sie es noch? Hat sie es noch nicht versetzt?‹

›Johannes!‹ schrei ich und fahr in die Höhe und starre ihn an. ›Hast du sie erkannt?‹ Er sagt: ›Gleich wie sie da auf dem

Wolm stand. Wo hast du deine Augen, Katharina? Sie gleicht doch ihrer Mutter wie eine Erbse der andern – aber nur von außen. Sonst ist sie, wie der Mann war, bloß noch schlechter. Es drückt mich auf die Brust, wenn sie im Haus ist. Wenn sie durchs Zimmer geht, werden meine Steine blind.‹

Da sag ich: ›Johannes, du kannst sehn, was andere nicht können – glaubst du, daß sie die Schwester von dem Clever Herzog ist?‹ Er streicht mir über die Stirn, als ob ich da Schmerzen habe, ganz sacht, und sagt: ›Wer sie ist, das weiß Gott allein! Sie weiß es wohl selbst nicht mehr. Aber das weiß ich, daß sie lügt wie unsereins atmet. Auch, daß sie Macht hat, andere glauben zu machen, was sie lügt – mein Trinke obenan!‹

Ich nicke bloß und denke – wie kann das zugehen? In meiner Not muß ich's laut gefragt haben, denn da antwortet mein Johannes schon: ›Weil es dem Vater der Lüge gegeben ist, allerlei Gestalt anzunehmen, uns alle zu versuchen und zu blenden, den Armen und den Mächtigen.‹

›O Johannes! Warum ist das so? Was hilft uns da?‹ Aber ich merkte schon, daß er nach seiner Art nicht hörte, sondern leise betete, seinen Arm durch meinen gezogen, wie abends im Bett, und ich hörte grade, wie er flüsterte: ›sondern erlöse uns von dem Bösen –‹«

Die Störmersche schrak zusammen und schlug sich auf den Mund. »Fürstliche Durchlaucht, verzeiht! Ihr wißt, er stammt aus dem Westen, sein Vater hing der Kalvinischen Lehre an, aber er ist ein guter Lutheraner, mein Johannes, der Domprediger kann's bezeugen! Ich meine ›von dem Übel –‹«

Der Herzog sah sie ruhig an mit seinen dunklen, klugen Augen. »Laßt nur, er ist ein guter Christ, Euer Eheherr, und manchmal ist's schon recht so. Denn sagt selbst, Störmerin – war sie nicht böse?«

Die Frau senkte den Kopf. »Mir steht es nicht zu, sie zu

richten. Es kann keine Frau verdammen, was an ihrer Brust trank!«

»Störmerin!!«

»Ja, Euer Durchlaucht, so ist's. Beim wahrhaftigen Gott! Ich sagte ja, unser Malenchen bekam die Nottaufe, und als wir endlich von Meißen fort konnten, wurde es in meinen Armen immer weniger. Wir kamen ganz langsam weiter. Die Straßen waren verstopft von Reiterei und Geschützen, in den Gasthöfen lagen die Offiziere, in den Scheunen der Troß. Überall trieb sich Gesindel rum und Heimatlosgewordene. Es war ein Elend, und wir selbst täglich armseliger. Auch der Gaul konnte nicht mehr weiter, und zuletzt brach noch ein Rad. Das war morgens. Und so gegen Mittag – da starb das Malenchen. Es war ein steiler Weg, Kirschbäume standen dran. Seit der Zeit kann ich Kirschen nicht sehn, die schwarzen schon gar nicht. Ganz nahe lag ein kleines Dorf, aber die Bauern waren so voll Angst, sie jagten uns mit Dreschflegeln fort, als wir zum Pfarrer wollten. Da gingen wir zurück zu unserm Wagen. Ich machte das Malenchen zurecht, mein Mann nahm ihr das Bernsteinherz ab und hing ihr dafür ein Kreuzchen um.«

Sie verstummte eine Weile und schloß die Augen. Dann begann sie wieder: »So gegen Abend haben wir sie auf einem Hügel begraben, wo noch ein zerbrochener Bildstock aus der alten Zeit stand. Dann saß ich unten am Grabenrand neben unserm Wagen und hielt immer noch das leere Kissen im Arm. Miteins kommt ein vornehmer Reisewagen, mit Vorreitern und bewaffneten Knechten zu Pferd und einem Planwagen für die Dienerschaft. Der Reisewagen hält an. Er hat rote Ledervorhänge mit dicken Quasten, und auf der Holztür ist ein ganz großes buntes Wappen mit Helmbusch gemalt. Eine Männerhand im grauen Stulphandschuh hebt das Leder an, und wir hören eine Frauenstimme rufen.«

Die Störmersche schluchzte auf, aber sie faßte sich gleich wieder. »Dann weinte ein Kind. Da schoß mir die Milch so in die Brust, daß ich die Hände draufdrückte und laut stöhnte. Die Frau im Wagen biegt sich heraus, ihr goldnes Haarnetz funkelt in der Abendsonne, sie streckt die Hand aus, ganz weiß und schlank und voller Ringe. Sie sieht mich mit ihren hellen großen Augen durch und durch an und sagt: ›Könnt Ihr ein Kind nähren? Die Säugamme ist uns in Dresden am Fieber gestorben.‹ Ich nickte bloß, ich konnt es gar nicht abwarten und riß ihr das Kind beinah fort, als sie es mir reichte. Es war jünger als mein Malenchen, und sein Gesichtchen war vor Hunger spitz und welk. Es war in feine Windeln gewickelt und mit gestickten Bändern beschnürt, aber alles war verstaubt und schmutzig. Doch das sah ich gar nicht. Ich saß da am Feldrain, ich hörte die Lerchen oben, ich merkte, daß ganz nahe ein Kleefeld blühte und wie das Kind trank.«

Sie weinte still vor sich hin. Der Herzog ließ sie ruhig gewähren. Er machte nur ganz leise den Schrank auf, damit ihr Blick, wenn sie sich aufrichtete, gleich das goldene Bernsteinfunkeln durch den Spalt sehen konnte.

Sie sprach ruhig weiter: »Ja, dann nahmen sie uns mit, die beiden. Wie die Frau aussah, wissen Euer Durchlaucht. Und er – nun, wie sehn die Falschspieler und Abenteurer aus, die da rumbrodeln, wo Krieg und Aufruhr ist? Ein stattlicher Mann war er schon, aber ich konnte ihn nicht so schön finden, wie mein Johannes sagte. Sein Gesicht war breit und hart, und auch unter der Samthaube und dem goldenen Festkränzel rüde und hochmütig, und sein Jähzorn war schrecklich. Dann schlug er nach allem und allen, auch nach ihr und dem Kind. Er war aber viel klüger als sie und verstand allerlei, auch von der Kunst. Auf seine Art war er meinem Johannes gewogen und ließ ihn immer im Wagen fahren, weil schon damals seine Füße so schlecht waren. Sie trug viel Schmuck, aber er noch mehr. Er hatte Glück beim Würfeln, und wenn er dann einem andern Gold und Ringe abgenommen hatte, mußte der Johannes das umarbeiten, und er prahlte gern damit beim Spiel. Aber der Johannes mochte ihn nicht.

Dann auf einmal verließ ihn das Glück. Es wurde auch ruhiger im Land, und er fand keine Kumpane mehr. Er wollte durchaus ins Polnische. Dazu bohrte er immer, daß ich das Kind absetzen sollte, was der Frau nicht recht war. Ich tat's aber doch, denn unser Gaul war gesund und ausgefüttert – darauf verstand sich der Herr wie ein Roßtäuscher, zu Pferden war er gut. Johannes und ich besprachen uns halbheimlich, daß wir oderabwärts nach Frankfurt zur Michaelismesse wollten und in Schlochau überwintern, wo der Johannes noch von der Wanderschaft her einen alten Zunftfreund hatte.

Aber die Frau ließ uns nicht fort. Wir waren schon nah der Oder und ich merkte, daß sie Angst hatte vor Polen. Auch Angst um das Kind, das keinen Bissen Brei nahm, wenn die tschechische Kindsmagd ihn ihr gab. Wir hatten die unterwegs mitgenommen, sie konnte kein Wort Deutsch, ihre schwarzen Augen rollten vor Furcht, wenn sie den Herrn sah oder wenn das Kind so schrie und sich bocksteif machte und den Mund zuklemmte. Nie gab's so ein eigensinniges Kind. Und zuletzt bekam's die Krämpfe. Wir kamen grad durch eine kleine Stadt im Schlesischen und die Frau weinte und bettelte im Gasthof, daß der Herr das Kind doch taufen lassen sollte. Erst da erfuhr ich, daß es noch eine Heidin war und war traurig. So ging ich selbst, den Pfarrer herauszuklopfen.

Es war spätabends, und der Mond schien hell auf die Gräber, als der Küster die Kirche aufschloß. Es war kalt und die Bäume schon fast entlaubt, denn mittlerweile war's Herbst geworden. Im Mondlicht sah man die Hussitenkugeln, die überm Türbogen steckten, und drinnen war alles ganz kahl. Nie sah ich solch arme Kirche, nicht mal eine Sakristei gab's, und der Taufstein stand dicht am Altar. Aber alles war sauber und frisch geweißt, auf dem Altar lag ein blanker Leinenbehang und auf dem Stein ein gesticktes Tuch, wie's dort die Frauen tragen. Als der alte Küster es aufhob und Wasser in die Schale goß, blinkte das Messing wie Gold. Aber die Altarleuchter waren schwarzes Holz, und die Kerzen ganz kurz. Doch hinter den hohen Fenstern stand die blaue Nacht, und mir war's ganz friedlich, als ich das Kind hin und her wiegte. Es schrie von der Schwelle an. Dabei sah ich nach dem Prediger. Er war so alt wie der Küster und war wohl ein Mönch gewesen zur katholischen Zeit. Mein Johannes sah sich um und meinte: ›Hier ist gut beten.‹ Da nickte ihm der Pfarrer zu und lächelte, so sanft, wie ich noch nie wen lächeln sah, und sagte mit leiser Stimme: ›Weil hier das Blut so vieler Märtyrer vergossen ist.‹

Dann fragte er den Herrn, ob er einen besondern Tauf-spruch für seine Tochter wünschte. Da lachte der sein rohes Lachen, es hallte von den Säulen wider, und sagte: ›Ja – die Kinder der Huren und Ehebrecher werden nicht das Him-melreich erlangen!‹«

»Hat der Pfarrer sie dann getauft?«

»Doch, Euer Durchlaucht. Er blieb ganz ruhig und sagte, er würde in der Bibel nachschlagen, was Gott für das arme Kind bestimmte. Der Küster rückte den einen Altarleuchter ganz nahe, und da las der Pfarrer: ›– ob eure Sünde gleich blutrot ist – –‹, aber seine Stimme brach. Dann sagte er ein bißchen zittrig: ›Nun will ich noch zum drittenmal fragen.‹ Das Kind schrie wie am Spieß, die Frau weinte laut, als der Pfarrer nun las, worauf sein Daumen wies: ›Denn die Ge-waltigen sind nicht den guten Werken, sondern den bösen zu fürchten.‹

Ich merkte, wie den beiden Alten grauste, und sah, daß der Küster ein Kreuz schlug. Aber da fiel mein Johannes ganz laut ein: – ›Willst du dich aber nicht fürchten vor der Obrig-keit, so tue Gutes, so wirst du Lob von derselbigen haben.‹ Das ist dann ihr Taufspruch geworden, und sie ist auf die Namen Amalie, Elisabeth, Gesine getauft. Als das Wasser über ihre Stirn lief, wurde sie ganz still und schlief ein, ganz sanft, wie ein gesundes Kind schläft.

Es stand ein Tisch an der Wand, da schrieb der alte Pfarrer ihren Namen ins Kirchenbuch. Er wollte auch die Paten wissen, und der Herr nannte allerlei vornehme Leute, ich glaubte keinen Namen davon, und mir ekelte es, daß er auch an diesem Ort sein Prahlen und Lügen nicht lassen konnte. Zu guter Letzt nannte er mich: ›Die Ehefrau des Herzoglichen Hofgoldschmieds, (»Nun, damit hat er wahr prophezeit!« murmelte der Herzog), Frau Katharina Störmer von Knyphoff.‹ Ich dachte: Weinen kannst du nicht, und es überkam mich eine böse Lust, laut herauszulachen. Aber ich beherrschte mich, als ich meines Johannes' Gesicht sah und merkte, daß er nach mir blickte und leise betete. Und dann —«

Die Störmersche zitterte so, daß sie nicht weiterreden konnte und der Herzog sein Riechfläschchen aus der Samttasche holte und erst eine Weile warten mußte, bis sie sich an dem Lavendelsalz erfrischt hatte. Dann sprach sie leise weiter und bekam rote Flecken auf den Backen wie im Fieber.

»Dann fragte der Pfarrer nach den Eltern des Kindes. Da sah uns der Mann alle an mit seinen schrägen Augen und zuletzt die Frau, er bleckte mit den gelben Zähnen und sagte: ›Schreibt, Pfarrer: Die außer der Ehe geborene Tochter der entlaufenen Gemahlin des weiland —‹, aber da sprang ihn die Frau schon an und wollte ihm den Mund zuhalten. Er rang mit ihr, und mit einem furchtbaren Griff drückte er sie auf den Stuhl neben dem Tisch. Sie stöhnte und wand sich, da sagte er über die Schulter: ›Nein, schreibt lieber: Bankert der Lagerdirne Anna aus Wesel.‹ Da schrie sie gellend auf, bloß einmal, und ihr Kopf fiel auf die gerungenen Hände auf der Tischplatte.

Der Pfarrer schob sein Buch leise zur Seite, und der Küster hob das Tintenfaß auf, denn sie merkten, daß ich das Kind neben die Mutter legen wollte. Sein Köpfchen lag dicht an ihrer Stirn, aber sie merkte es wohl nicht. Da trat mein Johannes zu mir, gab mir das Bernsteinherz, das er aus einem Tüchlein wickelte, und sagte: ›Häng's deinem Patenkind um, Katharina! Ein Taufgeschenk soll's doch haben!‹ Als ich das tat und es dem Kind aufstreifte, schlug's die Lider auf und blickte mich groß mit den weit auseinanderstehenden, hellen Augen an. Dann schlief es weiter.

Da gingen wir, der Johannes und ich, Hand in Hand still aus der Kirche. Als wir uns noch einmal nach dem Altar wandten, wo immer noch die Kerzen brannten, sahen wir, daß keiner sich rührte. Sie standen wie die Bildsäulen, nur der Pfarrer hatte seine Hand auf die Stirn des Kindes gelegt. Bloß der alte Küster sah nach uns und nickte uns zu. Wir schritten hinaus in die kalte Mondnacht. Die Kreuze glänzten, und unter der weißen Mauer wartete unser Wagen. Heut erscheint mir das wie ein Wunder, und auch daß der Braune gleich in die richtige Straße bog –

Nun aber frag ich Euer Fürstliche Durchlaucht, der Ihr doch so gelehrt seid und den weißen Mantel trugt« – (Der Herzog zuckte zusammen. Es wagte keiner, je davon zu sprechen. Aber der Störmerschen verweinte Augen sahen ihn gläubig und vertrauend an, blau, wie Frau Dorothees Augen –) »was sollte aus einem Kind werden, das solche Taufe hatte?! Oft hab ich's gedacht – sogar die einzige Gabe, die es aus gutem Herzen erhielt, war eine Fälschung!«

Die Störmersche war aufgesprungen und neben dem Lehnstuhl zu Boden geglitten, sie klammerte sich an den Pelzrock des Herzogs. Der blickte voll Erbarmen auf sie nieder. Dann sprach er ganz leise: »Was daraus werden soll – das habt Ihr wohl gesehn, wenn auch nicht alles. Das habt Ihr nicht, Gott sei gedankt, und andre auch nicht, was sie da auch alles auf dem Markt zusammenfabelten.«

Er schüttelte den Kopf. Dann seufzte er tief. »Ich aber hab's gehört – von ihren eigenen Lippen. Nein, nicht hier. Hier hat sie noch gelogen, wie bei Euch. Aber drüben –«

Die Störmersche wollte flüstern, aber es brach wie ein heiserer Schrei aus ihrem Mund: »Bei der peinlichen Frag'?«
»Ja. Dabei.«
Die Frau versuchte zu reden, aber es wurde bloß ein tonloses Stammeln. »Ist sie gerichtet?«
»Ja. Gestern nacht.«
»Um den ersten Hahnenschrei?«
Der Herzog nickte. Die Störmersche hob sich schwer und taumelnd von der Erde, aber sie war ruhiger als vorher. »Der Johannes weckte mich. Er sagte, es hätte an die Tür geschlagen.«
»Vielleicht suchte sie Euch!« Als die Frau still blieb, fuhr der Herzog fort: »Das Herz da gab sie dem Scharfrichter, er sollte es mir übergeben – für Euch. ›Für meine gute Nährmutter‹, hat sie gesagt. Ich verstand das nur nicht gleich. Den goldnen Ring, von dem Ihr spracht, den durfte sie behalten und ist auch damit in die Erde gekommen. Das war das einzige, was sie noch kümmerte. Sie barmte richtig darum.«
»War der von dem Kerl?«
»Nein, sicher nicht. Der Knecht war wirklich aus dem Lübischen, ein Likendeeler oder so was. Sie hat nicht mehr nach ihm gefragt, als er sie angegeben hatte.«
Die Störmersche stand unschlüssig da. Dann schob sie das Bernsteinherz fort. »Verzeiht, Euer Durchlaucht, ich weiß, es ist nicht recht – aber ich mag's nicht anrühren und nicht wieder unter mein Dach nehmen.« Sie sann nach und sprach wie zu sich selbst: »War doch manches Gute an der alten Lehr – man konnte es aufopfern an Sankt Kathrinens Altar, man konnt Messe lesen lassen für eine arme Seel –«
Der Herzog saß so still wie ein Beichtiger. So leise wie der sprach er: »Euer Herz legt Fürbitte für sie ein.«
Da wandte sie sich jäh. Ihre sanften Augen blickten fast wild. »Nein, und wieder nein! Das bekennt sich schuldig, denn es hat sie nicht geliebt. Schon als sie an mir sog, da macht ich die Augen zu und dachte bloß ans Malenchen.

Und jetzt – es stieß mich richtig von ihr fort, ich atmete erst auf, als sie weg war. Als die Leut erzählten, sie wäre abgeschoben bei Nacht und Nebel, da war ich froh! Sie lag mir wie eine Mahr auf, ich fürchtete sie. Nein!« Sie schauderte und wiederholte es laut, wie ein Bekenntnis: »Ich liebte sie nicht!«

»Aber doch standet Ihr für sie ein, selbst gegen den Kanzler. Ihr halft, als ihr keiner mehr helfen wollte, Ihr decktet noch die Entflohene. Und warum kamt Ihr heute her? Nicht, weil ich rief! Ihr hättet schon einen Vorwand gefunden, den Gesellen mit dem Schmuck zu schicken. Ihr kamt, weil Ihr von mir Gewißheit über Eure Milchtochter haben wolltet!«

Der Herzog trat neben die Frau. Die hatte sich an den Ofen gedrückt und wärmte die Hände an den bunten Kacheln, sie zitterte wie im Frost.

»Störmerin! Gott sieht unsres Herzens Schwachheit – Er weiß auch, wenn wir lieben möchten!«

Die Frau sah ihn groß und abwesend an. Dann fragte sie unvermittelt: »Aber warum belog sie mich? Mich?«

Er gab ihren Blick ruhig zurück. »Weil die Schlange sticht.«

»Aber mußte sie deshalb sterben? – Es laufen genug Lügner und Betrüger herum mit dem Brandmal. Am Pranger hatte sie ja schon in Antwerpen gestanden!«

»Nein, Störmerin – das war alles bloß Gerede, so wie das mit den Studenten und von dem Frauenhaus in Halle. Sie wußte dort nirgends Bescheid. Aber wenn der Profoß hinter einem her ist, dann weiß der eine gute Bürger immer noch mehr von dem armen Sünder als der andere. Und hier war ja auch viel zu erzählen. Aber so viel es auch war – nein, darum mußte sie nicht sterben. Auch nicht, weil sie den reinen Namen einer edlen Frau mißbrauchte, um ihre Schande zu bedecken. Nein, nicht um all das. Es gibt Schlimmeres.«

»Wohl, Euer Gnaden. Ich hab viel sehn müssen in meinem Leben.«

Blaß und traurig blickte sie nach dem Herzog. Seine dunklen

Augen sahen sie voller Güte an, aber sein Gesicht wurde streng, wie sie es noch nie gekannt, doch ohne Zorn, feierlich und ernst, wie hinter Frau Dorothees Sarg.

»Ich glaub's Euch. Uns allen begegnet das Schlimme in Gassen und auf Wegen, und die, welche reinen Herzens sind, sehn's mit Betrübnis und heiligem Zorn, aber wir müssen lernen, das als Prüfung hinzunehmen, solange die Welt und unser Fleisch in ihrer Schwachheit verharren.

Denn es gibt Schlimmeres, das, was Euer Johannes mit dem ›Bösen‹ meint. Das sehn nur die Schlechten selbst und sonst nur die Richter und Nachrichter und manchmal die Geistlichen. Es ist eine schwere Last, darum zu wissen. Nur die Weisen und Frommen, erfahren in den Schriften und der Erkenntnis des menschlichen Herzens, die es erblicken können, ohne vor Entsetzen zu versteinern, dürfen darüber das Urteil sprechen, als Gottes und der Obrigkeit Diener.«

Die Störmersche nickte. »Das ist die äußerste Verdammnis.«

»Nicht die äußerste!« In des Herzogs Augen kam ein großes Leuchten, sein Antlitz wurde fremd, nicht jung noch alt, wie das eines Erzengels. »Die erblicken nur jene, die einsam horsten wie Adler, sie, denen Gott die Regentschaft verlieh auf Erden, das Zepter, die Völker in Frieden zu weiden, das Schwert, sie zu verteidigen und den Schuldigen zu strafen. So hoch stehn sie, daß sie als Einzige bis in den Schlund blicken, wo die Verräter in ihren eigenen Schlingen schmachten!«

»Gnädiger Herr!« die Störmersche gebrauchte wieder die alte Anrede der früheren Zeit, sie lag auf den Knien vor ihm und rang die Hände, totenblaß war sie, und ihre Kiefer schlugen so sehr, daß ihre Worte nur undeutlich zu ihm heraufklangen: »War es Hochverrat?«

Der Herzog nickte. Er sah auf ihren Scheitel. Flimmernd lag der Schein des Lämpchens auf dem blonden Haar, auf der schönen runden, der reinen Stirn. Er sprach ganz sanft wie zu einem Kind. »Frau, was gebührt dem, der seiner Geschwister Sicherheit bedroht, der seine Mutter ins Gesicht schlägt und seinen Vater in Mörders Hand übergibt?«

Sie kauerte vor ihm und wiegte sich hin und her in ihrem Schmerz, als hielte sie ein Kind auf den Knien, sie weinte leise vor sich hin.

»Der Tod –« – »Und wer ist mehr als Vater, mehr als Mutter und Geschwister, wer speist und nährt uns?«

Die Störmersche glitt näher, sie richtete sich ein bißchen auf, griff nach des Herzogs Hand, lehnte ihr tränennasses Gesicht daran wie ein Kind an die Hand des Vaters, und sagte leise und vertrauensvoll: »Ihr!«

Er lächelte fern und still wie über das Gestammel seines kleines Sohnes. »Nein, Frau – das ist unser Land, unser Preußen, das mich und Euch umfängt. Mir anvertraut, ein teuer wertes Gut, für das ich Rechenschaft ablegen muß am Jüngsten Tag, mir übergeben, es zu schützen gegen Feindesangriff und Gewalt und gegen die böse List der Verräter. Die ich verstoßen muß, Euch und uns allen zugut, in jenen äußersten Schlund – in die tiefste Tiefe –«

Er fuhr zusammen, so jäh hatte sich die Störmersche von den Knien gehoben. Sie stand vor ihm mit fliegendem Atem, mit großen Augen die seinen suchend. Sie faßte die breite Marderklappe seines Samtrocks in ihrem glühenden Eifer. »Gnädiger Herr, gibt es kein Seil, das bis in diese Tiefe reicht?« – –

Aber ehe Herzog Albrecht antworten konnte, klopfte der Diener, und hinter ihm schob sich der Junker herein mit einem Stapel Akten im Arm, und aus dem Brokatvorhang tauchte der blasse Geheimschreiber. Durch die beiden offnen Türen waren da im Vorzimmer noch allerlei Wartende zu sehen, der grauhaarige Leibmedikus der Herzogin und die Kammermagd, der dicke Diener des Kanzlers, der oberste Koch mit der weißen Schürze, der alte Falkner und ein junger blankäugiger Reitknecht. Es war deutlich zu merken, daß sie alle ungeduldig waren und zugleich vor Neugier brannten.

Der Herzog winkte aber ab, daß man die Türen schloß und sagte laut: »Gebt mir das Brett mit dem Schmuck, Störmerin, ich will es gleich hier einschließen. Sagt Eurem Eheherrn, wie sehr ich mit allem zufrieden bin und daß ich den Ring mit dem Chrysopras gleich trage! Und nun blickt noch einmal her!«

Dabei wies er auf den Schrank, den er noch einmal weit öffnete, und als er das Brettchen mit dem Schmuck hineinstellte, hieß er den Diener das Lämpchen hochheben, so daß es auffunkelte wie Sonnenlichter in einem abendlichen Wald, ehe der Schatten der Schranktür alles auftrank, als er den Flügel sacht schloß.

»Du bringst die Störmerin nach Haus, Jonas!« sagte er dann zu dem Diener. »Aber nicht über den Hof, sondern gleich durch den Zwingergarten und das Mauerpförtchen nach dem Markt!«

Er geleitete die Frau noch selbst bis ins Eckzimmer. Als der Alte ihr das Regentuch umgelegt hatte und, schon im Kapuzenmantel, nach dem Stab mit der Laterne griff, bückte sich die Störmersche und küßte die Hand des Herzogs, die er ihr zum Abschied reichte. Er lächelte ein bißchen. »Seid Ihr nicht gleich alt mit der seligen Herzogin?« fragte er. Sie nickte. »Aber ich bin im Oktober geboren, am Gallustag.« Er sah sie bedeutsam an, als läse er von ihrer hohen, immer noch glatten Stirn. »Ein Kind der Waage. Das verheißt ein ruhiges und ehrenvolles Alter nach bewegter Lebensmitte!«

Sie neigte sich noch einmal, dann folgte sie dem Alten die steile Wendeltreppe hinab.

Der Herzog trat zum Fenster und stieß es auf. Der Sturm war schon im Ausebben und kam in langen Abständen, schwer und brausend um den Westturm. Die Lindenwipfel im Zwingergarten, durch den das Laternchen tanzte, rauschten, es plätscherte unten der Marktbrunnen, und fernher, hinter den Giebelhäusern, gurgelte der Pregel, der Hochwasser führte und schon die Fischbrücke überflutete. Der

Mond sah jetzt durch das jagende Gewölk, die Luft war rein, sie roch wie Seeluft, und der Herzog atmete sie tief ein.

Dann trat er zurück, und als der Page das Fenster schloß und die Kerzen auf dem Schreibtisch entzündete, schickte er den Schreiber ins Vorzimmer und ließ sagen, daß die dort noch eine Weile warten müßten. Als unter des Junkers Händen der seidene Vorhang vor die runden Scheiben glitt – er war Frau Dorothees letztes Geschenk gewesen, und sein kleiner Sohn liebte es, sich unter den rosenroten Falten zu verstekken –, fiel es dem Herzog schwer aufs Herz, daß das Kind mit dem Gutenachtsagen auf ihn wartete. So schickte er auch noch den Pagen nach vorn, um die alte Kammermagd zu vertrösten, die ihn allabendlich dazu holen kam.

Als die beiden, der Geheimschreiber und der Junker, wieder ins Zimmer traten, stand der Herzog am Schreibtisch, die Hand auf dem Aktendeckel.

Dann ging er zum Kamin und ließ sich von dem Schreiber die obersten Aktenbogen zureichen. Er schürte selbst die zusammengefallene Glut mit dem Haken, warf die Blätter einzeln hinein und sah stumm zu, wie sie sich krümmten, hoben und verfärbten. Schriftzeichen tauchten noch einmal auf: ›bekannte‹ und ›dem Hauptmann gesagt zu haben‹ und ein paarmal ›Amalie‹. Dann leckte die Flamme züngelnd herauf, es schwelte und glühte, zuletzt blieb bloß ein schwarzer Flor und blutroter Schein darunter.

Der Herzog trat zurück. Er stieß gegen den Pagen und sah nun erst dessen verstörtes Gesicht und daß er ihm etwas entgegenhielt. Es war das Bernsteinherz, das in der Nebenstube am Boden gelegen und auf das der Junker getreten war, als er dort die Becher forträumen wollte. Die Öse und ein Stückchen vom Rand waren abgesplittert.

»Nun hat's wohl keinen Wert mehr«, stammelte der Junker.

»Den hat es doch – aber nur für mich«, sagte der Herzog und nickte ihm zu. Dann nahm er selbst das Bernsteinherz und hielt es gegen das Feuer. Das kleine Kaulquäppchen schien an sein durchsichtiges Gefängnis zu stoßen, sich in dem heißen goldnen Schein zu bewegen, der zarte Schweif sich zu winden in dem zuckenden Spiel der roten Glut. Dem Pagen, der sich vorbeugte, und dem Schreiber, der näher gekommen war, grauste es plötzlich, und sie wichen zurück. Im selben Augenblick, gerade als der Herzog leise sagte »Gott wolle uns alle vor Täuschung und schlimmem Tod bewahren –« und sich zu seinem Schreibtisch wandte, fuhr ein jäher Windstoß heulend in den Kamin. Ein Funkenregen stob weit ins Zimmer, in großen feurigen Flocken wirbelten die verkohlten Fetzen in den Rauchfang, in dem der Sturm klagend und winselnd davonstob.

Ein paar Mägde, die noch so spät auf ihren Holzkorken zum Marktbrunnen klapperten, ermutigt von dem bißchen Mondlicht, das auf den regennassen Katzenköpfen des Pflasters blinkte, ließen Krüge und Eimer überlaufen, denn es geisterte ein Lichtschein unter den Bäumen des Zwingergartens bergab. Ein Schlüssel drehte sich kreischend, und dicht neben ihnen öffnete sich unwillig knarrend die kleine Pforte in der Schloßmauer. Der Laternenschein blendete, so erkannten sie nicht die Frau, die da, dicht in ihr Regentuch vermummt, hinter dem herzoglichen Diener die Stufen unterm Schöffenhaus herunterschritt. Nur der Jungknecht des Aeldermanns, der auf dem Brunnenrand herumschäkerte, pfiff leise vor Überraschung, und die alte Magd des Schöffen, die sich grade bückte, um die Eimer an den klirrenden Pedehaken zu hängen, behielt den Mund auf, als der Schein der Laterne grade über ihr voll übers Gesicht der Frau fuhr, deren wehender, dunkler Rock sie im Vorüberschreiten streifte.

Die Störmersche gewahrte nichts. Sie lief beinah gegen den knurrenden schwarzen Fleischerhund, den der kleine Lehrjunge grade noch an der kurzen Kette zurückreißen konnte. Sie hörte nicht den warnenden Zuruf der beiden Alten, als sie sich in die blaue Schürze des Seilers verwickelte, in der er allerlei Abfall von Gemüse und Obst gesammelt, ehe er sich nun auf der Rathaustreppe mit dem Drosselfried ein gemütliches Abendgespräch gönnte. Sie hörte nicht einmal, wie der Faktor des Tuchschers, der die großen Holzladen vor die Ladenfenster krampte, über das Geländer des Wolms herunterrief: »Groter God – ös dat nich de Störmersche?«, worauf die dicke Pipersche, die bei ihrem Tranfunzelchen mit den beiden Töchtern endlose Tannengewinde für die Hochzeit der Panzerschen Erbtochter flocht, aus ihrem Keller auftauchte und ihr nachblickte, wie sie da den Markt hinunterschritt – einen Diener mit der Laterne vor sich, wie eine Ratsherrnfrau.

Ehe sie in die Hökergasse einbog, wandte sich die Störmersche noch einmal, um nach dem Schloß zurückzublicken. Ungefüg lag es über der Stadt unter dem wolkigen Himmel. Alle Fenster der Südfront waren dunkel, nur in dem Erker überm Zwingergarten spiegelte sich der blasse Widerschein mondheller Wolken. Aber aus dem Eckzimmer des Herzogs leuchtete es in purpurnem, sanftem Glühn.

Die Frau hob die gefalteten Hände empor. Das schwere Tuch glitt ihr vom Kopf, sie mußte es festhalten, und die Worte ihres lautlosen Gebets entglitten ihr, als trüge der leise verhallende Wind sie ihr von den Lippen.

Sie konnte den Blick nicht von dem leuchtenden Fenster da oben wenden. Nun stieg es aus dem hohen Schlot darüber wie züngelndes Feuer. Es flog in die Nacht wie brennende Fetzen, es sprühte über das steile Schloßdach, es wehte weit über Mauer und nahe Giebel, es verflatterte im Sturm und erlosch.

Eine schwarze, zerrissene Wolke trieb über den Mond, und die Störmersche wurde es erst jetzt gewahr, daß der alte Jonas ihr Verweilen gar nicht gemerkt hatte, sondern ihr schon weit voraus war und eben um die nächste Ecke zur Schmiedebrücke bog. Es fiel ihr auf einmal schwer aufs

Herz, daß ihr Johannes sich schon um sie ängstigen würde. Vom Sturm getrieben, lief sie dem Alten nach.

Das Gurgeln des steigenden Pregels klang ihr schon entgegen. Das Wasser strömte rauschend um die Brückenpfeiler und Kettenpfähle, es trieb strudelnd über die zusammengestürzten Buden und Holzstühle der Fischbrücke, bei den Gildefischern blinkte ein rotes Lämpchen, die Knechte verrammelten dort die starken Eichenläden der Gewölbe.

Hier war's schon heimatlich, trotz des drohenden Wassers, das nun aufblitzte, als der Mond wieder durch die Wolken sah. Die Störmersche raffte den Rock und lief dem schwingenden Laternchen nach in die dunkle Schuhgasse, als sähe sie dort schon die Werkstatt vor sich und die leuchtende Glaskugel über dem kleinen ausgebuchteten Tisch mit den Eisenfeilen, der Lupe und den Steinen in der Achatschale, und über allem in dem klaren stillen Licht das treueste Antlitz, das ihr wartend entgegenblickte.

NACHTSPAZIERGANG

»Wie es nach den Linden riecht«, sagte der Herr Konrektor Simon Dach und blieb einen Augenblick lang vor der Steindammer Kirche stehen, um Luft zu schöpfen und den süßen Honigduft einzuatmen. Hanske, Herrn Roberthins Jung, der vor ihm ging, stellte rasch die große Laterne, die er an einem Stock trug, auf die Erde, hockte sich daneben und schnüffelte auch den Duft.

Der Herr Roberthin lehnte sich auf seinen langen spanischen Rohrstock, sah gedankenvoll in die Höhe, wo in ein paar grüngoldene Blütenbüschel und grüne Lindenherzen das rötliche Licht der Laterne schien, daß der ganze, weit über den Staketenzaun hängende Zweig wie aus hellem Metall vor dem dunkelblauen Nachthimmel stand, und sagte gedankenvoll: »Ja, die Kirchhofslinden duften immer am lieblichsten.«

Der Organist Herr Albert zog ein bißchen die Nase kraus. »Mir riechen die aus anderen Gärten auch ganz schön!« meinte er und sah nach der anderen Seite der Breiten Straße, wo über der Mauer neben dem kleinen Bäckerhaus Linde und Holunder blühten. »Vom Kirchhof sehen der Magister und ich tagsüber am Dom ganz genug – nicht wahr, Hanske?« Der Jung lachte und zeigte seine breiten, weißen Zähne. Gleich danach gähnte er herzhaft und ohne alle Ehrfurcht vor den Herren. Dach hatte sich in seinen schwarzen Mantel gewickelt und suchte ein Plätzchen auf der Rasenböschung unterm Zaun. »Es tut ganz gut, sich so ein bißchen auszuruhen auf dem langen Weg«, sagte er behaglich. »Deine Kürbishütte, liebster Berrintho, liegt etwas reichlich weit vom Petersplatz, wir werden vor Mitternacht nicht zurück sein.« – »Der halbe Weg ist überstanden«, sagte Roberthin. »Bald sind wir zu Haus, und deine gute Regine hat dir gewiß schon eine Kruke ins Bett gelegt und einen Krus Warmbier gekocht, damit du dich nicht erkältest.«

»Ja«, sagte Albert, »der hat's gut, der hat noch eine Frau, die für ihn sorgt.« – »Das tut sie«, sagte der Magister, »aber ich wollte, es gäbe ein Getränk zum Munterwerden, das sie mir kochen könnte – ich kann nicht ins Bett, muß heute nacht aufbleiben.« – »Liebe Zeit, was gibt's denn?« fragte Herr Roberthin und sah etwas bänglich in des Magisters übermüdetes Gesicht, »Hefte korrigieren brauchst du doch nicht mehr.« – »Aber immer noch Carmina schreiben zu Hochzeiten und Gott danken, wenn ich's kann«, sagte Dach. »Der Syndikus Gebauhr verheiratet seine Älteste, die Bärbchen, bis morgen muß es abgeliefert werden, damit's die Schwestern abschreiben und lernen können.«

»Ja«, sagte der Organist, »ich soll auch etwas dafür setzen –
das hat gute Weile, ich mach's den letzten Tag und Mutter
Kretschmann muß Hühnchen mit Schmandsalat kochen,
daß es auch gut glückt!« – »Danach könntest du es gleich
heute nacht dem Chasmindo zur Gesellschaft komponieren.«
Der Hanske unterbrach den Herrn Roberthin. Er hatte sein
Nickerchen gemacht, war nun wach geworden und während
er mit einem abgerupften Schmelhalm einen kleinen Nacht-
falter von dem heißen Schlötchen der Laterne scheuchte,
sagte er energisch: »Ich werd' bestimmt kein Dichter!« Der
Organist lachte, auch die beiden anderen Herren. »So,
warum denn nicht?« fragte Albert. »Weil's hübscher ist,
Jung zu sein, Pferdchen zu reiten und Stadtkämmerers
Trinke abzuknutschen?«
Der Hanske zog eine Fratze, er wollte böse sein, mußte aber
lachen. ›Der Musikmann ist ein rechter Pojatz‹, dachte er,
aber laut sagte er: »Na das auch! – aber dann – man hat doch
nuscht vom Dichten – so immer in die Bücher kicken und
sich den Kopf halten und bloß denken, wie man sich was
ausdenkt, und reimen soll es sich auch noch, und auf dem
Plutz muß fertig sein, und soviel Tint und Papier und dann
so wenig Geld –«
Nun mußte selbst Herr Roberthin lachen: »Ein Philosoph,
hört, hört, ihr Herren, – die Leichensteine werden sich heben – ein Philosoph am Pregel!«
»Recht hat er«, nickte der Dichter und lächelte müde und
ergeben. »So ähnlich redet auch meine Regine – aber wir
müssen wohl gehn!«
Er stand auf. Hanske war schon in die Höhe gehopst – das
Laternchen schwankte, die Lindenzweige versanken im
Dunkel, nur die großen runden Steine lagen hellbeglänzt
zwischen spitzigem Kleinpflaster und verstaubtem Gras wie
in einem grauen Bachbett vor den Wanderern. Ein Hund
heulte in einem Gärtnersgarten an der Totengasse, in der
tiefen Tür eines Beischlags drückte sich ein Liebespaar fest

an den Pfeiler, damit die Vorübergehenden nicht ihre Gesichter sehen sollten. Gleich danach klang aber wieder Küssen und Kichern und ein heller Aufschrei, als Hanske schnell die Laterne hob und das Licht über Stufen und Wolm spielen ließ.

»Die haben's gut«, meinte Albert und auch der Magister seufzte, nur Herr Roberthin lächelte jetzt wieder sein seltenes und stilles Lächeln und sagte: »Ein Trug – so kommt's einem vor, lange Zeit; und auf einmal weiß man, daß es Besseres gibt.«

Dach sah auf. Es war ein Klang in den Worten, der selbst den heiteren Albert erstaunte. Aber Hanske trällerte halblaut vor sich hin: »Noch Besseres?« und blies gleich danach nach einer schwarzweißen Katze, die entsetzt vom Fensterbrett herunterspang.

»Ja, den Ruhm!« meinte Dach. »Aber was tröstet mich das? Was wird denn von mir bleiben?«

Albert stellte sich mit ausgebreiteten Armen vor ihn hin und sperrte ihm und Roberthin den Weg: »Berrintho, du hast den edlen Sänger vergiftet, – aber warum setztest du uns auch deinen roten Johannisbeerwein vor, als ob am Rhein, an der Mosel, sogar in meinem teuren Sachsen keine Reben wachsen! Chasmindo, laß es dich nicht anfechten, komm zu mir, die Kretschmannsche holt Frauenburger Mumme herauf, und wir trinken, bis du wieder singst:

Phöbus ist bei mir daheime,
Diese Kunst der teutschen Reyme
Lernte Preußen erst von mir«– –

Er raffte Mäntelchen und Pumphose und tänzelte mir zierlichsten Pas hinter Hanske her, den beiden Freunden dicht vor den Füßen, die abschüssige Straße hinab. Sein Schatten hüpfte mit, er vergaß die weiteren Worte, wiederholte: »Lernte Preußen erst von mir«, trillerte und schnirkste, stieß mit den Hacken an Hanskes grau bestrumpfte Beine (›Mach man Zatzkes, ich dreh mich doch nich um‹, dachte der) und ergötzte sich selbst aufs beste. Herr Roberthin sah dem Treiben zu, wie man auf einen herumhüpfenden zahmen Star sieht, Dach lachte ein bißchen. »Ach Heinrich, du bleibst immer der gleiche!« sagte er. »Ich wollte, ich hätte auch so den Kopf voll Flausen.«

Albert pfiff noch einmal schmelzend und süß, so daß in einem Garten am Rollberg ein verschlafener Vogel Antwort schilpste und bemühte sich dann ein bißchen atemlos, brav neben den beiden andern zu gehen. »Huh«, sagte er aber doch, als sie durch das Tor schritten und ihre Schritte über die Brücke hallten, und spuckte ganz schnell in das schwarze Wasser. »Graust du dich, Dichter?« fragte er mit Grabesstimme. »Davon wirst du träumen, wenn du heut nicht dichten, sondern zu Bett gehn würdest.«

»Träumst du denn noch so viel?« fragte Roberthin. »Bei mir hörten die Träume schon lange auf. Nur einer kommt immer noch: ich bin wieder in Saalfeld in unserm Garten und die Mutter steht an der Sonnenuhr und weist auf den Zeiger − −«

Das Gesicht des Organisten verfärbte sich ein bißchen und wurde plötzlich ernsthaft. Er sah lange und nachdenklich auf Herrn Roberthin. Der Schatten der Laterne tanzte hin und her, warf grelles Licht auf Herrn Roberthins fahle Wangen und tiefe Schatten auf seine Augenhöhlen.

Dach, der ihn in seiner Ermüdung untergefaßt hatte, sah es nicht. Er lächelte mit dem kinderhaften Lächeln, das sein langes Schulmeistergesicht mit dem zarten Mund jung und schön machte: »Ja, ich träume immer noch, Damon«, sagte er. »Erst gestern hab ich so ganz deutlich, so klar was geträumt.«

»Erzähle nur!« sagten die beiden. Auch Hanske horchte auf, drehte sich um und verriet die beste Absicht, wieder Rast zu machen. Sie standen vor der Wolmtreppe eines alten Hauses am Schloß, das ungefüg und riesenhaft mit Türmen und Südgiebel über dem Gewirr der schmalen Dächer lag und sich deutlich gegen den sommerlich hellen Nordhimmel abzeichnete.

»Nicht sitzenbleiben«, warnte Herr Roberthin, »es muß gleich Mitternacht schlagen.« – »Also«, begann der Magister ein bißchen seufzend, denn er war müde und äugte noch einmal nach der Wolmtreppe, ehe er den Weg um die Altstädtische Kirche einschlug, »ich stand auf einer Wiese in den Bergen.«

»Am Galtgarben?« fragte Albert voller Teilnahme.

»Nein, nicht hier«, sagte Dach, ohne über den Spaß zu lachen, »in wirklichen Bergen, hohen mit Schnee und Eis – –«

»Du hast neulich die Schweizer Kupfer bei mir besehn«, meinte Roberthin.

Der sonst so geduldige Dichter wurde ein bißchen ärgerlich.

»Nein, es war nicht die Schweiz. Es war ganz woanders. Und ich war lange tot und ihr alle auch. Es war viel später.«

Die beiden Freunde sahen sich an. Sie kannten diese einzige Schrulle des Magisters, daß er von der Wahrheit seiner Träume überzeugt war und sie respektiert wünschte.

»Also viel später«, ermunterte Roberthin.

»Ja«, sagte Dach und bewegte die Hände, als ob er etwas wegfegte. »Ein großes Haus war da, ganz groß – wie ein Schloß. Aber doch kein Schloß. Ganz im Freien auf der Wiese. Und viele Menschen in bunten Kleidern – «

»Bunt is gut!« meinte Hanske und drehte sich um, »bunt is sehr gut. Man nich schwarz!«

»Ja, und vorn an einem Holztisch saßen ein paar Männer. Ganz anders angezogen als die andern, in grauen Joppen und kurzen Hosen aus Leder mit Grün.«

»Seiltänzer?« fragte Albert. Er wußte, man mußte Aufmerksamkeit heucheln.

»Nein, ordentliche Leute!« Dach war eifrig und ein bißchen ärgerlich. »Braun verbrannte, ältere und jüngere, und alle haben bloße Knie – «

(Hanske prustete ›Erbarmung‹!) – »Ja, und ganz dicke Schuhe mit Nägeln.« – »Ich weiß nie, was Mutter anhat, wenn ich sie sehe – ich glaube, es ist ein grünes Kleid«, sagte Roberthin leise.

»Und dann kommt ein Mädchen und sie bringt den Männern Wein«, erzählte Dach. »Sie hat ein rotes Kleid an und eine weiße Schürze und eine dunkelrote Kette um den Hals und hat braune Augen. Sie ist wunderhübsch.«

Nun blieb Hanske kleben. »Denn man Schluß, denn is nich weiter zu erzählen!« sagte er atemlos.

»Bei dir vielleicht« – meinte Albert nicht ohne Würde, »bei einem Dichter kann man jeden Traum erzählen.«

Die Laterne hüpfte eifrig weiter über den Markt. »Erzähle nur, Magister!«

»Ja, und einer von den Leuten – ein junger – sagt zu dem Mädchen, und er spricht ganz anders als wir, nicht sächsisch – aber deutsch ist es doch. Er fragt wie sie heißt? Und da sagt sie: ›Annchen‹! und auf einmal – –«

Sie standen auf der Fischbrücke zwischen den geschlossenen Buden und den zusammengeschobenen Bänken und Holzstühlen, der Pregel gluckste leise am Bollwerk. Ein Dunst von Wasser, von Teer, von Fischgeruch und Lindenduft flog schwer und weich in der feuchten Nachtluft.

Dach atmete schwer, er war aufgeregt und zitterte, er griff nach dem Geländer und starrte auf die Kähne unten, die schwarz und still auf dem Wasser lagen.

»Nun, auf einmal?« fragte Roberthin.

»Da sagte der Junge: ›Annchen, bist du Annchen von Tharau?‹ Und er singt, und die andern singen mit:

›Annchen von Tharau ist die mir gefällt,
Sie ist mein Leben, mein Gut und mein Geld!‹«

Dachs Stimme brach, er zitterte, große Tränen rollten über sein Gesicht. Die andern sahen ihn an. Auch Hanske.

»So'n Dichter is auch ganz dammlich«, dachte er, »na, heut wird all wieder nuscht mit Schlafen.«

Roberthin zog Dachs Mantel fester um die schmalen Schultern des Freundes. »Und gerade *das* sangen sie von all deinen Liedern?« fragte er freundlich und ein bißchen mitleidig.

»Ja, gerade das!« nickte der Magister, der sich faßte und zu lächeln versuchte. »Ich hatte es selbst schon ganz vergessen, weil's so ein unbedeutendes ist. Und plattdeutsch dazu. Aber man schreibt so was hin ...«

»Und dann lebt's noch nach Jahrhunderten«, sagte Albert mit gemacht feierlichem Ernst. »Wenn das die gute Portatinosin in ihrem zehnten Wochenbett ahnte, daß du sie unsterblich gemacht hast, liebwertester Chasmindo!«

Der sanfte tiefe Schlag der Domuhr kam durch die Nacht über die Brücke, die Altstädtische Kirche antwortete heller und härter, als letzte sang die Schloßuhr.

»Das is wahr«, sagte Hanske. »Das geht in Erfüllung!« Jetzt war er der einzig ganz Ernsthafte. Er grauste sich bei dem Uhrenschlag. Eine Fledermaus huschte vorbei. Eine Segelstange knarrte. »Nun, Gott geb's«, sagte Dach. »Auch damit wäre ich schon zufrieden.«

Er hüstelte und hielt den Mantel fest unterm Kinn zusammen. Dann schritt er rasch aus, mit den andern hinter dem eilig trabenden Hanske, dem Licht der zu einem Unschlittstümpfchen verqualmten Laternenkerze nach, in die schmalen schwarzen Gassen des heimatlichen Kneiphofs.

ALTJAHRSABEND
(1899/1900)

»Großpapa! Großpapa!«

Sie sahen ihn beide zu gleicher Zeit, Fritz und Lena, wie sie
von rechts und links eilig auf die Haustür zuliefen, durch
den schmalen Gang des Vorgärtchens, auf dessen Buchs-
baumeinfassung der leichte Schnee krümelte. Ein paar Flok-
ken fielen in die grauen Locken des Großvaters, die noch
vom Nachmittagsschlaf verwirrt waren, und in seinen Bak-
kenbart. Über dem Brillenrand lachten seine Augen braun
und warm den Enkeln entgegen. »Beide bringt ihr Pfannkuchen – gute Kinderchen!« sagte er. »Könnt sie mir gleich
geben und noch mal bis zum Briefkasten laufen!« Er hielt
Fritz die große segeltuchne Kontortasche hin, aus der die
weißen und elfenbeinfarbnen Umschläge sahen – keine grau-
blauen Geschäftsbriefe. Fritz reichte ihm die Pfannkuchen-
pakete, die schon fettig glänzten, zögernd zu. »Ich kann sie
ja rauftragen!« – »I wo!« meinte Großpapa. »Erst die Neu-
jahrsbriefe – wann kommen deine Eltern, Fritz?« – »Bald,
bald!« rief der zurück, als er mit der Tasche lief, so rasch,
daß Lena ganz außer Atem kam. Sie sah noch mal zurück
und merkte, wie Großpapa ihnen nachsah. Zum erstenmal
fühlte sie, wie sehr Fritz ihm glich – das war derselbe warme,
heitere Blick, wenn auch Fritzens Augen einen Schein heller
waren (›wie unreife Haselnüsse‹, hatte Mutsch mal gesagt)
und seine Mähne ganz glatt war, nur vorn ein bißchen lok-
kig, da, wo jetzt der Schopf unter der grünen Schülermütze
vorquoll. Sie standen sich gegenüber an dem kleinen blauen
Briefkasten der Ecke und wetteiferten, wer mehr Briefe ein-
zwängen konnte. »Ich hab auch Neujahrskarten geschrieben«, prahlte Lena. »So schöne! An Deta eine mit zwei ver-
schlungenen Händen und Vergißmeinnichtkränzchen und
an Fräulein Ullrich eine mit Glitzerschnee! Hast du auch
welche verschickt?« – »Ach – ein paar –«, Fritz sprach be-

tont gleichgültig und ließ die Klappe hinter dem letzten Brief zurasseln. »An deine Flammen?« – »Dumme Marjell!« Er hakte sie unter. »Dafür hat man doch Tanzstunde!« Sie blieben stehn, um noch einmal nach dem Pregel zu sehn. Es dämmerte schon, aber der vereiste Hafen leuchtete herüber und durch den treibenden Schnee die fachwerkbunten, hohen Lastadiespeicher. Wie in einem Rahmen stand das zwischen den beiden hohen Speichern gegenüber, dem hohen steilen, der noch den alten Krangiebel trug und dem langen, schmalen backsteinernen Lagerhaus. »Schön!« sagte Fritz halb unbewußt und genau mit Großvaters Tonfall. »Wenn's so kalt bleibt, laufe ich mit Heinz nach Holstein, morgen, nach dem Gratulieren!«

Lena lächelte, ein bißchen schlau, ein bißchen stolz. »Gratulieren werden wir ja gehn, zu Tante Sophie sogar zusammen – aber der Heinz wird nicht mit dir Schlittschuh laufen!« »Wieso nicht?« Sie sah zu ihm auf, sie wurde ganz rosenrot vor Freude: »Weil's losging! Ja, wirklich – die Hebamme ist schon oben bei Grete!« Sie weidete sich an seiner Verwunderung. »Ja, und Heinz ist schon gegangen Onkel Doktor holen, und Mutter (sie sagte vor Aufregung das ungewohnt feierliche Mutter) ist bei ihr und Amalie kocht Badewasser und darum haben wir nicht gebacken und ich mußte auch Pfannkuchen von Plouda holen. Und Großpapa ist so vergnügt, seine Pfeife geht immer aus, und Väterchen ist spazierengegangen – er sagt, das ist, als ob ich nochmal komme – und er ist ans Kantgrab, er meint, das beruhigt!« – –

Sie war wieder ganz atemlos und riß an ihrem langen Zopf, der goldhell und rotbeschleift über das ausgewachsene Mäntelchen fiel. »O Fritz, denk bloß – morgen früh bin ich vielleicht schon Tante!« Sie war so froh, daß sie ihm rasch einen Kuß gab, er traf eigentlich bloß sein Kinn und gerade in dem Augenblick, als Großvater – hatte er gewartet? – die Haustür auftat. »Geht mal ein bißchen leise, bitte! Und wenn ihr oben die Mäntel ausgezogen habt, bringt gleich die

Punschgläser und die Teller runter, wir feiern heute nicht in der Wohnung, sondern im Kontor!« – »Oh, fein!« schrie Lena und sprang treppauf. Aber oben, vor der braunen Tür, fiel es ihr erst ein, warum. So schlich sie ganz vorsichtig die schmälere zweite Treppe hinauf. Die hatte noch das alte weiße Geländer mit schwarzem Handbrett, den hohen kastenartigen Vorbau, auf dem Klivien und Geranien überwinterten, vorm Fenster und oben die schöngeschwungenen, alten weißen Glastüren mit dem neuen blanken Schild über dem gelben kleinen Briefkasten. Die Tür stand einen Spalt auf. Aber es war ganz still drin. Dann hörte Lena aus dem Schlafzimmer eine etwas müde, sanfte Stimme: »Geduld, immer Geduld – ja, das muß man lernen!« Das mußte Frau Neumann, die Hebamme, sein. Und nun sprach sie etwas von lieber-herunter-gehen-und-Kaffetrinken, und ehe Lena treppab gleiten konnte, stand die Mutter da, rund und stattlich, und griff sie mit fester Hand beim Ohr. Aber sie klapste nicht. Der weiße Einsatz unter der Granatbrosche hob und senkte sich, daß die enge, schwarzseidene Taille leise in den Nähten krachte. Über das Schwarzseidene hatte Mutter eine der großen, gelbgestreiften Schürzen gebunden, die sie sonst nur zur Weihnachtsbäckerei trug, aber sie hatte ganz vergessen, den Latz anzustecken. Sie schob Lena durch die braune Flurtür. »Wo ist Fritz? Ich hörte ihn doch? Ach da! Na, ist schön, daß du schon da bist! Hilf mal der Lena, ihr müßt heut alles besorgen, Lena weiß wo alles steht, und Opa auch. Aber erst muß Lena das gute Blaue anziehn und die breite Zopfschleife! Ich muß wieder rauf!« Aber dann besann sie sich doch noch. »Der Kaffee! Frau Neumann hat ihren oben. Aber ich denke, für euch und den Großvater steht er in der Röhre –«

»Und du, Tante Muschchen? Willst gar nichts?« Fritz sah ihr ganz bekümmert nach, als sie wieder die Treppe hinaufstieg. Sie hielt sich am Geländer. Das hatte er noch nie gesehn, und er pfiff leise, um seine Rührung nicht zu zeigen.

Dann aber kam Lena im Blauen, mit dem gelben seidenen Klöppelkragen, eine neue gestickte Schürze vorgebunden und ein Pack Streichhölzer in der Hand, und er steckte erst mal alle Lampen in den Fluren an, wobei Lena ängstlich den festen Trittstuhl hielt und leise schrie, wenn Fritz die noch ganz mattbrennenden Hängelampen zu rasch hochschnellen ließ. Dann ging's an die Zimmerlampen – heut kamen die beiden großen, weißen mit den Kugelglocken heran, die auf dem Mahagonitisch standen. Der Saal war ungeheizt und sah ihnen beiden fremd und ein bißchen schaurig aus, als das Licht von Lenas holländisch bemaltem Lämpchen ihn erleuchtete. Es war sehr mühsam, die beiden ›weißen Damen‹, wie Fritz sie nannte, in einzelne Teile zu zerlegen und runter ins Kontor zu tragen, wo Großpapa, von Pfeifenrauch umwölkt, es sich in der Ofenecke ganz behaglich gemacht hatte. »Väterchen!« schrie Lena entzückt, als sie den an seinem Sekretär sitzen sah. Aber Großpapa legte bloß den Finger an den Mund. Väterchen, gestärkt durch den Weg zu Kant, legte ganz versunken auf der grünen Schreibtischplatte die große Treppenpatience.

Nach einer Weile kam dann auch Amalie und half den beiden, holte das große Damasttischtuch mit dem Rosenmuster, wischte noch einmal die alten Punschgläser aus, polierte die Glasteller mit dem Leder, betrachtete Teelöffelkörbchen und Konfektschale, schickte Lena nach den geblümten Karlsbader Tellerchen für das Marzipan und hetzte Fritz noch mal in den Keller nach mehr Rotwein. »Der Herr hat den Punsch all mittags angesetzt!« sagte sie geheimnisvoll, »aber er hat ihm woll vergessen!« – »Lassen Sie ihn bloß, Male!« flüsterte Großpapa und stand leise auf. »Das werd ich schon machen – mit Fritz!« Und wieder merkte Lena, wie gleich die beiden waren, und es war so, daß sie schnell das kleine behäkelte Taschentuch vornehmen mußte und Amalie versichern, daß sie Schnupfen hätte. »Ei keine Gummischuh anziehn!« knurrte die und besah sie ängstlich. Dann fuhr sie ihr übers Haar und zupfte die Schleife recht breit, und es tat gut, sich da in der Ofenecke ganz fest an Amaliens weiche Brust zu drücken, an die knatternde, weiße Schürze, wie als kleines Kind, damals, als sogar noch Tante Agathe immer von Amalie sagte: »Deine Amme, gutes Lenachen. – « Aber da kam Heinz zurück, zwinkernd und hilflos, ganz dick verschneit, unterm Pelz nach seinem Kneifer suchend, und nun hatte Amalie anderes zu denken. Sie stopfte ihn auf das kleine Kundensofa, sie nahm den Kaffee aus der Röhre, sie bewilligte ihm sogar einen verfrühten Pfannkuchen (nein, gottlob, Mutsch hatte die nicht ausgepackt, sie zählte immer gleich nach!). Sie stellte sich in ihrer ganzen Breite vor ihn hin, als er dann aufstehn wollte. »Raufgegangen wird nich!« erklärte sie. »Das regt die junge Frau bloß auf. Später, später! Nei, neiche, der Onkel Doktor will uns alle nu nich sehn! Ich kann ihm doch nich rausrufen! Er wird nachher schon kommen, und denn werden die Herren ein Partiechen Whist spielen – nich wahr?« Sie drehte sich nach Großpapa und Fritz um. Großpapa nickte. »Und nu werden der Fritz und ich mal erst den Whisttisch runterbringen und die Lena holt die Lichter und bis der Onkel Doktor kommt, kann's auch ein Skat sein!«

Sie winkte Lena, daß sie nachkam und sagte leise im Flur, oben, wo die kleine Milchglashängelampe auf Onkel Doktors Pelz schien: »Ihr müßt den Heinz schon ein bißchen beschäftigen, der arme Mensch!« Sie seufzte tief. »So'n Mann, der weiß denn gar nichts mit sich anzufangen!« Sie schüttelte den Kopf, daß eine Haarnadel aus dem dicken, blonden Zopfnest fiel, die Fritz eilig aufhob. Sie nahm sie, kratzte sich nachdenklich damit, ehe sie sie einsteckte, sah die beiden vor sich lange an, nickte wieder und sagte, mit dem ausgestreckten Zeigefinger auf Fritz deutend: »Du wirst mal ganz anders sein! Wie unser alter Herr!« Lena sah Fritz an und sie waren beide rot vor Freude. Das war das Höchste, was Amalie an Lob vergeben konnte. Dann kam

erst, »wie die jnä Frau« – aber sie hatte Lena noch niemals
mit Mutsch verglichen, nicht mal Grete. Nicht mal heute.

»Nu macht, macht! Steht nich so rum!« sagte Amalie in
ihrem gewöhnlichen Ton. »Gleich werden die Tanten kommen!« Und sie hatte recht, denn im selben Augenblick, als
sie und Fritz mit dem Whisttisch auf der halben Treppe
standen, gellte die Klingel und Fritz sagte: »Das ist Tante
Agathchen!« Und sie war's, zusammen mit Tante Fridchen,
die heute die kirschrote Seidenbluse trug, von der Großpapa
behauptete, daß sie sich mal beinah darin verlobt hätte, als
das noch ein Kleid war. Sie hatte die grauen Ponys neu
gebrannt, die standen ganz kraus über der immer noch kind-
lichen Stirn, und aus dem glatten Mardermuff zog sie gleich
eine spitze weiße Tüte mit Mandelbonbons. Tante Agathchen, als Lena ihr aus den pelzbesetzten Petersburger Gum-
mischuhen geholfen, steckte ihr auch aus ihrem Muff einen
siedend heißen und sehr lieblich duftenden Bratapfel zu.
Dann kam wie immer ein Schauer leichter, zarter Küsse auf
Lenas Gesicht und Haar und Schultern, ein Streicheln und
Bewundern, wie sie wieder gewachsen sei und wie schön das
blaue Kleidchen, und Fritz, der schon wieder treppauf
stürmte, mußte rasch noch einmal die grüne Mütze aufset-
zen und die kleinen Tanten sagten entzückt: »Wie ein Student!« Dann tuschelten sie mit Amalie und fielen beinah die
Treppe hinunter, als nun Fritzens Eltern, Onkel Paul und
Tante Susanne, mächtig wie zwei schwarze Öfen in ihren
langen Pelzen, hereinkamen und Onkel Paul sofort vor der
offnen Kontortür »Aha!« sagte und gleich dorthin ab-
schwenkte.

Tante Susanne, die ganz schlank dastand, als sie erst den Pelz
und alle Wolltücher abgelegt hatte, gab Fritz einen Kuß, was
ihn ärgerte, und sagte: »Papachen dachte schon, du säßest
bei Plouda – aber ich sagte gleich, so was tut er nicht, der
holt bloß die Pfannkuchen und geht gleich zu Opa – ach,
mein süßes Jungchen!« was Fritz bloß ein rauhgewürgtes

»aber Mamachen!« entriß. Er litt unter Tante Susannes Vergötterung. Hatte sie je mit Georg so geredet oder mit Lilli – aber das kommt eben so, wenn man der Jüngste ist. Er seufzte und war froh, daß dann noch Großonkel Franz kam mit seiner alten »Hausdame«, wie die Tanten sagten, obgleich die gute Mariechen am wenigsten darauf Anspruch machte und noch ganz so nett und schlicht in ihrem blanken, von Tante Amande geerbten Lüsterkleid dastand, auch ebenso apfelrot und rund, wie zu den Zeiten, da sie reihum alle Familienstrümpfe stopfte, bis sie dann ganz zu Tante Amande zog und sie zu Tode pflegte.

Fritz, der in dem engen Flur zwischen ihnen stand, war es, der sie wie ganz was Neues betrachtete. Nun fehlte nur noch Onkel Gehrke, Väterchens Schulkamerad und Kompagnon – ja, nun waren sie alle da, denn da stand er mit einem eingewickelten Blumentopf, »vorsichtig, Lenachen, ganz, ganz was Feines für dein Mutschchen –« und es entwickelte sich ein Topf Maiglöckchen mit weißer Manschette. »Maiglöckchen, jetzt!« schrien die Tanten und jede mußte dran riechen. Es wurde ganz laut im Flur, aber da kam von oben Mutschchens Stimme: »Kinder, erbarmt euch – seid doch ein bißchen leiser!« Und übers weiße Geländer sah Mutsch, den Scheitel in Unordnung, den Schildkrotkamm schief in ihrem hochgedrehten Haarknoten, immer noch mit hängendem Schürzenlatz, und nun, angesichts der andern, mit plötzlich stürzenden Tränen und einem eiligen »Lena, der Schlüsselkorb steht auf dem Büfett!« Denn darin lag wie immer ihr Taschentuch, das ihr dann wie ein Feuereimer durch alle Hände gereicht wurde. Keiner wagte es, auf die Treppe zu kommen, sie standen ganz still und ein bißchen betreten. Aber Mutsch, als sie sich geschneuzt hatte, war schon wieder ganz gefaßt und kommandierte: »Ich denke, ihr fangt mit den belegten Brötchen an! Ihr könnt auch gleich den Heringssalat essen, Amalie hat alles parat. Und dann spielt ihr Karten, so bis neun! Und dann könnt ihr unten Glück greifen und so um elf ans Zinngießen gehn, in der Kontorküche, am Gashahn. Aber seid vorsichtig damit! Und so um dreiviertel Zwölf bringt ihr den Punsch und die Pfannkuchen – Onkel Doktor könnt ihr die Brötchen raufbringen. Und nun seid recht vergnügt!«

»Ach, Mutschchen!« sagte Onkel Paul unten in der Kontortür – »wie Napoleon! Na, nu wissen wir doch, was wir zu tun haben. Kommt, werte Anwesende. Gehrke, deinen Blumentopf hast du ihr ja gar nicht gegeben! Den stellen wir auf Vaters Pult. En avant, meine Herrschaften!«

Nun saßen sie alle im Kontor und es ging wie immer, so, wie Mutsch es bestimmt hatte und Amalie lenkte, die dabei immer wieder Fräulein Mariechen abwinken mußte, die ihr aus alter Gewohnheit helfen wollte. Tante Fridchen und Tante Agathchen geisterten eine Weile im Kontor herum, in das sie sich sonst nie trauten, und sahen noch in die beiden andern ungeheizten Nebenzimmer. Fritz kniff Lena in den Arm und deutete auf das hohe holländische Pult des Onkel Gehrke – da hatten sie und er früher an stillen Sonntagvormittagen auf dem Drehbock gesessen, jeder genau fünf Minuten abwechselnd nach dem Regulator – und alte Umschläge aus dem Papierkorb mit Rot- und Blaustift bemalt. Sie stießen sich in die Rippen vor Vergnügen bei der Erinnerung und nickten Onkel Gehrke zu, der schon neben Großpapa saß. Tante Fridchen bewunderte aber noch das Telephon und verlangte von Väterchen, daß er kommen sollte, ihr die ›Hexerei‹ erklären. Tante Agathchen aber verbesserte sie und meinte, das wäre kindisch, an Silvester wäre das doch abgestellt.

Dann kehrten sie fröstelnd in das warme Privatkontor zurück, und Tante Fridchen suchte die alten braunen Lacktellerchen zum Glückgreifen. Es war noch zu früh dazu und so saßen sie alle – denn die Whistpartie war mittendrin aufgeflogen, obgleich Tante Susanne sich erbot, für den eilig von Amalie abberufenen Onkel Doktor einzuspringen – eine

Weile still im weiten Halbkreis um Großpapa herum, der neben Großonkel Franz dicht am Ofen saß. Sie hatten beide die langen Pfeifen mit den grünen Troddeln genommen, pafften schweigsam und sahen sich manchmal still an. Dann sagte Onkel Franz, der ein Jahr älter war, »ja, ja, mein Jungchen«, und Großpapa lächelte (nein, so konnte nicht mal Fritz lächeln, selbst nicht Fräulein Ullrich, wenn man im Aufsatz eine Eins hatte) und nickte auch, und sagte »ja, mein Großer!« – genau, wie sie es vor sechzig Jahren gesagt hatten, wenn sie über den Aufsätzen für die Burgschule brüteten.

Jedesmal blickten beide dann nach Urgroßvaters Bild über dem Roßhaarsofa, und Lena und Fritz sahen dann auch hin, und Tante Susanne suchte nach dem Taschentuch.

Sie fingen dann an, Glück zu greifen, aber sie waren alle nicht bei der Sache, nur Tante Fridchen kicherte wie ein Backfisch, als Heinz dreimal das Wickelkind griff und erschrak, als der sonst so Höfliche sie anfuhr: »Das ist nicht zum Lachen!« Darauf wurden sie wieder still. Großpapa schickte Väterchen nach dem Punsch zu sehen und Heinz an den Geldschrank, nach der Kassette mit den Familienbriefen. »So«, sagte er dann behaglich, »nun haben die beiden was zu tun.« Er sah sich munter nach allen um. »Suschen, ich weiß, woran du denkst! An deine Mieze in Hagenau – na, wann fährst du zu ihr? Hat noch bis Fastnacht Zeit, was?«

Er stand auf und kramte an dem Tabakkasten rum. »Kinder, Liebes-Gottchen is doch sehr gut gewesen! Voriges Jahr, mit der Influenza, da dachte ich, nu is Schluß! Und jetzt sitz ich hier mit euch und hab zwei Urenkel vor mir!« Er räusperte sich und Onkel Franz faltete die Hände.

Tante Fridchen kramte in ihrem schönen gestickten Beutel und suchte nach der Häkelarbeit, aber Fräulein Mariechen und Amalie, die eben die große Meißner Terrine mit dem Punsch hereinbrachten, riefen erschrocken: »Um Gottes willen! In den Zwölfen!« Tante Fridchen steckte verlegen den Häkelhaken in das Knäuel und murmelte: »Ich wollte ja bloß mal nachsehen, ob alles auch noch drin war« – und setzte sich ganz verschüchtert zu Lena. Dann mahnte Tante Susanne ans Zinngießen. Aber keiner wollte von den andern fort in die kleine kalte Kochküche des Kontors. Außerdem graulten sich die Tanten vor dem Gas. »Das gilt nicht!« meinten sie. Und Fräulein Mariechen schlug vor, dieses Jahr lieber bloß an Heilig-Drei-König Zinn zu gießen. Sie hätten jetzt alle nicht die rechte Sammlung.

In diesem Augenblick riß Mutschchen die Tür auf, steckte den Kopf herein, rief nach Amalie und heiß Wasser, atmete schwer, hakte den Stehkragen auf, stammelte: »Gebt mir mal was zu trinken! Nein, nicht den Punsch, noch nicht – Schluckchen Rotwein!« duldete es, daß Fridchen ihr die Stirn mit Kölnischem Wasser betupfte, Tante Agathe ihr das Riechsalzfläschen unter die Nase hielt, faßte sich und sprang wieder auf, drückte Tante Susannes Hand und sagte (und nun wieder ganz Mutschchen): »Bete, Suschen, bete! Du kannst das so gut, und Opa und Onkel Franz! – und vergeßt nicht, Fridchen, erst die Teelöffel in die Gläser und dann ein bißchen Punsch, die Gläser springen so leicht und ich hab bloß noch neunzehn!« Damit war sie fort.

Heinz, aufgeregt und so blaß, daß die Sommersprossen ganz dunkel über seine Nase liefen, war hinter ihr drein und ließ sich diesmal auch nicht von Amaliens Gegenwehr zurücktreiben.

Es war still im Zimmer. Lena hatte sich dicht an Fritz geklemmt, sie standen an der Tür, halb unter dem Kleiderrechen, von Onkel Pauls Nerzpelz bedeckt. Es tat gut, daß Fritz ihre Hand hielt. Die beiden Alten, Großpapa und Großonkel Franz, hatten die Pfeifen fortgelegt. Nur der Rauch zog noch langgezogen, bläulich qualmend durchs Zimmer. Beide Brüder saßen mit gefalteten Händen, ihre Lippen bewegten sich leise. Väterchen war aufgestanden, lehnte an der Schreibtischplatte und starrte nach Urgroßvaters Bild. Dabei strich er sich immerfort mit der Hand übers Gesicht, so als ob im Kontor was Schlimmes passiert wäre, wenn Mutsch oben sagte: »Still, Kinder!« Hinter seinem Kopf stand hell die große alte Landkarte mit den beiden abgewetzten Flecken über Königsberg und Pillau. Vor ihm, neben Onkel Paul, saß Tante Susanne, hielt die Hände im Schoß gefaltet, und ihr sanftes, längliches Gesicht nahm einen entrückten Ausdruck an. Mitten im stillen Gebet entdeckte sie Fritz und Lena und nickte ihnen zu. Es war, als ob ihre großen glasklaren Augen dabei lächelten. Tante Fridchen weinte leise und ließ sich nun ihrerseits von Fräulein Mariechen durch Johann Maria Farina erquicken. Tante Agathe allein rückte hin und her und scharrte mit den Füßen vor Ungeduld, aufzuspringen und den verdampfenden Punsch in die Gläser zu füllen. Onkel Gehrke aber wanderte ruhelos durchs Zimmer, die Hände auf den Rücken gelegt, und immer, wenn er dicht bei den Kindern angelangt war, machte er scharf kehrt und murmelte: »Die kleine Grete! Seh einer an!« Aber niemand gab auf ihn acht.

Dann endlich sah Großpapa auf. Er war blasser als sonst, aber seine Augen so bernsteinbraun, klar und blank, wie bei einem ausgeschlafenen Kind. Im selben Augenblick blickte auch Großonkel Franz auf, mit denselben glasklaren Augen wie Tante Susanne und ebenso schmal und doch so ganz und gar wie Großpapa. Tante Susanne nahm die Hände auseinander, streichelte Onkel Pauls Hand und dann sagte Großpapa – er griff schon wieder nach der Pfeife, versuchte, ob sie nicht ausgegangen war und schüttelte sie ein bißchen, ehe er sie endgültig forttat: »Fritz! Lena! Lauft mal rasch rauf und holt meine Bibel vom Nachttisch! Es ist wahrhaftig schon zehn Minuten vor zwölf!«

Die beiden sprangen vor, aber auf der Schwelle blieb Lena stehn, es war ihr was eingefallen, das mußte sie fragen. »Warum sind denn Heinzens Eltern heut nicht bei uns?«

Es dauerte ein ganz kleines Weilchen bis Väterchen sagte, und es klang ein bißchen heiser: »Ja, das ist doch im Winter eine sehr weite Reise und ...« – »Und nicht jeder wird gern Oma!« vollendete Onkel Gehrke und blieb plötzlich wie eine Bildsäule stehn, erschrocken über die eigene Stimme. Aber Tante Susanne lachte ihr seltenes, leises Lachen und sagte: »Ach – arme Menschen!« Und auch Großpapa lachte und sie hörten noch wie er sagte: »Ja, dat helpt nu nuscht!«, aber da standen sie schon im Flur. Es war schummrig nach dem hellen Kontor, das Gas sang flackernd in der Schale und da war noch ein anderes Geräusch, etwas Auf- und Abschwellendes, Dumpfes, Schauriges. Lena fiel der alte Mann ein, der hier unten gelegen hatte, als sie am Sedantag nach Haus kamen, und Mutsch hatte gerufen: »Ein Betrunkener!« Aber Väterchen hatte ein Streichholz angerissen und bloß gesagt: »Ein Sterbender – –.« So hatte auch der gestöhnt!

Sie standen zitternd vor der braunen Tür, die nur angelehnt war, und da sahen sie oben, auf dem Absatz vor den Blumentöpfen, Heinz stehen. Er stand vornübergebeugt, wie ein alter Mann, und tat ihnen so leid. Lena schlüpfte aus ihren Schuhen, schlich die Stufen hinauf und legte ganz sacht ihre Hand auf seine Schulter. Da fühlte sie, daß er weinte. Sie streichelte ihn noch einmal, glitt dann ebenso leise wieder hinunter zu Fritz. Er stand schon im kleinen Flur und sah ihr entgegen, sonderbar blaß im Licht der Porzellanampel. Und nun hörten die beiden von oben, über Großpapas Zimmer, ganz deutlich Gretes Stöhnen. Es ging jedesmal in ein langgezogenes, klagendes Wimmern aus.

Lena fühlte, wie Fritz zitterte und das gab ihr den Mut, sich nach Großpapas Türe zu wenden. Da merkten sie, daß die Klinke nicht fest zugedrückt war und daß durch den Spalt Licht kam. Erst erschrak Lena. Aber nun sahen sie, daß es das Licht der dicken, dunkelgelben Wachskerze war, die oben auf Großpapas Sekretär in dem alten, hohen Rouenleuchter brannte, dicht neben dem großen böhmischen Glas

Altstadt mit Schloßturm

Schloßhof mit Schloßkirche

Im Nordflügel des Schlosses, dem ältesten, noch aus der Ordenszeit stammenden Teil

Alte Pforte am Schloß

Katzenstieg

Fischmarkt am Pregel

Dominsel mit der alten Universität

Fachwerkspeicher im Schnee

Pregelufer am Kneiphof, im Hintergrund der Dom

Agnes Miegel in Königsberg 1901. Im gleichen Jahr erschien ihr erster Gedichtband

mit den Tannenzweigen. Der ovale goldne Rahmen um Großmamas Bild glänzte, das schöne, schmale Gesicht sah jung und lächelnd ihnen entgegen, die rosenrote Schleife auf dem schwarzen Kleid blühte nicht röter als der weiche Mund.

Die beiden standen auf der Schwelle, getröstet von Großmamas Bild. »Schön!« flüstete Lena. Es war jetzt oben still geworden, nur ein Schritt ging einmal hin und her. Sie sahen das Zimmer in dem warmen, goldenen Schein, der die alten Eschenmöbel flammen ließ und so feierlich auf die hochgetürmten weißen Kissen des Bettes fiel. Wie hatte Großpapa, der stattliche, bloß in solch kurzem Bett Platz! Sie besannen sich plötzlich, warum sie hier standen und liefen gleichzeitig auf den Nachttisch zu. In dem Wasserglas funkelte der Kerzenschein, das perlgestickte Brillenfutteral lag dicht vor dem grünen Blechbüchschen mit dem Wachsstock, der Glassturz des Uhrhalters war schon abgenommen und in seiner Rinne glänzte Großmamas kleiner Granatring. Aber die Bibel? Wo hatte Großpapa die? Sie sahen den Bücherstapel, unter der Platte mußte sie liegen, sie griffen danach, da fielen die Bücher polternd zu Boden, denn Lena sank in die Knie, mitten auf den weißen Kreuzstichpudel in dem kleinen roten Bett-Teppich. Denn von oben kam nun wieder das Stöhnen, viel schrecklicher als vorhin, unterbrochen von qualvollem Schreien und lautem Zuspruch. Fritz, der die Bücher aufheben wollte, kniete neben Lena. Er hielt sie fest umfaßt, die in jähem Entsetzen nach ihm griff, denn nun kam von oben ein einziger, jäher, furchtbarer Schrei.

Dann war es still, die Kerze knisterte. Doch nun kam ein anderer Schrei, leise und durchdringend, als ob die Wände selbst ihn trugen – der wimmernde Lämmchenruf des Neugeborenen.

Lena wollte nicht weinen, aber dann rollten doch die Tränen. Sie sagte: »Fritz« und versuchte zu lächeln und beide blickten nach Großmama. Der Schein ging über das schöne

Gesicht und auch der Rosenmund lächelte. Lena richtete sich auf, Fritz griff das dickste Buch und sie liefen treppab. Auf der vorletzten Stufe hielt Lena Fritz an der Jacke und schniefte: »Dein Tuch!« Er gab es ihr noch schnell, denn oben ging die Glastür und Amalie stürzte treppab, schob die beiden zur Seite und lief an ihnen vorbei ins Kontor. »Ein Jungchen! Ein Jungchen!«

Hinter ihr, wankend, so daß Fritz noch einmal zurücklief um ihr zu helfen, kam Mutsch. Mutsch, aufgelöst, ohne den Schildkrotkamm, mit immer noch offenem Stehkragen, aber schon ohne die gelbe Schürze. Sie ging ganz schnell auf Väterchen zu, schluchzte laut auf und legte die Arme um seine Schultern.

Nun erst sahen Fritz und Lena, daß die Großen alle standen, daß auf dem Tisch der Punsch dampfte – Tante Agathe hatte alle Furcht vor Erkältung und Gas besiegt, um ihn in der Kontorküche zu wärmen –, und daß Onkel Gehrke schon das Fenster aufgemacht hatte, auch, daß die Uhr schon über zwölf stand! Ja, das hatten sie nun verpaßt. Aber es gab keiner darauf acht, auch nicht auf das Rufen, das Rasseln und Schreien draußen, nicht mal auf das Glockengeläut, das der Ostwind hertrug. Amalie steckte eben den blanken Taler in die Schürzentasche, den Großpapa schon für die Botschaft bereitgehalten, Onkel Paul krümelte an seinem Pfannkuchen herum und gab Tante Susanne einen Kuß und dann umarmten sich Großpapa und Onkel Franz, und Väterchen machte sich von Mutters Armen los, kam zu ihnen und küßte wie am Weihnachtsmorgen Großpapas Hand. »Ein gutes, gesundes Jahr, Urgroßvater!« sagte er leise. Großpapa schluckte, blinzelte, lächelte und legte die andere Hand leise auf Väterchens Scheitel. Ach, dachte Lena, warum hat Väterchen nicht solche Locken wie er und Großonkel Franz! In dessen weißes, langes Haar schien das Licht, als er sich jetzt neigte und Väterchen einen Kuß auf die zu hohe Stirne gab. »Das ist nun der Erste von uns, der dem neuen Jahrhundert gehört«, sagte er und wollte nach seinem Punschglas greifen, denn Onkel Paul und Onkel Gehrke hielten die ihren schon zum Anstoßen bereit. Aber Großpapa sagte ganz streng: »So weit sind wir noch nicht! Die Bibel!«

Fritz reichte sie ihm. Tante Fridchen sah hin, sagte »Ach!« und von dem Punschlöffel tropfte es rot auf das Damasttischtuch. Tante Agatchen setzte den Teller mit den Pfannkuchen hin, sah erschrocken nach Fritz und sagte: »Der Schiller!«

Ja, er war es, die alte zerlesene Ausgabe mit dem dünnen Papier, die Großpapa zur Demittierung von seinem Chef bekommen hatte.

Eine dürre, kleine Rose fiel zerbröckelnd aus den Blättern, als er däumelnd den Band aufschlug. Aber er konnte nicht gleich lesen, denn draußen erhob sich nun ein wildes Getöse. Der Jungensschwarm, der die stille Straße hinabtobte, mußte dicht am Vorgarten sein. Das laute ›Prost-Neujahr!‹-Rufen aus den offenen Fenstern wurde übertönt von dem wilden Gerassel der Blechdeckel, dem Gequarr einer alten Feuerschnarre, dem johlenden Pfeifen und dem unaufhörlichen Knallen der Frösche.

Eine Feuerwerksgarbe flammte auf und stand eine Sekunde lang sprühend vorm Fenster.

»Ach, Grete!« stammelte Mutsch und drehte sich nach der Tür, in der Onkel Doktor auftauchte, um gleich wieder nach draußen zu gehn. Die Haustür klappte, man hörte Onkel Doktor leise reden.

Und nun las der Großvater – seine Stimme, klar, sanft und stark, übertönte den Lärm, der nun, einen Augenblick verstummend, straßab zog, den Speichern zu: –

»Der für seine Hausaltäre
Kämpfend, ein Beschirmer fiel –
Krönt den Sieger größre Ehre,
Ehret ihn das schönre Ziel.« –

Großpapa war sehr blaß geworden. Er ließ das Buch sinken und nahm die Brille ab. Aber da sprach Großonkel Franz weiter, der ihm wie immer am Altjahrsabend gegenüberstand:

»Der für seine Hausaltäre
Kämpfend sank, ein Schirm und Hort,
Auch in Feindes Munde fort
Lebt ihm seines Namens Ehre.«

Sie hoben die Gläser. Und ganz leise, ganz von fern, durch die eisige Neujahrsnacht klangen über den vereisten Hafen her im Ostwind die Domglocken.

HEIMGEKEHRT

Der Zug ruckt, schüttelt, fährt auf einmal langsam. Das Abteil schwingt und knarrt. Plötzlich verstummt das Knirschen der Bettriemen, durch den Fensterspalt an der Rollgardine kommt grelle Bogenlampenhelle. Stimmen rufen einen unverständlichen Namen.

Georg Lebus will gerade an der Schnur ziehen, um bei Licht nach der Uhr zu sehen, da knurrt sein Schlafgefährte in dem Bett unten: »Konitz! Das kenn ich im Schlaf, so oft wie ich fahr!« Er wälzt sich behaglich in die Ecke, während ganz leise das Schüttern, Wiegen und Klirren wieder beginnt. »Am Tag fahr ich nie. Na, nu gut Nacht, machen Sie's wie ich und wachen Sie erst wieder in Marienburg auf!« Und sein Schnarchen mischt sich mit dem Knirschen und Getöse des Zuges. Aber Georg liegt wach, sonderbar wach nach dem bleiernen Schlaf der ersten Stunden. Das rast, das rast, und jede Minute, jeder Meter Weg ist näher nach der Heimat. Näher zu Großmama.

»Klein-Jungchen fährt zu seiner Oma!« hat Lo mit einem sehr süßen Flunsch gesagt, als sie plötzlich noch – in Begleitung ihrer beiden Schatten, der so berühmten und so unausstehlich mickrigen Gertie (verehelichte und geschiedene von Sowieso, geborene Knotke) und des dicken Böbchen, ihres Klaviereunuchen – auf dem Bahnsteig erschien, irgendwoher aus einer Uraufführung. Mehrere mit Handgepäck und Kindern gesegnete Familien östlicher Herkunft erstaunend mit ihrem Pelz, ihrem langen Rock, ihrem Schwebeschritt, ihrem flammroten Lockenkopf. Und bei ihnen ganz sichtlich auf Unglauben stoßend, als sie mit ihrer hellen Stimme rief: »Das ist noch eine Gattin, die ihren Mann um Mitternacht zur Bahn bringt!«

Ja, liebe Zeit, sie war es nun mal, und er war ganz einverstanden damit und eigentlich dankbar, denn führte sie nicht seinen Haushalt – dies komplizierte, mit höchstem Geschmack eingerichtete und wie ein Moloch seine Einkünfte verschlingende Gebilde, das ihm reichlich so fremd war wie die Villen seiner Privatpatienten, und wo er an Sonntagen stets das Gefühl hatte, sich zu lange bei einer Konsultation zu verweilen –, führte sie nicht diesen Haushalt so, daß er eine sanftgepolsterte Trittleiter für seinen Aufstieg war? Wo, Hand aufs Herz, würde er heute sein ohne Lo? Ohne ihr Geld, ihre Schönheit, ihre Klugheit, ihre Verbindungen? Vielleicht hier in einer Kleinstadt, an der er gerade vorbeikam. »Wir haben so einen großartigen Chirurgen an unserm Kreiskrankenhaus«, würde die Frau Rittergutsbesitzer ihren Berliner Verwandten erzählen, wenn sie zur Grünen Woche kommt. Und die würden mitleidig lächeln und seinen Ruhm auf das Konto der Dankbarkeit für Helmutchens Blinddarmoperation schreiben. Vielleicht würde auch mal hin und her eine medizinische Zeitschrift einen Aufsatz von ihm

nehmen. Oder bei seinem Tod würde eine Leuchte in Würz-
burg oder Übersee, von der dort keiner je gehört, der Witwe
einen Beileidsbrief schreiben. Aber vielleicht wäre da vereh-
rende Dankbarkeit eben von der Frau Rittergutsbesitzer und
von ein paar armen Kleinbürgersfrauchen und Stiftsfräulein,
es wäre Anerkennung und Tätigkeit im festen Gange der
kleinen Stadt. Es wäre vielleicht eine Freundschaft wie man
sie als Student träumte, mit einem mozartbegeisterten
Pastor, mit einem Landrat, der an Sonntagen in die Felder
zog, um alte Brandurnen auszubuddeln, es wäre Mensch-
lichkeit – –
Nein, Lo hätte nicht an die Bahn kommen sollen! Auf dem
andern Bahnsteig hatte er Schwester Magdalena gesehen, die
er so sehr aus den Privatpflegen schätzte. Sie fuhr auf Urlaub
nach Westfalen mit einer entschieden verwandten Dame ihres gesetzten Alters. Er hatte gegrüßt und Lo hatte charmant
genickt, die beiden hatten gedankt – und er hatte das sichere
Gefühl, die Niedersächsinnen dachten genau dasselbe wie
die Kinderreichen aus Pillkallen und Kowno.
War man immer noch nicht in Dirschau? Mein Gott, wie
lange war er hier nicht gefahren! Da waren die Kongresse, da
war der Wintersport im Engadin, da war Los Frühlingsreise
mit üblichem Abholen (erst Italien, dann Spanien, dann Dal-
matien, nächstes Mal wird's ja wohl Ägypten werden), da
war Scheveningen. Da war, wenn auch eigentlich bloß zum
Wohl der ihm teilweise auch dem Namen nach unbekannten
Hausbesuche, die balkonumrahmte Villa am Herzogen-
stand. Hin- und hergerissen zwischen soviel Erholungsmög-
lichkeiten, wie blieb da einem weltberühmten Chirurgen
Zeit für einen Verwandtenbesuch in Ostpreußen?
Komisch, als er heute früh auf Visite ging, da war ihm auf
einmal so gewesen, als käme was ganz Gräßliches. Vor Zimmer 8 mußte er stehenbleiben und Luft schöpfen. Sonnentau
war schon drin mit dem Verbandzeug und die ganze weiß-
gekleidete Ritualgemeinschaft der dienenden Geister, bloß

Oberschwester Emilie und Dr. Bitter und die kleine Dr. Kulicke waren noch bei ihm und umstanden ihn mit unbewegtem, aber in angemessener Dosis Verständnis zeigenden Assistentengesichtern. Als ob er sich fürchtete, hineinzugehen!

Erstens sah ihm dieser Industriegewaltige mit dem trockenen Indianergesicht nicht so aus, als dächte er um eines bißchen Bauchaufschneidens willen aus dieser Börsenwelt der unbegrenzten Möglichkeiten zu gehen. Zweitens wußte er, was solcher Wille macht, wenn dazu seine eigene Kunst kam. Und drittens, du Asepsis, Angstgefühl und strebende Pflichttreue ausstrahlendes Triumvirat, ist mir dieses multimillionenschwere Karzinom genau so gleichgültig wie euch!

Aber die weiße Uhr dort am Ende des lack- und linoleumspiegelnden langen Klinikkorridors schlägt zehn – schlägt endlos, hört gar nicht damit auf. Er hat auf einmal einen Druck im Magen, am Herzen. Und das deutliche Gefühl, daß etwas seine Hand streift, zieht und hält. Neun. Zehn. Es ist vorbei.

Als er dann nach Hause fuhr, mittags, kam es wieder. Gerade an der Ecke Uhlandstraße. Hansen, der Schofför, mußte eine Weile halten. Er sah Hansens Lederjacke, die Kappe, ein bißchen von Hansens klarem holsteinischem Profil. Und auf einmal saß da Großmama. Es war nicht das Steuerrad, das sie hielt. Es war der große französische Rahmen mit der Filetarbeit, den sie beiseite stellte.

Als er das Fenster herunterkurbelte, sah er die alte Dame im schwarzseidenen Mantel, die über den Damm ging. Natürlich, im Unterbewußtsein hatte er sie schon längst gewahrt. Eigentlich gar keine Ähnlichkeit mit Großmama. Aber ganz ihre Art. Stil Potsdam, gekreuzt mit Hansa. Unwahrscheinlicher Mantelschnitt, noch unwahrscheinlicherer Hut. Die Füße nicht zu sehn, wie bei einer Infantin. Nun war's wieder Hansen, und Hansen sah der alten Dame nach mit sonst ganz ungewohntem Wohlwollen.

Und zu Hause, da lag dann das Telegramm von Grete: »Sofort kommen.« Grete, die er mal angeschwärmt hatte, wie es sich für einen Vetter gehört, der eine blonde Kusine hat, die gefeierte Ballschönheit und gute Partie ist, wenn man mit der Versetzung nach Prima ringt. Grete, die nach Schanghai heiratete und deren sechsundzwanzig weiße und farbige Dienstboten – den halbschlächtigen Kompradore, der sieben Weltsprachen und Pidgin-Englisch beherrschte, uneingerechnet – eine Familienlegende waren. Grete, deren kleiner Junge, in eine Segelmatte genäht, irgendwo bei Ceylon in die blaue See glitt. Die mit einem Todkranken, in dem niemand mehr den vergnügten Konsul erkannte, heimkam – gerade noch zu rechter Zeit, um mit ihm durch das ganze Fegefeuer der Inflation geschleift zu werden. Die nun in einem Stift hauste und Kränzchen hatte mit ehemaligen Ballschwestern, die durch dies selbe Fegefeuer gegangen waren. Die jeden Tag zu Großmama wanderte um ihr die Familiennachrichten und das Lokale aus der »Allgemeinen« vorzulesen. Und die ihm zweimal im Monat über das Befinden Großmamas, über das Ergehen Ostpreußens und die Verwendung ihrer von ihm und Willys in Amsterdam und den Stuttgarter Lebussens gestifteten Rente berichtete.

Endlos hielt der Zug auf dieser Station. Lange, lange war man schon an ihren Lichtern vorbeigefahren, ehe er stand. Totenstille. Sonderbar auf solch großer Station! Spukhaft war's. Was konnte das sein? Nun fuhr man wieder. Ein fremder Klang, der irgendwie an Elektrische erinnerte, kam in das Gedröhne. Nun ein Schwirren, immer deutlicher – nun alles durchdringend ein mächtiges, fortreißendes, unaufhörliches Klirren.

Die Weichselbrücke! Das war Dirschau gewesen. Nun verhallte es, wieder war nur das gleichmäßige Schüttern und Knarren – nun war's wie ein Schleudern – und nun wieder das Klirren, endlos, endlos in dem weitschwingenden Widerhall der mächtigen Luftfläche über dem riesigen Flußbett.

Jetzt hinaussehen können! Die lilagraue Dämmerung durchdringen, wie ein Vogel hinüberzuspähen über die strudelnde, Eisschollen treibende Flut. Und ungefüg, überwältigend-herrlich drüben die Marienburg! Einen Augenblick lang wollte er aus dem Bett, wie er war, in den Gang stürzen, das beschlagene Fenster herunterlassen, sehen, sehen! Aber er besann sich und wälzte sich auf den Bauch und biß in das seidenbezogene Reisekissen, um nicht laut loszuheulen. Mein Gott und Vater! war es wirklich vierzig Jahre her, daß er hier mit Willy aus dem Zug sprang – die ›Mette von Marienburg‹ im Herzen und ungezählte Schinkenbrote und harte Eier im Magen? Und Onkel Hermann, der sie beide und Grete mitgenommen hatte, ein bißchen bewegt, und vor Angst, es vor den Jungen zu zeigen, mit einem unsichern Lächeln auf dem mennonitisch strengen, glattrasierten Niederländer-Gesicht.

Nun fuhr man wieder, fuhr durch Ostland, durch Heimat.

Da draußen irgendwo in der Niederung lag Onkel Hermanns Hof mit dem wunderschönen, von vier Pfeilern getragenen alten Laubenhaus. Da bimmelte die Kleinbahn vorbei nach Großohm Esaus Gut. Schon ein bißchen oberländsch war es da und gleich von der Station der Blick nach den blauen Elbinger Höhen. Da wartete der alte Jagdwagen mit den Goldfüchsen – nein, kein Mensch, höchstens der Leibkutscher des alten Kaisers verstand so vorzufahren wie Tiedtke! Ob er einen Grafen fuhr oder einen Tertianer, das war gleich! Und im Wagen saßen die drei Bäschen, alle blondzöpfig, rotwangig und sehr rund und winkten und riefen. »Die Spickgänse!« sagte Willy. Willy, der sich sehr ungern die rötlichen Hände wusch, Taschentücher verachtete und Tiedtkes Liebling war trotz dieser unherrschaftlichen Eigenheiten, weil er Pferdeverstand besaß. Willy, der heute »Mijnheer« war und neben seiner schweigsamen, tropenbleichen Holländerin in dem schwarzen Backsteinhaus an der

Keizergracht zwischen Marmorwänden (gemildert durch elektrische Heizsonne) von einem Majordomus und livrierten Dienern servierte, trostlos langweilige und unbekömmliche Diners zu sich nahm. Und der damals siegte, als Onkel Hermann mit ihnen allen nach Elbing fuhr – (wahrhaftig, das war Elbing! Draußen mußte schon heller Tag sein, und wäre er jetzt angezogen, so könnte er die schönsten Türme Preußens sehen!) – und sie bei Maurizio ließ mit der strikten Weisung, soviel zu essen wie jeder konnte, bis er bei seinem Notar fertig war. Grete hatte nach drei Luccaaugen und vier Tassen Schokolade sich übergeben, Lene schlug die Zwillinge um zwei Kaffees und fünf Liebesknochen. Wer konnte denken, daß sie einmal nach Gesundbeten, Schrotkuren und mißverstandnem Buddhismus zwei solch übermäßig dünne, bebrillte Söhne auf fremdartige Erziehungsheime schicken würde, die wie hockeyspielende junge Lamas aussahen?

Er selbst, Georg, begann damals mannhaft den Wettkampf mit Willy in den berühmten Sahnetörtchen – ohne Flüssigkeit. Aber Willy war ihm über. Als Onkel Hermann kam, war er bei Nummer dreiunddreißig! – –

Ja, er schmeckte sie noch auf der Zunge, jetzt, als der Zug anruckte, schmelzend, süß und fett. Ach, diese herrlichen Gerichte hier oben – eine jungenhafte Gier zog seinen Mund zusammen, eine alles verwischende Schläfrigkeit und Kleinkindergeborgenheit hielt ihn in dem schaukelnden Bett fest. Wer war Lo? Wo war Lo? Versunken. Vergessen. In einen Abgrund gerutscht, der schon längst zwei Gliederpuppen mit langen Haaren, mit einem frechen Buben- und einem höflichen Hämlingslächeln verschlungen hatte.

Nein, diese Gerichte! Da waren die Keilchen in weißsaurer Sauce, das Glanzstück von Tante Lauras Mamsellchen! Die Rebhuhnsuppe war beinah ebenso gut. Und in Elbing bei den Großtanten der Osterfladen und der Backhecht! Aber so wie Großmamas Mine kochte keine! Im Herbst gab's bis Weihnachten jeden Sonnabend saure Grütze, und von Neujahr ab Beetenbartsch. Das war sein Leibgericht gewesen! Auf dem Wunschzettel stand es für seinen Geburtstag. Und als er damals aus Hamburg nach Hause kam, da gab's zu Mittag Beetenbartsch, obgleich es Dienstag war. Sechs Teller hatte er gegessen. Aber nicht bloß davon war ihm so glühend heiß geworden in dem altmodischen Renaissancezimmer mit dem grünen Kachelofen. Nun kam's unweigerlich, nun mußte er sich ein Herz fassen und es ihr sagen, als Großmama begann: »Onkel Ysbrand wird alt. Es ist Zeit, daß du in die Firma kommst.« Er hatte am Fenster gestanden und in den verschneiten Hof geblickt. Friedrich, der Kutscher, führte gerade einen der schweren Kaltblüter aus dem Stall. Eine Krähe saß auf dem geschnitzten Giebel der Laube im Garten.

»Ich werde nie in die Firma eintreten! Großmama! Ich will, ich *muß* Chirurg werden wie Onkel Georg! Großmama, du weißt, ich hab's mir von klein auf gewünscht. Ich habe ehrlich versucht Kaufmann zu werden! Ich kann's nicht. Laß mich studieren!«

»Wie du willst.« Aus dem dämmerigen Zimmer war die Stimme gekommen, ganz ruhig, ganz unbewegt. Aber irgend etwas fehlte. War für immer fort aus ihrer Stimme, aus ihrem Wesen. Gleich ruhig, gleich freundlich war sie geblieben. Gleich großartig im Geben während der langen Zeit des Studiums. Aber nie mehr kam, wie früher nach Hamburg, ein Brief mit hundert kleinen, liebevollen Fragen. Es kam ein Glückwunschtelegramm nach dem Doktor. Es kam eine Weltreise. »Nicht nur ein Kaufmann muß die Welt kennen. Grüße Grete in Schanghai und schreibe genau, wie Du sie findest. Ihre Handschrift wird so fahrig.«

»Braunsberg!«

Nun war's wirklich höchste Zeit aufzustehen. Der Dicke begann zu erwachen, gähnte fürchterlich, lachte schallend und sagte: »Na, Gott sei Dank, so weit wären wir! Ist mir nach Kaffee! Aber erst zu Hause sein!«

Und dann kam das Haff, weiß und glatt unterm verstiemten Eis. Der Morgen trank schon den weißen Frostnebel auf. Ein paar Segelschlitten jagten glänzend vorüber. Walddunkle hohe Ufer, darüber langgezogen und hoch das Samland. Dort mußte Lochstädt liegen. Und dahinter lag der stille Badeort, die weinumrankten Veranden des Sommerhauses, wo Großmama wohnte, wo sie alle wohnten in dem Ferienfrieden von Sonne und Brandungsbrausen – vorüber! Kiefern, eine saubre Siedlung, der vereiste Teich – und nun der Wald, der große Wald. Da war man rumgezogen beim Schulausflug, Frösche und Butterbrote in der grünen Botanisiertrommel. Das Dorf kam, ganz wie ein Dorf sein muß, Hof an Hof um die alte Ordenskirche mit dem spitzen Turm. »Da wohnt der Herrgott, Jungens. Das ist nämlich Pörschken!« hatte Onkel Hermann jedesmal bemerkt. Und jedesmal fuhr Tante Agnete zusammen, und ihr porzellanzartes Mennonitengesicht errötete vor Unwillen: »Aber Papachen!«

Und nun glitt Ponarth vorüber – fertige neue, halbfertige Dämme, die riesigen neuen Hafenspeicher –, es kamen über allem verwirrend Fremden und Anderem die schönsten, die geliebtesten aller Kirchtürme, schimmernd aus perlfarbigem Morgennebel, den der Ostwind zerriß und durch den der türkisblaue, östlich strahlende Winterhimmel sah.

Dann kam der neue Bahnhof. Sehr groß, sehr laut, hell und fremd. Eine Halle, remterhaft streng, erfüllt von Gewühl. Und nun die unendliche Weite des großen Platzes, die mit eisigem Morgenwind ihm aufs Herz schlug, ihn stehenbleiben hieß und erhob.

Georg Lebus atmete tief. Es blendete ihn das grelle Licht, die klingende, klare, alles Irdische klein machende Weite, das helle Pflaster, die gleißenden Schienen, der zuckrige Schnee auf den versenkten großen Rasenflächen. Es blendeten die jagenden Nebelwolken, die schwindelnde Höhe des grünlichen schlanken Barockturms der Haberberger Hügelkirche drüben, auf dem sich blinkend im Frühsonnenschein der goldne Engel drehte, schwingenbrausend wie eine Siegesgöttin.

Georg Lebus schritt zu den Autos (o die alten Droschken zwischen Süd- und Ostbahnhof mit den blauen Polstern, dem Häckselgeruch, den immer noch schönen Pferden und den behaglichen Kutschergesichtern, frostrot über dem blauen rotgefütterten Radkragen des Pelzes, wo waren sie?). Als er einstieg, blickte er noch einmal über den schönen Platz – o Weite! o Osten! – und sah drüben, wie auf dem umbuschten hohen Uferhang eines preußischen Sees, die lange helle Mauer der alten Friedhöfe mit den im Wind sich wiegenden uralten Wipfeln drüber. Er lehnte sich zurück und schloß die Augen. Ganz deutlich sah er drüben die alte Gruft vor sich, die zopfigen Engelchen mit dem Rosengewinde um die urnengekrönte Tafel mit den verklungenen Namen, das rostige zarte Gitter, an das er, neugierig und ein bißchen verängstigt, die runde Kinderstirn preßte, Großmamas rauschende Röcke und ihren warmen Pelz in schirmender Nähe.

Er öffnete die Augen: zur Linken, über Böschung und Zaun, wieder ein Friedhof. Vertraute Gitter, der Stein der Urahne an der Kirchenmauer – ein geschlossenes Tor.

Er dachte: »Warum bin ich nicht traurig – nein, im Gegenteil – –« Und etwas von der Jungensfreude war auf einmal wieder da, wenn in der Verwandtschaft Geburtstag war und man durfte mit Großmama hinfahren. Er blickte eilig und gefesselt um sich und mühte sich alles wiederzuerkennen, Straßenschilder, Firmenschilder – war's hier immer schon so belebt gewesen? Durch das zur Seite geschobene Glasfenster sah ihn das stille Gesicht des Schofförs ein bißchen verwundert an. Er merkte, daß das Auto wohl schon eine Weile hielt und stieg eilig und beinah verlegen aus.

Es war noch das alte Haus, eingeklemmt zwischen wildmodernen Banken, in denen er doch noch immer die alten

Nachbarsfronten sah. An der Eichentür stand nicht mehr das Schild der Firma. Ein Sammelsurium fremder Namen war da, Agenturen und sogar ein Konsulat. Unten war ein Zigarrenladen, dessen Besitzer Sinn für Kunst verriet. Ob seine Zigaretten in den geschmackvollen Packungen wohl halb so gut waren wie die selbstgedrehten Papyros des schwindsüchtigen Russen, der da nebenan ein Lädchen hatte? Dessen Unscheinbarkeit man es nicht anmerkte, welche Köstlichkeiten er barg an Landrinschen Konfitüren, an Karawanentee, an Büchsenfisch, an Allasch, an Krimäpfeln und Arbusen, sogar gelegentlich an Birkhühnern und Juchtenschäften.

Größer stand der Flur in seiner Erinnerung, höher die Eichentüren, die nun zu fremden Kontoren führten. Eine Schreibmaschine rasselte, irgendwer schrie im breitesten Königsbergsch allgemein deutsche Freundlichkeiten in den Fernsprecher. Früher war auf der Treppe spiegelblank gebohntes Linoleum gewesen. Die Glastür war unverändert, auch der Schuhabkratzer mit den Doppelbürsten, den kein Mensch je benutzte. Da war das alte Porzellanschild mit dem Messingrand und das schwarze, halbrunde drunter ›Mitglied des Armen-Unterstützungs-Vereins‹, das nie einen Stammpracher abgeschreckt hatte. Und der weiße Klingelknopf schrillte genau wie damals.

Nein, es war nicht Mine, die aufmachte. Eine junge Krankenschwester in glatter Haube war's. Sie bekam einen Schein von Farbe ins überwachte Gesicht, als er seinen Namen nannte. »O Herr Professor!« Ihre hellen, vor Müdigkeit ausgefahlten Augen glänzten ein bißchen, sie sah ihn bewundernd an. Der große Mann! Beinah hätte er gelacht. Wenn sie wüßte, wie klein er sich eben vorkam – ein Tertianer wieder, der die güne Mütze mit dem Silberstreif nicht auf die Messingknagge zu hängen wagte.

»Ich werde es gleich sagen!« fort war sie. Und dann kam ein Schritt, noch ganz leicht und mädchenhaft, die Tür zum

Wohnzimmer ging auf, und da stand Grete. Blond noch trotz der silbernen Schläfen, sehr dünn und ein klein wenig gebeugt in den Schultern. Und trotz aller Verschiedenheit eigentlich ganz wie die so sehr geschätzte Schwester Magdalene.

Dann wurde sie rot, die Tränen stürzten aus ihren Augen, die schwimmend zu ihm aufsahen, und er hielt sie in seinen Armen. Sie küßten sich – andächtig und hingegeben und losgelöst von allem was Fleisch heißt, in der strömenden Zärtlichkeit des verwandten Bluts. Die Tür stand auf. Vor dem Fenster dort hatte immer der Weihnachtsbaum gebrannt bei der Bescherung. Dort bedankte man sich bei Großmama und den Verwandten. Bei jedem mit einem Kuß. Wie ein warmer Schauerregen im Frühling war's, in den man lief um zu wachsen.

»O Georg«, sagte Grete, »ich dachte, du kommst zu spät! Nein, kein Schlag. Aber ein Schwächeanfall – gerade um zehn. Ich war zufällig hier. Und dann so um halb zwei wieder. Aber da hattest du wohl schon mein Telegramm. Sie hat eine ganz gute Nacht gehabt. Der Doktor meint, es kann noch bis zum Morgen dauern.«

Ja, so um halb zwei schliefen sie ein, alle. Mittags oder nachts – immer um halb zwei. Er dachte es. Und wußte, daß auch Grete es dachte.

»Weiß sie, daß ich komme?« Er fragte es ein bißchen zögernd. Sie standen nun im Eßzimmer und er wärmte sich die Hände an den grünen Kacheln. Auf der weißgewebten Decke mit dem roten Bortenmuster stand das blaugerandete Frühstücksservice, standen die Kaffeekanne unter dem grünen Wärmer mit den gestickten Mohnblüten und das große Honigglas.

Grete goß Kaffee ein. Die alte Tasse mit dem »G«. Bloß der elektrische Röster war neu. Sicher ein Geschenk von Willy.

Er trank schnell, gedankenlos und doch naschhaft wie als Kind. Gott, die Zuckerzange mit dem Filigran, in dem die

Silberseife krümelte! Und da war Mine. Ganz unverändert, immer noch mit dem einen Zahn wie ein Hauer über der Unterlippe. Sehr verweint. Aber eigen und ein bißchen glupsch wie immer am Vormittag. »Na, Herr Doktor – ach so, Professor! Noch e bißche Kaffee? Un man erst orntlich aufwärmen. De gnä Frau is so sehr empfindlich auf Kälte. Das merkt sie gleich.« Sie blieb stehen und sah ihm zu, wie er aß. Grete strich das Röstbrot. Apfelgelee war da und Erdbeermus. »Na, man essen!« mahnte Mine. Er besann sich, daß Grete nicht geantwortet hatte. »Weiß sie?« fragte er noch einmal.

Grete blickte auf. »Gesagt habe ich's. Aber ich weiß nicht, ob sie's faßte. Der Doktor meint, sie ist schon ganz hinüber.«

»So 'n Doktor. Was der schon red't.« – »Mine!« Aber Mine blieb ungerührt. »Na, is doch wahr!«

(»Eine vollkommene Hausangestellte«, sprach von weither eine sehr helle, ganz seelenlose Stimme, »hat nie ein Wort zu sprechen. Sie sieht nur, was auf dem Tisch fehlt. Sie hört nichts! – Sie bedient.« – Und der Automat in der Dreieckschürze überm schwarzen Servierkleid nickt mit dem Filmzofenhaupt Gehorsam. Wo war das? Wer hieß Lo? –)

In der Tür stand die Schwester: »Frau Lebus ist aufgewacht!«

Es war nicht der Klinikkorridor, es war nicht Zimmer 8 – aber es war wieder der Druck über Herz und Magen. Er streckte die Hand aus. Und fühlte Gretens Hand mit den langen zuckenden Fingern, wie sie sich fest um seine schloß.

Immer hatte er Großmama vor sich gesehn wie an jenem Dienstag nach Tisch in dem dämmrigen Zimmer. Stattlich, noch ganz gerade, mit dem wundervollen regelmäßigen Gesicht, das immer einen Hauch von blühendster Jugend bewahrte. Die großen, funkelnden, dunkelblauen Augen, die starken, runden Brauen darüber, seltsam schwarz unter dem Silber des Scheitels.

In den hohen Kissen des breiten alten Mahagonibetts lag eine uralte Frau. Fein gefältelt stand die Stickerei der Haube um das langgezogene, abgezehrte, wächserne Gesicht. Rechts und links an den vorspringenden Backenknochen, wie aus Silber gedreht, waren die Zöpfe in großen Spiralen aufgesteckt. Das Kinn stand über dem abgemagerten Hals vor. Die weite Flanelljacke überm Leinenhemd war aufgeschlagen. Eine lange, dünne Kette aus Dukatengold – Großvaters Uhrkette – lag auf der eingesunkenen, flach atmenden Brust. Die Hände, schon wie abgestorben, mit eingezogenen Fingern und violetten Nägeln und doch immer noch edel und schön, zogen ganz leise an dieser Kette. Die Lider, dünner als Blumenblätter, lagen über den vortretenden Augäpfeln, schimmerten rötlich-blaß mit gelben Winkeln aus dem Schwarzblau der Höhlen.

Er hätte geschworen, daß sie wieder schlief. »Sie is wach«, flüsterte Mine. Und dann kam eine Stimme – sehr leise, leiser als der Wind des Nachts, ganz fern und seltsam vertraut und zu hören über Land und Meer und über zwanzig Jahre:

»Georg!«

Und die eine der gelben, kalten Hände versuchte sich zu heben.

»Großmama! Großmama!«

Die schönsten, die allerschönsten Hände. Wert zu küssen, zu streicheln, den Kopf draufzulegen.

Die junge Schwester wich taktvoll zurück bis an die Tür. Grete stand am Fenster. Er sah einmal ihren Rücken und wie das Schluchzen sie schüttelte.

Und nun verzog Großmama den Mund. Sie lachte – ein ganz, ganz klein bißchen. »Mine«, sagte sie. Die bückte sich über das Bett, schob Georgs Kopf sacht von den Händen fort auf die Kamelhaardecke überm Zudeck. »Was'che, gnä Frau?«

Die dünnen Lider hoben sich. Es war noch einmal der alte Blick. Ganz wie früher – klar und ein bißchen funkelnd von

Güte und leiser Lustigkeit – Großmama, wie nur die Enkel sie kannten.

»Beetenbartsch!« sagte Großmama. Sehr leise, aber ganz bestimmt und gar nicht jenseitig.

»Jawohl, gnä Frau!« sagte Mine. Und ging sofort. Grete wandte sich um. Sie tupfte noch mit dem großen schneeweißen Taschentuch an Augen und Wangen und strich sich mit der Linken das Haar glatt. Dann setzte sie sich in den großen verblichenen Ohrenstuhl am Fenster, zog das Fußkissen her und wollte nach dem Strickzeug greifen, das im braunen Körbchen auf der Fensterbank neben dem blühenden Weihnachtskaktus stand. Sie besann sich aber, faltete die Hände im Schoß und blickte still nach den Blaumeisen, die draußen um die Futterglocke flatterten. Leise bewegte sie immerfort die Lippen, wie als Kind vor der Weihnachtstür' – die andern zappelten und redeten leise – sie stand ganz still und sagte lautlos ihr Gedicht auf, hingegeben und gläubig.

Georg Lebus wollte nach dem stillen Gesicht blicken. Aber das grelle Sonnenlicht, die weißen Gardinen blendeten ihn.

Er saß auf dem gelben Rohrstuhl am Bett und spürte den vertrauten Duft des Zimmers nach Kölnischem Wasser, nach Lavendel von der Kommode her, nach Pfefferminztee und ein bißchen Bohnerwachs und einem Spürchen Mottenpulver – und durch alles zu merken, den scharfen Dunst des Kampfers.

Auf dem Nachttisch, neben Großvaters ganz verblichenem Bräutigamsbild (»mein Gott, das bin ja ich – ich mit Vatermördern und dunkler Halsbinde –«) tickte die schwere goldene Uhr unter dem viel zu kleinen, immer noch wippenden Glassturz des Birnbaumständerchens. Ob sie noch so hell die Stunde und die Viertelstunden schlug, wenn man sie auf den Rand des Wasserglases drückte?

Großmama drehte ein wenig den Kopf, ihm zu. Aber sie schlug die Augen nicht auf. Doch die linke Hand schob sich, kaum merkbar, auf der Decke weiter nach seiner Hand. Er hielt sie. Er schob die gestickte Krause von dem schmalen Gelenk, legte seine Finger (»Waschfrauenfinger!« dachte er – abgescheuert und rot –) auf das lila Adergeflecht. Er wollte nach der Uhr sehen. Wollte zählen.

Eins, zwei – ganz zart tickte der Puls da, eins, zwei – seine Gedanken glitten ab. So heimchenzart tuckte es da, nun ganz langsam, ganz leise, wie entgleitend, nun wiederkehrend, so vertraut als wär's der eigne Puls. Es strömte in ihn, als wäre da nicht Haut noch Fleisch – eins, zwei – es flutete durch ihn vom Scheitel bis zur Sohle, es pochte in seinem eignen Herzen – kein Widerhall mehr. Sein eigenstes Sein.

Und nun schlug es über ihm zusammen, wirbelte ihn, rauschte in seinen Ohren, warf ihn irgendwohin – –

Hatte er nicht eben gemeint, neben Großmama zu liegen, mit dem Kopf auf ihrem Kissen?

Es brauste, es stieg, es fiel. Es schlug rauschend auf, verrann und kehrte wieder.

Das war die See. Das langausflutende Branden der grüngrauen Wellen, aus denen Großmama ihn in ihren Armen trug, nachdem er sich kreischend darin müde gestrampelt hatte.

Nun lag er in dem weißen Leintuch auf ihrer Schulter, betäubt und zufrieden.

Die eisige Kühle trocknete sein verheultes kleines Gesicht, den noch einmal jäh aufschluchzenden Mund, das brennende salzige Wasser in seinen Augen. Er wollte sie öffnen, Großmamas gutem warmem Blick begegnen – aber er war zu müde. Er lehnte sich ganz fest an sie. Man mußte den Arm um sie schlingen, sich ganz an sie drücken, wie ein kleines Hundchen. So mühsam schritt sie den Hang hinauf durch den schweren Dünensand. Sie keuchte ein bißchen, hielt an. Nun waren sie oben.

Das Brausen, das immer leiser geworden war, schwoll noch einmal an. Mit jähem Prall schlug eine große Welle unten auf. Der Sturm wehte über sie hin, daß sie sich neigen mußten, wirbelte peitschenden Sand auf, stürzte weinend nach dem Dünenwald. Die Kiefern orgelten auf und sausten.

Nun war's auf einmal sehr still. Georg fühlte wie er niedersank. Ganz tief, ganz sanft. Großmamas Arme ließen ihn sacht in den leinenkühlen weißen Sand der windgeborgenen Dünenmulde gleiten, neben den flüsternden Strandhafer.

Nun würden sie schlafen! Ob Großmama auch seinen kleinen roten Eimer mitgebracht hatte mit all den kleinen Fischchen, die er für Onkel Ysbrand gefangen hatte? Und das Stückchen Bernstein für Grete? Das würde er ihr mittags geben, wenn sie alle in der Veranda um den langen Tisch saßen. Großmama hatte Mine gesagt, daß sie so was Gutes kochen sollte – was er so gern aß! Großmama – –

Er griff nach ihrer Hand, er faßte sie, wollte sie zärtlich drücken. Wie kalt war der Sand!

Sehr müde mußte Großmama sein. Ihre Hand drückte die seine nicht wie sonst, und er fühlte im Schlaf, wie sie tief aufatmend sich neben ihm ausstreckte.

DER ABSCHIED

Der Ruch von Teer und von Getreidesäcken
Strich mit dem Ostwind durch die Lastadie.
Die Spatzen kreischten, die aufs Pflaster schossen,
Wo goldne Körner von dem Dampfer her
Den Weg bis zu dem Niklasspeicher wiesen;
Rot von der Last der schweren Zentnersäcke,
In blauer Jacke und im Lappenschuh,
Mit gleichem Schritt und gleichem Zuruf ging
Die Schar der Träger langsam hin und her.

An des Kontores alter Glastür stand
Herr Benno Heygster, der Kommerzienrat,
Und sah den Kai entlang bis zu der Fähre,
Und freundlich ward sein hagres Angesicht.
Er pfiff und nickte: »Kiek mal, Franz Conneegen!
Mein alter Freund, läßt du dich auch mal blicken?
Hast lange nicht mehr hier herein gesehn!«
Laut bellend kam der junge Speicherhund,
Die Hand des lieben Gastes leckte er
Und sprang empor an seinem Bambusstock.
Karl kam, der älteste der sechs Faktore:
»'n Tag, Herr Stadtrat.« – »Guten Tag auch, Karl.«
Und Franz Conneegens gütiges Gesicht
Blickt wie bewegt den alten Graukopf an.
»Herr Stadtrat sehen noch recht elend aus
Von Ihrer Krankheit; so was nimmt schon mit,
Den ganzen Winter; – ja, die Influenza!«
»Die böse Influenza!« Wie im Traum
Spricht es der Stadtrat leis' und langsam nach,
Als er am Schreibpult im Kontore steht.
Herr Benno Heygster zieht ihn an den Tisch:
»Setz dich, mein Junge, deine alte Ecke
Im Lederkanapee hat lang' gewartet,
Und hier zur Stärkung ist dein Lieblingsschnaps,
Der Allasch, den mir Freund Prätorius mal
Von seiner Nowgoroder Reise brachte.«
In Franz Conneegens bleicher Krankenhand
Zittert das kleine Glas: »Aus Nowgorod!
Ja, ja, dort war er kurz vor seinem Tod,
Palmsonntag sind's zwei Jahre, daß er starb,
Am Abende vor seiner Silberhochzeit ...
Du, Benno, sag, wie viel wohl leben noch,
Die einst mit uns das Abiturium machten
Und mit uns auf den Kaufmannsbällen tanzten?«
Herr Benno Heygster lächelt: »Anno Krucken!

Du gingst im Frack und in gestickter Weste
Und führtest jeden Tanz und kamst zur Börse
Im Lackschuh und in weißer Binde noch,
Wenn man schon Schlitten auf dem Pregel fuhr.
Und jetzt gehst du um Ostern noch im Pelz!«
... »Und friere noch im Pelz. Ach, wie ich friere!
Das ist nicht Krankheit, ist das Alter nicht,
Nur das Alleinsein ... denn ich bin allein.
Zu vieles schwand aus meinem Leben fort,
Wie Vaters Haus, und wie der Bleichplatz dort,
Wo Mutters Wäsche an den Leinen flog.
Ich ward zu alt. Nein, Benno, rede nicht,
Ich weiß schon, was du meinst, der Kummer sei's.
Sieh mal, daß meine beiden Jungens starben,
– So elend starben an der Diphterie –
Das hat mich zwanzig Jahr lang sehr gewurmt.
Heut ist's vorbei. Fast mein' ich, es ist gut.
Sie wären auch, wie meine Grete wurde,
Ein fremdes Kind aus einer neuen Zeit,
Die alles liebt, was wir nur häßlich finden.
Nun, deine Töchter sind ja ebenso,
Wohl klug und fleißig – aber anders doch,
So anders, als es unsre Schwestern waren,
Und unsre Frauen in der Mädchenzeit.
Da fehlt etwas! – Hätt'st Grete du gesehn,
Wie sie an meinem Krankenbette saß! –
Ich sage dir, dein junger Terrier draußen
Vor jenem aufgeplatzten alten Sack« –
Herr Benno nimmt des Aufgeregten Hand:
»Alter, das sind die Nerven. Deine Grete
Ist nur ›modern‹, wie meine Kinder auch.
Das liegt mal in der Luft. Wir ändern's nicht. –
Ich aber weiß dir Heilung, alter Knabe.
Wenn diesen Sommer – Juli und August –
Die Unsern alle nach Sankt Moritz reisen –

Denn ›kraxeln‹ müssen sie ja heute auch –
Dann gehn wir an den Strand, wie dunsemals,
Als Junggesellen – (heute mit der Bahn,
Damals in einem Kremser – man wird alt!) –
Wir essen Flundern, liegen in dem Sand,
Sehn fernen Segeln nach, und freuen uns
An kleiner Bengels braunverbrannten Beinen.
Des Abends dann, bei einem Glase Grog,
Sind wir Prophet beim Sonnenuntergang
Und sagen Regen oder Sturm voraus.
Was meinst du zu dem Plan. Ist er nicht gut?
Du nimmst dir Zeit. Dein alter Prokurist
Macht's schon allein. Es geht auch ohne dich.« –
»Ja, du hast recht. Es geht auch ohne mich.«
Langsam ist Franz Conneegen aufgestanden:
»Der Plan war gut. Doch meine nächste Fahrt
Geht nicht so weit, bis an die blaue See,
Vierspännig geht sie, bis hinaus vors Tor,
Zu meinen Alten hin. –

            Min goder Jung,
Ol Heygsters Bennoje – nu heißt's Adje!
Zum allerletzten Mal war ich bei dir,
Das Lederkanapee kann lange warten,
Ich komm' nicht mehr. Hier die Maschine stoppt.
Ich wollte dich so gern noch einmal sehn,
Dich und den ›Niklas'.«

            Benno Heygster schweigt
Und wendet sich und starrt das Hauptbuch an.
Der andre spricht: »Ich mein', nach Ostern schon
Wirst du es mal beim Morgenkaffee lesen,
Handelsregister in der Hartungschen: –
Die Firma Franz Conneegen ist erloschen.
Das ist dann alles.« –

            »Nein, mein lieber Franz,
Nicht alles …«

»Still, mein Freund Kommerzienrat,
Nur keine Rührung.«
　　　　　　　　»Franz, auf Wiedersehn!«
»Das hast du schon als Schuljung stets gesagt,
Du hattest immer das in der Gewohnheit,
Und der Prätorius auch. Es war das Letzte,
Was ich von ihm gehört: ›Auf Wiedersehn!‹
Und eigentlich ist's hübscher als ›Adieu‹,
Und darum sag' ich heut' wie du und er,
Gib mir die Hand, mein Jung:
Auf Wiedersehn!« –
Ganz langsam schritt er aus dem Speichertor.
Der alte Karl, der bei der Waage stand,
Vermeinte, daß für ihn das Abschiedswort,
Und rief ihm nach: »Auf Wiedersehn, Herr Stadtrat!«
Der frische Hafenwind, der draußen strich
Um schlanke Maste und um Fachwerkgiebel,
Trieb goldne Körner spielend vor sich her
Und einen Ruch von Teer und Weizensäcken.

DAS LIED DES NÖCK

Wenn es jemand an der Wiege nicht vorgesungen wurde, daß
er unter die Dichter gehn würde, dann war ich es. Meine
Vorfahren von Vaters Seite, die alle brave Kaufleute und
preußische Beamte gewesen sind, und die von Mutters Seite,
tüchtige Landwirte aus der Niederung, hätten sich im Sarg
gedreht, wenn sie geahnt hätten, daß die Letzte, die ihre
Reihe schloß – schon schlimm genug, daß es kein Junge
war –, so etwas vorhätte. Ich gab auch durch keine abson-

derliche Begabung zu solchen Befürchtungen Anlaß, sah aus wie ein in die Stadt verschlagenes richtiges Landkind, war es auch in allen Neigungen und fand alles andre in dieser Welt wichtiger als den Weg zur Bücherweisheit. Auf einer Fußbank am Herd stehend, damit ich in den kochenden Kochtopf sehen konnte, lernte ich die Herstellung der ostpreußischen Mus in ihren Spielarten: Klunkermus, Kleckermus, Schlichtmus und Atlasmus, sehr viel früher und besser beherrschen als das mit soviel Schlingen und Fußangeln versehene Verb avoir. Bei diesem abendlichen Kochkursus – denn damals gab's abends immer Mehlsuppe – lernte ich in der schummrigen Küche von unseren sangesfrohen Mädchen eine Fülle schöner Lieder mit unendlich vielen Versen. Je länger das Lied war, je trauriger es anfing, desto besser gefiel es uns. Auch erzählten wir uns Gruselgeschichten, so von dem Gespenst, das in jener Wohnung im Flur umging und manchmal auch in der Küche mit den Stürzen rasselte. Das Lämpchen qualmte dazu unterm Herdmantel, die Suppe brodelte und dampfte, und wir fühlten uns nur geborgen, weil der kleine Haushund so gemütlich neben dem Holz unterm Herd schnarchte. Dann sprachen wir zur Beruhigung von allerlei Zukunftsplänen. Lina wollte einen Witmann heiraten, aber ich wollte nicht heiraten, weder einen Witwer noch einen Jungen. Ich hatte so etwas wie ein Ideal. Und dieses Wunschbild, sorgsam gehütet in verschwiegener Brust, hieß Rosenfeld am Altstädter Markt. Nicht der Gewürzkram hinten, so verlockend er auch war mit blauen Tüten, Pflaumen und Kaffeegeruch. Ach nein – vorne der Butterladen mit der Freitreppe, mit dem blauen Blechzukkerhut, mit seiner gediegenen mennonitischen Einfachheit und weißgescheuerten Sauberkeit, mit der blitzenden Messingwaage, den großen Fässern mit Butter, der Preistafel darüber zwischen den Eichenborden, mit dem schnurrenden Kätzchen an der Kellertreppe – dieser Laden hatte es mir angetan. Dort Verkäuferin zu sein im blaubunten Waschkleid, mit der feuchten geriefelten Holzklatsche die fette Faßbutter aufs Pergamentpapier zu schlagen, sie abzuwiegen, dann das Papier so zu falten, daß die Firma kornblumenblau auf goldgelb prangte, – »noch etwas Schmalz, junge Frau?« – und sie dann, noch einmal in braunes Papier gehüllt, der Käuferin in den braunen Korb zu schieben, dazu das ganze Menschengewoge der Markttage draußen und im Laden zweimal in der Woche mitzuerleben, das erschien mir als das einzig erstrebenswerte Lebensziel. Und so schien mir mein Weg deutlich genug vorgezeichnet, bis mich etwas ganz aus der Bahn warf.

Eine ungeahnt gute Zensur und eine auf den freudigen Schreck zu buchende allgemeine Artigkeit verschafften mir eine besondere Belohnung, eine schon beinah erwachsene. Nicht mehr Baisers mit Schlagsahne bei Steiner oder ein viertel Pfund gebrannte Mandeln von Fragstein oder eine Blutapfelsine von der Fox, nein, diesmal war's etwas ganz anderes: ich durfte am Freitagabend mit ins Börsenkonzert. Ich war zuerst sprachlos, als die Mutter es mir sagte, dann wie benommen vor Glück. Was ich mir darunter dachte, weiß ich nicht. Ich glaube so ungefähr, daß die Makler mit Getreideschalen und Notizbüchern herumliefen und dazu sangen.

Aber Gasbeleuchtung, vorfahrende Wagen, das Gedränge an der Garderobe, der große helle Saal, die vielen wispernden, festlich angezogenen Menschen, unter denen ich vor Herzklopfen nicht die nächsten Freunde meiner Eltern erkannte, machten mir einen überwältigenden Eindruck. Ich fühlte, dieses war eine Welt ganz außerhalb des Gewohnten. Und kerzengerade vor Angst, andächtig und mit gefalteten Händen über dem knisternden Blatt mit der Vortragsfolge, das ich vor Aufregung nicht lesen konnte, saß ich da und starrte auf das Podium und den großen schwarzen Flügel.

Da kam eine Bewegung in all die Menschen um mich, und als ich aufblickte, saß ein Herr an dem Flügel und spielte, und ein anderer Herr stand dort, dessen Gesicht mir ebenso seltsam geheimnisvoll fremd, ungewöhnlich und doch vertraut erschien wie alles sonst an diesem Abend. Und dieser Mann hielt ein Notenblatt in der Hand, auf das er nicht sah, und sang:

»In den Talen der Provence
Ist der Minnesang entsprossen:
Kind des Frühlings und der Minne,
Holder, inniger Genossen, –«

Da versank auf einmal alles, was mir bis dahin wert und wichtig gewesen war: mein Zuhause, das Gärtchen mit meinem Beet, die abendliche Küche, Linas Lied von der schönen Gärtnersfrau. Es versank für immer der blitzblanke Laden am Markt mit den Butterfässern. Unirdisch klar, unirdisch lieblich mit einer Süße, die nicht mehr von dieser Welt war, mit einer Kühle, die wie der Tod frieren ließ, sang die Stimme durch den stillen Saal. Aus Tiefen, von denen ich nichts gewußt, stieg es wie ein dunkler Strom und kam und überflutete alles um mich her und schwemmte den Alltag weg und löschte das satte und vergnügliche Behagen meines Kinderlebens aus wie ein Lichtchen und wirbelte mich davon. Wohin? Ja, hier war kein Ziel zu sehen. Aber ich fühlte und wußte: die Stimme rief, und ich mußte ihr folgen. Alles war fort, und nur sie blieb und würde immer da sein.
Vorläufig aber gingen wir durch das Gebrause der zögernden oder hastenden andern Zuhörer durch die dunkle Straße gegen den eisigen Wind nach Hause, wo sich bei heißem Kakao und Buttersemmel herausstellte, daß ich das Programm überhaupt nicht gelesen hatte und nicht wußte, daß ich Raimund zur Mühlen gehört hatte. »Das kommt davon, wenn man Kinder ins Konzert schleppt!« sagte der Vater nicht ohne Genugtuung, als die Mutter seufzte. Dann wurde ich zu Bett geschickt und schlief rasch und traumlos, ob-

gleich ich recht hart lag, denn alle Schulbücher für den nächsten Tag lagen unter dem Kissen. Der Alltag war da, alles
war wie immer. Nur ich selber war anders. Von diesem
Abend an durch ein langes Leben ging ich der Stimme nach,
die mich gerufen hatte, den beschwerlichen, einsamen und
dunklen Weg, der fortführt von dem warmen Herdbehagen,
den Weg zur Kunst.

TINE SUDAUS ERZÄHLUNG

Tine Sudau, unsre Köchin, saß auf dem niedrigen Schemel
am Herd und putzte das Gelbzeug. Zu ihrer Rechten standen auf einem Bogen Packpapier die runden altmodischen
Messingkessel, zu ihren Füßen eine Zigarrenschachtel mit
Putzlappen, und zu ihrer Linken harrte noch ein ganzer
Berg von Kesseln, Kannen und Teebrettern des Putzens. Ich
saß auf dem Küchentisch und las im Abendblatt, das noch
nach frischer Druckerschwärze roch. Die Küchenuhr tickte,
vom Herd kam eine wohlige Wärme, und allemal, wenn ich
aufblickte oder richtiger niederblickte, sah ich die spitze,
feine Seitenlinie von Tines Gesicht und ihren blonden
Scheitel.

»Tine, die Lachskutter sind schon ausgefahren«, sagte ich
und legte die Zeitung auf den Tisch. »Ist euer Franz auch mit
dabei?« Tine hielt den kleinen gestielten Kochtopf, an dem
sie eben putzte, weit von sich und betrachtete prüfend seinen
Glanz. »Der Franz geht nicht auf See.« Sie rieb noch einmal
den Stiel über. »Der hat den Wasserschreck!«

»O...«, sagte ich teilnahmsvoll, obgleich ich mir nicht ganz
klar war über die Bedeutung dieses Wortes. »Wie kam das,
Tine? Erzähl doch mal.«

»Das ist zu lang«, meinte Tine und stellte die Kessel auf den Herdmantel.

»Wundervoll blänkert das!« lobte ich schlau. »Nun erzähl man, wir essen dann ganz spät, die Eltern sind doch aus. Und du hast noch so viel zu putzen!«

Tine hatte selber Lust zum Erzählen, das merkte ich. Und nachdem sie sich ein Weilchen besonnen hatte, fing sie an:

»Der Franz hat nie gern auf See wollen, das hat den Vater schon immer gekränkt. Der Vater war unser Bester, so gut die Mutter auch ist. Der Franz nahm sich denn auch ihm zuliebe zusammen. Aber nachts, wenn die See hoch ging und brüllte, kroch er zur Lina und mir ins Bett und weinte unterm Zudeck. Dann schalt der Vater. Der schlief in des Großvaters Bett nahe am Fenster. Das durfte nie verhängt werden. Beim Einschlafen sah er den Leuchtturm blinken und beim Aufwachen die See.

Der Vater fuhr oft aus. Er hatte das Boot mit Onkel Sam zusammen, der beim Bernsteingraben umkam. Nachher nahm er einen Jungen von Muschlins zur Hilfe.

In dem Frühjahr, als der Franz eingesegnet wurde, vermietete mich die Mutter nach dem Gasthof in Neukuhren.

Am Morgen, ehe ich dorthin mußte, durfte ich noch einmal mit dem Vater und dem Bruder auf See. Ich war ganz wild vor Freude, denn ich wußte, das war für lange Zeit das letzte Mal. Ich freute mich, wie schön unser grünes Segel aussah, neben den drei rotbraunen und zwei weißen der andern Boote. Oft habe ich die nächsten Tage danach ausgesehn, wenn ich die Gastbetten in den Giebelzimmern machte.

Der Franz war so gut wie lange nicht, und wir waren alle so recht froh. Als wir nun zurück wollten – dem Willem Pönopp sein Boot war ganz dicht an unserm –, da schwimmt was hinter unserm Boot her. Wie wir nachsehen, was ist's? Ein Toter. Im Kielwasser zog er uns nach. Die andern sahen's und segelten näher, und wir sahen alle die Leiche an. Es war ein großer, hübscher Junge und erst wenig entstellt.

Dem Vater hat er leid getan und er sagte: ›Den nehme ich mit. Der liebe Gott schickt ihn her, damit er unter die Erde kommt und Ruhe findet!‹ Und er hob mit Franz und dem Jungen den Toten ins Boot. Da riefen Willem und die andern: ›Fried, was tust du? Nun mußt du sterben! Du hast der See fortgenommen, was sie noch nicht ausgeworfen hat!‹ Und sie segelten rasch von uns fort. Wir kamen aber gut ans Land, und der Tote wurde begraben. Am nächsten Morgen fuhr Vater zum Großhändler in die Stadt, und ich ging in Dienst.

Am Abend darauf, als ich an der Pumpe stand, sehe ich einen auf der Straße, der sah aus wie der Vater. Richtig, er war es und hatte sich den weiten Umweg gemacht, als er aus der Stadt kam, um zu sehen, wie es mir unter den Fremden ginge. Die Frau war gut und erlaubte, daß ich ihn in die Küche nahm, gab auch Brot für ihn und eine Flasche Bier.

Als er fort war, sah ich, daß er das Bier nicht getrunken hatte, da nahm ich die Flasche und lief ihm nach bis zur Chaussee. ›Vater‹, rief ich. Er blieb stehn und streichelte mich, als ich ihm das Bier gab. Es war ein kalter Abend, und man hörte die Brandung. Da fiel mir der Tote ein. ›Ach, Vater‹, rief ich, ›nimm dich bloß in acht, wenn du wieder ausfährst!‹ Da sah er mich an. ›Der liebe Gott weiß meine Stunde‹, sagte er und ging. Ich sah ihm lange nach in der Dämmerung, und mein Herz schlug. Am nächsten Tage war die See glatt wie ein Teich und auch am übernächsten. Da war ich wieder vergnügt. Und als am Mittag ein Gewitter aufzog, dachte ich: ›Nun ist der Vater schon wieder zu Hause.‹ Am Nachmittag kamen Kaffeegäste aus Rauschen, und als ich denen gerade die Tassen hinsetzte, sagte der eine zu unserer Frau: ›Wissen Sie schon von dem Unglück in Groß-Kuhren?‹ Ich konnte gerade noch das Tablett hinsetzen, dann fiel ich lang hin wie ein Baum. Was er erzählte, hab ich dann am Abend noch vom Franz gehört.

Früh am Morgen sind sie alle wieder ausgefahren, die andern

Boote und der Vater. Die See ist ganz ruhig gewesen, das grüne Segel nur ganz wenig gefüllt. Die Mutter hat mit den Kindern am Ufer gestanden und dem Vater zugerufen.

Vaters Boot ist den andern seitlich voran gewesen. Auf einmal hat die Mutter laut aufgeschrien. Ein dunkler Streifen ist über das Wasser gelaufen, ganz schnell und gerade auf unser Boot zu. Das ist auf einer grünen Welle hochgehoben, hat sich dreimal im Kreis gedreht und ist beim letzten Mal gekentert. Der Wirbelwind hat sich am Strand gebrochen, die Welle ist über Mutter herübergeschält. Die warf sich ihr entgegen und schrie: ›Mein Mann, mein Mann!‹

Sie haben gleich alles getan, um unser Boot zu retten. Franz und der Muschlinsche Junge sind gleich ins Pönoppsche Boot gehoben worden. Aber der Vater war nicht zu finden.

›Er muß in der Strömung treiben‹, sagte der Bruder, ›ich bleibe drum hier in der Nähe und warte, bis die See ihn auswirft.‹

›Wie soll ich das erfahren?‹, sagte ich. ›Ich kann doch jetzt nicht fort von der vielen Arbeit. Bis ich komme, habt ihr ihn eingesargt.‹

›Wenn wir ihn finden, reite ich nach St. Lorenz und lasse die Glocken läuten!‹ sagte der Franz.

Tag für Tag habe ich gehorcht. Aber erst am siebenten Tage haben die Glocken geläutet. Da habe ich mich auf die Erde geworfen und für ihn gebetet.

Zum Begräbnis konnte ich nicht, am Morgen hatte sich unser Stubenmädchen das Bein gebrochen, und in meinem guten schwarzen Kleid mußte ich gleich an die Arbeit. Da wurde mir das Herz in der Brust erst ganz schwer wie ein nasses Tuch und dann hart wie Stein. ›Du bist eine Gute!‹ sagte die Kranke, bei der ich schlief. ›Dein Vater ist heute begraben, und du weinst nicht einmal!‹ Aber meine Augen waren trocken und heiß. Das ging einen Tag und noch einen Tag. Am dritten habe ich gedacht, daß ich den Verstand verliere. Ich klagte endlich der Kranken meine Not. ›Hätte ich den Vater bloß noch einmal gesehen!‹, sagte ich, ›dann könnte ich wohl weinen.‹ Die Frau wurde schon böse auf mich. ›Hör auf mit dem Getue‹, schalt sie, ›die Gäste müssen mir ja weglaufen, wenn du mit deinem Gesicht ankommst.‹ Am vierten Tage mittags schickte sie mich in den Eiskeller. Die Tür schlug hinter mir zu, ich lehnte mich an die Wand und dachte: ›Je dunkler es um mich ist, desto besser!‹

Auf einmal sah ich hinter der großen Tonne einen Licht-schein. Der wurde heller und heller. Er war nicht weiß wie Tageslicht und nicht rötlich wie von einer Lampe, sondern ganz anders, sehr hell bloß und nicht blendend. Ich sah es und wunderte mich gar nicht, sondern fühlte, wie es mir leichter ums Herz wurde. Dabei hörte ich ganz leises Schnurren. Und hinter der Tonne hervor kam ein großer, schöner, schneeweißer Kater, sah mich mit grünen Augen an, strich an meinem Rock vorbei und rieb sich an meinem Knie.

Ich wollte sagen: ›Pusche, pusche, min Koaterke ...‹, aber ich war wie auf den Mund geschlagen, konnte nur immer das schöne Tier ansehen, das leise schnurrte. Und wie es sich so rieb und ich das leise Knistern hörte, fühlte ich, daß mir die Tränen kamen. Da schlug ich die Schürze vors Gesicht. Als ich sie wieder fortnahm, war der Kater fort und auch der Lichtschein. Ich stieß die Türe auf, sah die Sonne draußen scheinen und hörte die Hühner gackern. Ich füllte den Eimer voll Eis, die Tränen rollten immer noch über mein Gesicht. Dann lief ich in den Hof vor das Fenster unserer Stube, warf einen Stein durchs Fenster und schrie zwischen Lachen und Weinen der Kranken zu: ›Es ist alles gut!‹

Als ich dann den Gästen allen das Mittag brachte, haben sie mich angesehen und gelacht, und das eine Fräulein hat mich gefragt, ob ich mich verlobt hätte. Ich sagte bloß: ja, ja. Ich konnte ihr doch nicht erzählen, daß sich mein Vater mir noch mal gezeigt hatte.«

Tine war mit dem Putzen zu Ende und räumte die Küche

auf. Ich saß ganz still. »Was ist aus den andern beiden geworden?« fragte ich. »Muschlins Junge ist im nächsten Jahr mit dem Kutter untergegangen. Und der Franz geht ja nicht mehr aufs Wasser, der arbeitet am Bahndamm.« Sie lachte ein bißchen verächtlich. »Ich habe ihm auch gesagt, die See holt dich doch noch, paß auf!« Sie wurde nachdenklich. Dann ging sie zum Herd und steckte die Küchenlampe an. »Nun geh runter vom Tisch«, sagte sie laut, »jetzt muß ich scheuern.« Und wenn Tine scheuerte, war es aus mit Fragen und Erzählen.

DIE KUH VERGISSMEINNICHT

Es ist vor mehr als 60 Jahren. Königsberg ist eine stille Mittelstadt, die Gegend, in der wir wohnen, ist in nichts verschieden von den Landstädtchen, die überall in Ostpreußen verstreut liegen. Zu dem Wassergürtel der beiden Pregelarme um den Kneiphof kommt als dritter der alte Zuggraben. Kleine Holzbrücken führen über sein dunkles Wasser, auf dem die Lindenherzen der alten Bäume in den stillen alten Gärten dahinter schwimmen. Wir wohnen an dem übergroßen Platz vor der Gasanstalt, den die wipfelüberragte Mauer des Georgenhospitals abschließt. Am Dienstag und Freitag ist dort Bauernmarkt, da halten ringsum die kleinen Wägelchen, von deren lehmbedeckten Rädern der Teer tropft. Sommers und winters stehn die Frauen in dikken Jacken im Stroh, in großen Häckselkisten liegen die Eier, es gackert und gurrt in Korb und Käfig, es riecht gut und frisch nach Äpfeln und Spillen, nach Kohl und Kartoffeln, nach Zwiebeln und Wruken. Es riecht nach dem Käsestand drüben, als läge da ein Käseboot auf der stillen Gracht. Aber es ist die liebste und lustigste Wohnung, die man sich denken kann. Da ist die altmodische große Veranda über dem schmalen Gärtchen, hinter dem noch keine rote Schuppenwand dunkelt, nur die alten Kastanien des Nachbargartens.

Hier hausen wir sommerüber, die Ferienzeit am Strand abgerechnet, hinter einem Gitter von Feuerbohnen, spanischen Wicken und Kick-über-Zaun, hinter rotgepaspelten grauen Leinengardinen an Regentagen. Hier blühn Mutters Rosen, hier breiten ihre kleinen Palmen sich aus, hier steht schlank und rank ihr Gummibaum neben der hellblättrigen großen Zimmerlinde. Die Veranda ist durch ein Treppchen in Ober- und Unterstock geteilt, der Unterstock ist der Küchenbalkon. Da stehe ich und rühre die Milch in dem Kessel, der drei Röhren hat wie unser Waschkessel, bis sie in der großen irdenen Wasserschale gekühlt und vom Rühren schaumig wird wie frisch gemolken. Es ist die Zeit, da auch sonst ruhige Menschen von der allgemeinen Bazillenfurcht so weit beeinflußt werden, daß sie die Milch abkochen. »Denn sonst bekommt man Tuberkulose oder Milzbrand, oder Maul- und Klauenseuche.«

»Wir haben bisher alles nicht bekommen, weil es uns nicht bestimmt war –«, sagt Vater auf gut reformiert. »Weil ihr nun mal solche Steinchristen seid«, sagt Onkel Doktor. Jedenfalls, der Röhrenkessel wurde angeschafft und die Milch kochte, wenn auch nicht nach Vorschrift zehn Minuten lang, und schmeckte uns gar nicht, bis wir dahinterkamen, sie so zu rühren und dann in den Eisschrank zu stellen, der unser neuester Besitz und ganzer Stolz war, obgleich wir uns alle nicht recht an seine graue Zinkkühle gewöhnen konnten, auch nicht an sein schwermütiges Tropfen. Es war ein Trost, daß dieses Rühren mir immer eine ruhige Stunde mit der Mutter eintrug, die dann neben mir saß, auf dem breiten Feldstuhl, der uns an die See begleitete und darum, so verblichen wie er war, immer etwas Festlich-Erholsames an sich hatte, selbst wenn man auf ihm Strümpfe stopfte.

»Mutschmama, kochet ihr auch die Milch?« »Niemals – dann schmeckt sie ja nicht! Milch schmeckt am besten frischgemolken, das weißt du doch aus Cranz!« Sehnsüchtig dachten wir beide an das weißgestrichene Hüttchen in der Plantage, wo man nach dem Baden hinging, Mütter und Kinder, und aus den großen dunkelbraunen Milchtöpfen die schäumende Milch ins kantige Glas geschenkt bekam. Um die braunen Töpfe war ein dickes Tuch gewickelt, damit sie ja nicht von dem scharfen Seewind abkühlten. Aber man wollte doch nie den Rest haben, sondern wartete, bis wieder eine der braven schwarzweißen Kühe hergeführt und gemolken wurde. Am allerbesten schmeckte es, wenn man sich gleich von der netten blonden Frau ins Glas melken ließ.

»Mutschchen, kannst du melken?«

»Aber natürlich!«

Alle konnten melken, bloß ich nicht. Es ist schlimm, wenn man ein Stadtkind ist – immer kommt man sich so dumm vor neben denen vom Gut. Aber einmal, in dem Stall auf dem Land, wo man von der guten alten Frau immer die Milch holen ging und noch ein bißchen herumständerte, weil's in dem kleinen Stall so viel zu sehn gab: die Raufe, das Acker-gerät, die Klucke mit den Keichelchen, das Schwalbennest – da hat man sich ein Herz gefaßt und der Altchen geklagt. Die hat erlaubt, daß man sich auf den Schemel setzte und an den weichen, festen, rosigen Stripsen zog, sie hat einem ge-zeigt, wie man's machen mußte, bis wirklich ein dünner Milchfaden in den Eimer floß.

Aber man wird sich hüten, das zu erzählen. Es ist etwas ganz und gar Herrliches gewesen: der Stall war auf einmal voll Abendsonne und der warme schwarzweiße Leib ganz nahe, sanft und gut. Es war eine schläfrig süße Geborgenheit um einen, man wußte nicht mehr, wie man hieß und wie alt man war, und wo man war – es war bloß schön. – Nein, davon

erzählt man nicht. Große Leute verstehen vieles nicht. Bloß
solch alte, wie die Altchen im Stall und Tante Lusche.

»Gingst du mit auf die Weide?« Die Mutter lachte. »Nein,
ich bekam nicht die Weidemilch. Die Großmutter meinte,
weil unsre Mutter so früh gestorben war und wir beide, der
Andreas und ich, so klein und dünn waren, wir müßten bloß
eine einzige Kuh haben, so richtig als Amme. Sie hatte
Angst, daß die Gutskühe immer noch krank sein könnten,
sie hatte den Schrecken in sich seit der großen Seuche. Da
verschrieb sie für uns eine Kuh aus Bayern. Sie meinte, weil
wir Salzburger wären, müßte die Milch einer Gebirgskuh für
uns die richtige sein.«

Die Mutter war eine Weile still und ernst. Aber dann lachte
sie wieder. »Die Kuh hatte eine Glocke, das klang so schön –
nun, du hast ja damals in der Schar in Löwenhagen die Her-
deglocken gehört. Sie war ganz hell, beinah silbern. Sie
brachte einen Zettel mit, darauf stand, man sollte gut zu ihr
sein und sie ›Liebi‹ rufen. Aber unsre alte Mine sagte, ›das
wäre kein Name und eigentlich wäre die Kuh bläulich‹ – da
nannten wir sie ›Vergißmeinnicht‹. Nie haben wir beide, der
Andreas und ich, andre Milch trinken wollen als die ihre.
Bloß sie stand immer so still und wir meinten, ihr schmeckte
unser Heu nicht. Aber die Mine sagte, sie hätte Heimweh –
das hätten die Salzburger auch so gehabt, und sie wollte
wohl Berge sehn!« »War sie aus Salzburg?« »Nein, ich sagte
dir's ja, sie kam aus Bayern – und ich dachte immer: du
fährst mal hin und siehst, ob's da so schön ist, schöner als bei
uns, daß man sich so danach bangen kann. Aber ich bin nie
hingekommen.« Die Mutter seufzte, der Stopfpilz lag still
auf ihrem Schoß. »Der eine Urgroßvater, der hat noch immer davon erzählt. Er war noch ein Junge, als sie vertrieben
wurden, man wollte ihn dort festhalten, aber er ist heimlich
nachgelaufen und zu den Wagen gekommen. Die Verwandten haben ihn im Stroh versteckt, bis alle über die Grenze
waren. Ja, der hat sich noch besinnen können, und als er

ganz alt war, da hat er immer davon gesprochen. Schöne Rösser haben wir gehabt im Lehn und lauter Pinzgauer Vieh. Ein Brunnentrog war am Haus, grad vor dem breiten Giebel, mit ganz klarem Wasser, da tranken sie, eine Kalbin wie die andere braun und rund, mit rosigen Mäulern – –«

Ich hörte zu, mein Quirl ruhte auch. Es kroch mir über den Rücken, zwischen Freude und Gram, grad wie in der Dämmerstunde, wenn einer Spukgeschichten erzählte.

»Warst du mal da?« fragte ich endlich. »O Kind – nie! Wie soll ich da wohl hinkommen, so weit wie das ist! Einmal schrieb noch wer Verwandtes von dort, es sei eine Mur über den Hof gegangen. Aber das Land – ja, das hätte ich doch zu gerne mal gesehen!«

Sie war eine Weile still, aber dann ging schon wieder der helle Schein über ihr Gesicht, und die Stopfnadel glitt gleichmäßig hin und her. »Ja, dort oben, da haben sie sich so gut auf die Ochsenmast verstanden. Da hat's der Urgroßvater auch hier damit versucht – und es ist gegangen, sie wurden richtig reich dabei!«

»Wieso reich?«

Reich – das war damals ein fremdes Wort bei uns. Es gab immer reichlich zu essen, einfache und verschlagsame Dinge, es war alles schlicht und dauerhaft, was wir trugen, was wir um uns sahen. Arm, das waren die Hauspracher, die Bettler an den Ecken – aber reich? Wer war reich?

Die Mutter dachte nach. »Reich ist, wer viele Gespanne hat und Remonten zieht – und eine große, eine ganz große Herde hat!«

Die Milch war nun wirklich kalt. Aber ehe ich sie forttrug, sagte ich: »So reich möchte ich nicht sein. Aber *eine* Kuh, eine ganz ruhige schwarzweiße Kuh mit einem Stern auf der Stirn – ja, die möcht ich haben!«

GRUSS DER TÜRME

Birkenmaien, duftend nach Feld und Moor, welken hinter den Bildern an der Wand, stehen lichtgrün vor den verblichenen Bildern der Meinen. Ein weicher, sanfter Regen wäscht in der silbernen Abenddämmerung draußen die hellen, jungen Lindenherzen, die frischbegrünte Wildrosenhecke und die schlafenden Tausendschönchen im Rasen. Süß, süß duftet der Abend nach feuchter Erde, nach frischem Grün, nach ganz jungem, weichem Laub – süß und herb zugleich, wie es ein Maienstrauß soll an unseres Ostlands großem Frühlingsfest: Pfingsten.

Nie hat es zu Pfingsten geregnet, als ich Kind war. Nur auf strahlende Pfingstmorgen kann ich mich besinnen, wenn ich mein weißes Kleid anziehen durfte und Mutter mir die breite Zopfschleife einflocht, ganz fest, damit ich sie auf der langen Wanderung nicht verlieren konnte. Glocken klangen durch die feiertagsstillen Straßen, auf den Brücken hallten unsere Schritte seltsam übers Wasser bis zu den Schiffen, an deren Masten die Maien im Morgenwind wehten. Die Pferde an den Fuhrwerken, die an uns vorbeirollten, trugen Birkenbüsche, die Menschen winkten und nickten, und wir pilgerten ihnen nach durch die langen, sonnigen, stillen Straßen, durch das dröhnende, dunkle Tor. Es war eine weite Wanderung, an den alten Friedhöfen und Gärtnereien vorbei, bis wir draußen waren – einen seligen, endlosen Pfingstsonntag lang dort alle Stadtenge, alle Wintertrübsal uns von dem lodernden, hellen, grünen Feuer dieses Frühlingstages aus den Herzen brennen ließen. Um dann spät abends todmüde heimzukehren in die sonnedurchglühten Stuben, die überstark nach den welken Maien dufteten, taumelig von der starken Luft, in der Dämmerung noch mit diesem goldgrünen Flammen vor Augen, von diesem herbsüßen Duft trunken, schliefen wir ein und träumten verworren von diesem Pfingsttag.

Vor dem glasklaren Himmel meiner Heimat, vor diesem grellen, gleichmäßig lichten Pfingstgrün sehe ich die Gesichter meiner Toten im hellen Sonnenschein lebensvoll und lächelnd mir wieder zugewandt.

Sehr klein bin ich, winzig tanzt mein Schatten neben ihren großen Schatten über stäubendem Weg zwischen dem flimmernden Schatten der Kopfweiden am Grasrand. Wohlvertrauter weicher Dunst nach sonnebeschienenem Flußwasser ist in der heißen Luft, in dem sanften Wind – es ist der säuerliche Dunst von moorigem Grund und frischem Gras, der über den Treidelweg am Pregel weht. Sehr hoch sind die Grashalme, die Glöckchen der Benediktenblumen, der weiße Kuckucksspeichel am zitternden Schaumkraut. Sehr golden sind die runden Dotterblumen im Graben. Aber viel goldener ist etwas anderes, das ich nun sehe wie der Vater mich bei den Schultern rückwärts dreht und wonach er weist: fern und sehr klein in der gläsernen Bläue, aber deutlich erkennbar hinter Brücken, Giebeln und Speichern blinkt die goldene Wetterfahne an dem roten, spitzen Zipfelmützenturm meines Doms! Mutter nimmt meine Hand, und ich winke ihm mit dem rosa Schaumkraut zu!

Das Gras ist nicht mehr so hoch, ich habe schon einen richtigen Strauß gepflückt und darf ihn selbst mit verknotetem Grashalm und kühlenden Wegerichblättern umwickeln, als wir hier auf der Wiese am Juditter Wald lagern. Ich bin todmüde und sehr stolz, daß ich schon diesen weiten Pfingstspaziergang mit den Großen machen durfte. Am Landgraben sind wir entlang gewandert, und Vater hat von seinen Schulspaziergängen erzählt, als er ein kleiner Schuljunge war. Nun zeigt er uns die Kirche drüben, deren Turm so weit vorrückt und die so alt ist wie die Kiefern drüben im Wald mit den riesigen Schlangenwurzeln. »Die Bäume sind heilig und die Kirche auch –« sagt der Vater. Was mag das wohl sein?, denke ich und dann sehe ich, gegenüber der

Kirche, am hohen Weghang einen alten, hohen Baum mit sonderbar gewundenem, silbernem Geäst, mit ganz jungem, silbrig grünem, pelzigem Laub. »O 'die schöne Silberpappel!« ruft meine Mutter, vor Freude lachend. Und immer, immer sehe ich sie nun im Frühling unter solch silbergrünem Baum, dem auf den ersten Kinderblick geliebten, dessen sanfte Schönheit altmodisch geworden ist und selten an den Wegen und Gartenrändern meiner Heimat.

Weiter wurden unsere Pfingstwege, wurden richtige Fahrten, mit Bimmelbähnchen und verstaubten gelben Postkutschen oder maiengeschmückten Stadtkremsern. Ich erlebe zum erstenmal das überwältigende Wunder der Obstblüte in dem holdesten Hügeldorf, ich sehe einen Apfelbaum im Abendsonnenschein und glühendrote, samtne Primelkissen und gehe zwischen den Eltern über einen andern Friedhof als den unsern, einen richtigen Dorffriedhof mit dunklen Lebensbäumen unter hohen Linden, mit der Reihe winziger Kindergräber an der weißen Mauer und einem kleinen verwitterten Holzaltan in dieser Mauer, von dem man über den Hügelhang wieder in die unaussprechlich beglückende Schönheit der blühenden Obstgärten sieht, über den geraden Rücken einer schwarzweißen, nach Milch und Stall duftenden Kuh, die groß, sanft und dunkel neben uns vor dem glühenden, goldstäubenden Abendhimmel steht.
Es kam am nächsten Pfingsttag meine Wanderung ans Haff, ein Erlebnis wie eine Reise um die Welt, denn wir fuhren mit Dampfer und Post und wanderten durch einen richtigen Forst – ›und als er in die grüne Heide kam, die grüne Heide kein Ende nahm‹ – Der Kuckuck rief überall, Spechte hämmerten, wir trafen stundenlang keinen Menschen und ich dachte, wir gingen tausend Jahre durch den flimmernden, sonnigen Wald. Dann sahen wir von dem hohen Ufer die weite, silberne Fläche, sahen unten die Kähne und Netze am dunstenden Strand, sahen braune, reglose Segel. Ich war

ganz still und ein bißchen traurig, ohne recht zu wissen weshalb, ich sehnte mich nach dem Kneiphof und den Kähnen mit den Maien. Und wurde erst wieder froh, als wir nach langem Wandern in ein anderes kleines Dorf kamen mit einem Mühlteich und dem Gutshof hinter staubiger Hecke, über die verblühende Äpfelbäume sahen und verwilderter Flieder duftete – denn es war ein spätes Pfingstfest, und sein Laub rauscht so ungewohnt dunkel in meiner Erinnerung wie das Laub zu Pfingsten in Süddeutschland.

Dann aber hörten diese Pfingstwanderungen auf. Jahraus, jahrein fuhren wir zu den Feiertagen an die See. Nicht in das Fischerdorf, in dem wir später die Ferien verlebten – immer in der gleichen, bescheidenen kleinen Wohnung, die für uns alle doch ein unvergessenes Sommerparadies wurde – sondern in den schönsten, damals noch stillen Ort an der Steilküste. Denkbar einfach war's auch da und in dem alten Gasthof teilte ich mich mit meiner älteren Base in die schmale Dachkammer. Wir hatten eine Blechschüssel auf einem Schemel als Waschtisch und zusammen ein Handtuch. Die Abende waren ganz hell, spät gingen wir schlafen – ohne Licht, aus Angst vor Fledermäusen –, in den Ohren das Rauschen der Linden am Teich und das Geschluchz der Sprosser aus den Erlen an der Mühle.

Ganz früh standen wir auf und liefen mit den Karaffen in die Schlucht hinter dem Müllergarten. Da quoll aus dem lehmigen Hang der Spring, an dem wir sie füllten. So kalt war sein Wasser, daß das Glas gleich perlend beschlug in der frühen Morgenglut – so eisenhaltig, daß Glas und Erdboden mit rötlichem, feuchtem Pulver bestäubt waren. Darum aber war's so gesund, sein Wasser zu trinken, schweigend und nüchtern wie Osterwasser, und es den Eltern schon ans Bett zu bringen, lange vor Frühstück und Badengehen. Oh, dieser Weg über den warmen Heideboden! »Hier war fliegender Sand, als ich Kind war«, erzählte der Vater, »dort die alte

Eiche stand noch allein, so groß wie heut. Dort an jenem Haken in der Schlucht wurde unser Wirt von der Lehmwand erschlagen, als er in der Gewitternacht heimlich nach Bernstein grub.«

Meine arme Base hielt sich die Ohren zu und stolperte auf der Bohle, über die wir zwischen den jungen Kiefern und Birken durch den heißen weißen Sand gingen – sie hatte Angst vor Gespenstern und vor Gewittern. Und dabei war fast jede Nacht Gewitter. Von der See kamen sie, zum Land wollten sie. »Damit der junge Roggen wächst«, sagte Mutter. Aber die Wanger Spitze hielt sie fest und trieb sie nach der Rantauer und sie warfen sich die Blitze zu wie Bälle, Tag und Nacht. Ich saß am Fenster, hörte die Erde trinken, sah das rote Blitzgeloder und konnte es nicht verstehen, wie man sich nicht an solcher Herrlichkeit und dem orgelnden Donner freuen mochte.

Aber endlich, an einem Spätnachmittag, zogen die Wetter ab, gerade an unserem letzten Pfingsttag dort. Durch den rieselnden, triefenden jungen Wald wanderten wir an die See und sahen den allerschönsten Sonnenuntergang. Die Wolken, riesig geballt, schieferblau und goldenweiß wie eine Burg, taten sich auf wie ein Tor und von dem feurig schmelzenden, ungeheuren sinkenden Sonnenball im Nordwesten ging eine breite, goldrote Brücke über das sanftbewegte, stahlblaue Wasser bis zu der Schlucht, an deren Rand wir standen. Ich war langsamer gegangen als die andern und stand noch dort, wo der Küstenweg an dem stillen Einschnitt umbiegt zwischen den hohen Wacholderbüschen, als sie schon drüben am Rand waren. Die jungen Birken dufteten in der regenfeuchten Luft und glänzten, der wilde Birnbaum in halber Höhe glühte in rotgoldnem Brand, es glühte die lehmige Schluchtwand, der Sand unten, auf dem die goldenen Wellen ausrannen – es glühten wie aus Gold und Feuer die seltsam großen Gestalten der Meinen, der Eltern und Verwandten vor dem gläsernen Blau des reingewaschenen Himmels, über den das Gewölk fortzog, und purpurn lagen ihre Schatten auf dem nassen Heidegras. Ihre Gesichter blickten alle mit dem gleichen andächtigen, stillen und frohen Ausdruck in die sinkende Sonne. Ein noch nie empfundenes, großes Gefühl bedrängte mein Kinderherz. Ich stand ganz still und sah auf die geliebten Gestalten, diese feuerbestrahlten, vertrauten Züge, fühlte sie seltsam eins mit der Erde und der Sonne und dem duftenden, mailich grünen Land und war tief beglückt.

Es war ein paar Jahre später, zwei von ihnen waren schon den anderen vorangegangen über die große Brücke, als mein Vater die Mutter und mich mit der Nachricht überraschte, daß wir zu Pfingsten reisen würden! Noch im Zug, als ich, benommen und schwindlig von den überfüllten, klappernden Wagen und dem verwirrten Hinausblicken auf butterblumengoldene Wiesen, an Mutters Schulter einschlief, wußte ich nicht, wohin die Reise ging. Aber dann weckte mich das Geklirr eiserner Brückenbogen, Wasserdunst und Feldgeruch trieben sausend durchs offene Fenster und unten blinkte der Strom, breit wie das Haff, mit bunten Segelschiffen, mit endlosen Holzflößen, kiefernrot glühend im Abendlicht. »Die Weichsel«, sagten die Eltern – nie hatte ich beide so bewegt gesehen. Da wußte ich, daß wir nach Danzig fuhren.
Es war sehr sonderbar, spät abends durch eine Straße zu gehen, die Giebelhäuser hatte, die geschwisterlich dem Barockhaus meiner ersten Kinderjahre im Kneiphof glichen, die Beischläge hatten wie unsere Langgasse früher – und keinen zu kennen, der da mit den Seinen unter verschornen Linden, die bald blühen wollten, saß und uns nachsah. Es war seltsam, in den Himmel zu blicken, ganz hoch, wie die Schwalben fliegen – und da wuchs ein ungeheurer roter Turm. Der Abend glühte noch auf ihm über die Dächer und dunklen Gassen, und auch das war ein Dom – aber er hieß

Sankt Marien und war der Dom meiner fröhlichen, pfeifenden, singenden Vetterchen. Die sprachen so ein feines Deutsch, daß ich neben ihnen nicht zu reden wagte – bis ich in der Dämmerung, grad als ich Sankt Marien sah, dicht neben mir, vertraut und breit, Platt sprechen hörte – wie daheim am Pregel. Aber dann verstummte ich doch wieder den Pfingstsonnabend über, zuviel Neues war da und war doch vertraut: es hieß Langgasse und Artushof, es hieß Speicher, Lastadie und Kran – es war das gleiche und war doch fremd, und am allerbedrückendsten war, daß am Abend, als wir hinausgefahren waren nach Zoppot, die Sonne nicht über der blauen Bucht, sondern über den holden grünen Waldbergen unterging. Da überwältigte mich eine große, verwirrte und beklemmende Traurigkeit. Zum erstenmal schlief ich nicht in der Nacht (wir waren draußen geblieben), sondern dachte grübelnd an dies fremd vertraute schöne Danzig und diese Bucht, über der die Sonne nicht unterging wie im Samland.

Ganz früh stand ich auf, als Mutter noch schlief, und lief in den Garten und auf den Heckenberg davor, um auf diese Bucht zu sehen. Ich geriet in einen Schwarm von Pfingstwanderern, die schon vom Bahnhof kamen und lief mit ihnen an grünen Haselbüschen und -hecken bergauf.

Da kam mir der Vater entgegen, der noch früher als ich dort gewandert war. Er hielt ein paar frischgeschnittene, kleine Birkenzweige in der Hand und winkte mir damit von der Höhe des steilen Hügels. Die Morgensonne schien in sein schönes, fröhliches und gütiges Gesicht, in seine Augen, die mir und den andern beim Näherkommen freundlich und ein bißchen schelmisch entgegenblickten. Dann rief er laut den alten Gruß: »Hei, Landslüd! Landslüd!«, den die Pfingstfrohen heiter lachend und winkend im Vorübergehen erwiderten. Auch ich. Und als ich nach altem Brauch dabei in seine Hand schlug, drehte er sacht und nun ganz ernst geworden, mich so zurück, wie einst das kleine Kind am Treidelweg.

Da sah ich, hinter dem festlichen Zug der mailichen Hügel, über Wiesenweite, Wasserblinken und Giebelgewirr, die turmbewehrte Wucht von Sankt Marien, Heimat geworden durch seinen Ruf auch für mich wie einst der Turm mit der goldenen Fahne in meiner Stadt.

ABSCHIED VOM KINDERLAND

Jeder Ostpreuße weiß, daß die stärksten Leute die Natanger sind; aber auch, daß ihre klassische Stadt Domnau heißt.

Nun bin ich (oder richtiger, war ich – denn es geht mir wie dem seligen Chingagook: es ist keiner meines Stammes mehr vorhanden, um mir die Totenklagen zu singen, wenn ich mich in die ewigen Jagdgründe verfügen werde –) der einzige in meiner Familie, der jenseits des Pregels geboren wurde. Es war zwar sehr nahe an seinem südlichen Gestade – aber es gab den Übrigen doch das große Übergewicht, im Ton milder Duldung anzuerkennen, daß ich aus jenem Gau gebürtig sei, wenn ich eine der Taten vollführte, die bei jugendlichen Helden und Dichtern beweisen, daß die Geisteskräfte der Gottgeliebten mindestens im unmündigen Alter mit denen der Durchschnittsmenschen nicht recht Schritt halten.

Obgleich – oder gerade weil – ich immer noch von Zeit zu Zeit mich von mir selbst als Bürger jener Stadt beweise, die eigentlich unter der nie sinkenden Sonne Homers lag, und deren Bürger im Unterschied zu den Gerechten und Weisen das Geschenk ewiger Jugend behalten – strebte ich nun doch durch ein halbes Jahrhundert nach dem Vorzug, im Reich der überlegenen Samländer zumindest Wohnrecht zu genießen. Tragheim und Roßgarten genügten meinem Ehrgeiz nicht. Nein, mein Sinnen und Trachten stand, wenn es schon nicht Kuhren sein konnte, zumindest nach einem der neuen Vororte zwischen Pregel und Landgraben. Meine Luftschlösser, abwechslungsreich, wie die des Milchmädchens in der berühmten Fabel, wuchsen lustig wie Wolken über den neuen Straßen in die Höhe – und zerflossen. Es hat sich nichts in meinem Leben überstürzt. Und so kam denn auch diese Änderung nicht mit unziemlicher Eile und erst, als ich bis in jede Pore von Ehrfurcht vor der Behörde »Wohnungsamt« erfüllt war, und ein halbes Jahrhundert alt war.

Aber es kam. Und gerade ehe ich auf eine Reise gehen mußte, konnte ich noch einen Blick in die mir bestimmte »zukünftige Statt« werfen. Sie lag noch jenseits des Landgrabens, sie strahlte vor Neuheit, vor Neuzeitlichkeit und Farbenpracht, die Handwerker arbeiteten noch darin, die Farbtöpfe der Maler füllten noch meine Küche. Und ich hatte die größte Mühe, nicht in diese braun-, grün-, lilagefüllten Konservenbüchsen zu treten, so berauscht war ich vor Glück.

Jeden ereilt sein Geschick. Ich verliebte mich beim ersten Blick in die Helle, die Buntheit, das reizende Ebenmaß dieser schönsten aller Wohnungen, in den Spiegelglanz der weißen Kacheln hinterm silbrigen Heizungsherd, in die Sahnesauberkeit ihrer Badestube, in das ganz neue, noch nie von mir erblickte Maß ihrer langgezogenen Fenster, in ihr buntes Treppenhaus mit dem rotlackierten Gitter!

Meine Reise dauerte mehrere Wochen. Ich war in der Mark und in Hannover, in Hamburg und in Pommern – aber meine Seele war nicht dort, sie schwebte in den leeren Zimmern meiner neuen Wohnung und schwelgte in dem, was früher in sonntäglichen Wohnungstauschanzeigen so beweglich als »Komfort der Neuzeit« gepriesen wurde. Ich wurde eine Plage für meine Gastfreunde, denn wovon sie auch sprachen – ich kam unweigerlich auf meine Wohnung. Ich wanderte wie ein Geist durch die ihren vom Keller bis zum

Boden, pries heuchlerisch und verglich innerlich und war mit der meinen so zufrieden wie – nein, ein Bräutigam reicht hier nicht zum Vergleich – wie nur eine Großmama mit ihren Enkeln, wenn sie andrer Omas Großkindern ein wohlwollendes Schokoladeplätzchen spendet. Und hinter aller Seligkeit ganz tief, gerade auf der Schwelle des Bewußtseins, stand der Gedanke: »Nun werde ich ein Samländer!«

Dann kam der große Tag. Er kam, wie Umzugstage kommen, überirdisch ungemütlich über irdische Ermüdung dämmernd. Und in der Pause, die dem Sturm vorangeht nach einem Naturgesetz – als die letzte Kiste zugehämmert, der letzte gewärmte Kaffee auf eben dieser Kiste getrunken war, als der Möbelwagen schon vorgefahren stand, die Pakker aber noch nicht antraten – ja in diesem Augenblick, in der grauschwarzen Dämmerung des nebligen Wintermorgens – schlug die Domuhr.

Was es in Schicksalsmomenten bedeutet, wenn eine Uhr schlägt, weiß jeder, der als Kind das schöne Lied von dem ungetreuen Wilhelm gesungen hat, der es vorzog, sich mit der reichen Erbin an dem Rhein zu vermählen. Nun holte die Turmuhr nicht gerade zum Zwölfschlagen aus, sondern zu sieben. Es griff auch keine bleiche Geisterhand durch die Gardine – es war auch keine mehr da vor dem kahlen Fenster. Nein, was da vor mir stand bei dem ersten Uhrenschlag, der wie ein schwerer Tropfen durch die kalte Morgenluft fiel bis in mein Herz – es war regenbogenbunt und hold und voll wärmsten Lebens, das mich mit hellen Freundesaugen ansah. Wo blieb der eisige Frostnebel überm Wasser? Wo das kahle Fenster? Weiße Gardine bauschte sich wieder im hauchenden Südostwind, der weich und gewitterschwül über endlose Juniwiesen, über weite Wälder, über schälenden Roggen gelaufen war und nach jungem Laub, nach wilden Blumen und erstem Heu duftete. Harzgeruch kam zusammen mit weichem Wasserdunst, aufsteigend aus den endlosen Triften der Flöße, rostrot, orangegelb, violett schimmernd zwischen

fischblanker Glätte. Das sanfte Flappen weißer und rotbrauner Segel im Morgenwind, das Bienenbrausen der Marktgassen, der Geruch von Maien, von Kalmusbündeln und Fliedersträußen, der Rauchgeruch der Fischbuden –
Dreimal, viermal, fünfmal schlug die Uhr. Es weht ein Honigduft, süß und stark, über den Domplatz und durch die schmalen Pregelgassen. Wie große Silberkelche mit verblaßter Vergoldung stehen die Linden vor der alten Reichsbank, stehen die Linden vor der Südwand des Doms, umschwirrt vom Kinderlärm. Große weiße Wolken, blendend und rein, schweben über den sonnestäubenden Straßen am Südhimmel empor, stehn als glänzender Schein um den posauneblasenden goldenen Engel auf der schlanken Säule des Haberberger Kirchturms – Atem der grünen Ebene, sanft gebreitet von den Bahndämmen bis in die Buchengründe des Oberlandes. Wandersehnsucht weckend tönt der Schrei der Lokomotiven aus dem grellen Mittagsglast, und die Schlote der Dampfer vor den gähnenden Brückenflügeln heulen Antwort –
Sechs ... Abendgold über dem Backsteinglühn des alten Jahrmarktsplatzes. Morgenkühle, schaudernd und herbstfrisch, über der Wasserhelle am Lindenmarkt, über Ladeplatz und Holzschuppen. Und silbrig, hell, engelsfein der Ruf des Vesperglöckchens vom Türmchen oben am Haberberg, die Kranken tröstend, die Tätigen geleitend –
Sieben ... o Friede des Johanniabends, golden, nordlichtklar über taubenumflatterten Mansardendächern! Bläue warmer Mai- und Septemberabende, wenn die alte Stadt wie Vineta verschlafen im Grund eines tiefen Wassers ruht. Überirdische Schönheit der Vorfrühlings-, der Oktoberabende, wenn der Mond hinter den ungefügten schwarzpurpurnen Domgiebeln steht, wenn die strahlende Bläue mit tausend runden silbernen Wolkentupfen, sterndurchflirrt, wie das prunkende Rad eines riesigen Silberpfaus ausgebreitet, in weißem Feuer leuchtet, wenn das goldene Meerweibchen oben am Turm sich gleißend dreht, wie in silbriger Flut schnellend –

All das würde leben, strahlen, funkeln und stürmen und Fülle verschwenden. Ich würde es wiedersehn, auf »Besorgungen«, auf Besuchswegen – aber nie mehr ein Stück davon sein, nie mehr das Kind sein in des Vaters Stube. Nur noch ein Gast.

Du fremder blasser Rattenfänger Zivilisation, hab ich um deine lockenden Lieder etwas verraten, was kostbarer war, als je dein Zauber es erkaufen kann?

Es blieb mir nicht Zeit zum Grübeln, geschweige denn zum Klagen. Alltag und Notwendigkeit traten mit schwerem Schritt in der Gestalt von fünf starken Männern mit Gurten in den Händen über die Schwelle und bemächtigten sich meiner strohumwundenen Hausgötter. Auch nachdem sie damit zum Möbelwagen gestampft waren, blieb mir nicht Zeit mehr zu trübseligem Grübeln. Es fiel mir wieder ein, daß ich den Lärm der engen Altstadt gegen eine lindenbestandene Vorortstraße eintauschte und den altmodischen Kachelofen, der jetzt so weiß und kalt im leeren Zimmer vor mir stand, gegen eine bequeme Stockwerkheizung.

Anders als viele Verliebte in den Romanen, bin ich mit meiner Auf-den-ersten-Blick-Geliebten sehr glücklich geworden. Zu den Klagen anderer Neubaubewohner über klemmende Fenster und feuchte Wände kann ich nur lächeln. Meine Wohnung war und ist ein Kleinod, und ich genieße in ihr alle Segnungen moderner Großstadtkultur. Es gibt nichts, was mein Behagen stört, wenn ich zum Fenster hinaussehe, wo ich gutgewachsene Alleebäume und einen schönen Staffelgiebel erblicke. Wenn ich das Fenster öffne, strömt die starke klare Feldluft, die Luft des Samlands mit dem Westwind herein – und wahrhaftig, sie riecht schon nach See.

Aber etwas – ein itippelkleines Etwas fehlt dieser starken, meerfrischen Luft, dieser freundlichen Straße, diesen Bäumen, diesem Giebel. Und irgendwo, wo die Baumgipfel bräunlich verdämmern, richtet sich im Wolkendunst eine

Gestalt empor, rübezahlgroß überm Südhimmel. Die grauen Winterwolken schimmern wie ein selbstgewirkter Warpanzug, ein bißchen blauer Himmel strahlt mich an, väterlich wohlwollend. Und in der Sprache Annkes von Tharau flüstert es im Wind: »Ei krupe – wat kröppst!«*

MEINE ALTE LINA

Sie war die alte Lina von dem ersten Tage an, als sie zu uns kam in die kleine dunkle Wohnung in der Kneiphöfischen Schuhgasse. Der Märzwind brauste von der Brücke her um das alte Eckhaus, der Pregel ging mit Eis, auf ihrem hellen, großen, weidegeflochtenen Reisekorb, in dem ihre selbstgewebten Kleider und Wäsche lagen, schmolz der letzte nasse Schnee, als sie die Tasche mit den mitgebrachten Winteräpfeln und dem Honigglas auf die Erde stellte, leise an das Bett meiner kranken jungen Mutter trat und sich dann über den Korbwagen bückte, in dem ich neben dem Ofen stand.
Sie trug den weiten, derben Rock mit der hellgestreiften, großen Schürze unter der dunklen Jacke und das schwarze gehäkelte Kopftuch wie alle Frauen ihrer Heimat – aber sie hatte trotz ihres Namens nicht das helle Haar überm runden Gesicht, hatte nicht die weitauseinanderstehenden, meergrauen Augen, den roten lachenden Mund mit den breiten weißen Zähnen, hatte nichts von der blühenden Anmut der Litauerin. Diese kleine, breitschulterige, knochige Frau, die

---

* »Ei krupe, wat kröppst!« (»... weerscht nich gekroape, weerscht nich versoape!«) ist ostpreußisches Sprichwort. Es meint ungefähr, daß man sein Geschick dem eigenen Willen und Wollen verdankt.

so ganz und gar nicht aussah, wie man sich eine Amme denkt, als sie mich an ihre dunkle und seltsam welke Brust legte – aus der ich doch so viel Kraft und Leben sog, daß ich rund, blond und behaglich auf ihrem Arm saß, wenn sie mich im langen kornblumenblauen Tragmantel in die warme Maisonne trug.

Eine Bindung, stark wie die des Blutes, knüpfte mich an Lina. Auf ihrem Schoß zu sitzen, war urvertraute Geborgenheit, war wie auf dem sonnenwarmen Rasen liegen im Stiftsgarten bei den Tanten, war Druselschlaf in der Düne zwischen Brandungsbrausen und Kiefernrauschen. Aber nur in der Schummerstunde und eigentlich nur am Sonnabendnachmittag durfte ich so ganz in Ruhe zu ihr kommen – ich und Mohrchen, den sie wie mich großgezogen und durch alle Kinderkrankheiten gepflegt hatte. Mit ein bißchen geschwisterlicher Eifersucht paßten wir aufeinander auf, der kleine Pinscher und ich, daß sie nicht eins dem andern vorzog, wenn sie uns von ihrem Franzbrot abgab. Mohrchen lag dabei auf ihrem grünen Pantoffel und sah nur knurrend auf, wenn Lina mir einen Schluck Kaffee aus dem bunten Krug gab. Sonst hatten wir alles gemeinsam, durften morgens Lina in den Keller begleiten bei Torf- und Kohlenholen, durften bewundernd und nicht zu nah dabeistehn, wenn sie auf dem großen Hauklotz das Holz erst ganz fein hackte und dann zu Spänen splitterte, wenn sie heizte und scheuerte. Durften mit ihr auf den Markt – wir wußten schon, wenn sie dahin ging, noch ehe sie den schwarzlackierten, runden Einkaufskorb vom Nagel nahm, denn dann band sie die schmale, helle Schürze mit der weißen Häkelspitze um statt der breiten Blaudruckschürze. Noch heute sehe ich alle Muster dieser Leinenschürzen vor mir, die Sterne und Punkte und Tännchen, kann mich noch auf all die schönen Streifenmuster ihrer handgewirkten Schürzenbänder besinnen, mit denen ich spielen durfte, wenn ich so behaglich auf ihrem Schoß saß und sie mir vorsang. Richtig singen, so wie ihre viel jüngere Schwester mit ihrer zarten Vogelstimme oder später die andere Lina, die große, schöne, schwarzhaarige – das konnte meine alte Lina nicht. Aber für mich reichte es und klang mir immer wieder gleich schön, wenn sie ganz leise sang »Putthähnken, Putthoahnken flog überm Dach« – »Schusche Patrusche, was raschelt im Stroh?« – Später aber bat ich dann schon: »Nun erzähl, wie du klein warst!« Das war das beste, und ich konnte immer wieder hören, wie sie von ihrer Schulzeit in der tiefverschneiten kleinen Landstadt erzählte, von den Ferien auf dem Land bei dem Onkel Schulhalter in dem Niederungsdorf, von seinem großen Obstgarten mit den vielen Bienenkörben, von Schwärmen und Schleudern, von Heuernte und Dürre, von der Tante, die mit dem Gesangbuch in der Hand vom Blitz erschlagen wurde.

Das Feuer knisterte im Herd unterm zinnernen Kessel, aus dessen spitzer Tülle der Dampf in den dunklen Herdmantel stieg, und unversehens stand meine Mutter in der Tür, ihre Stricknadeln klimperten leise an der schönen Spitze, die sie auch so im Halbdunkel weiterstrickte. Und sie erzählte nun auch von dem großen Gewitter, als es auf dem Gut der Urgroßeltern einschlug und die großen alten Spinde, die Truhen mit selbstgesponnener und handgewebter Leinwand, die Kästen mit Pelzwerk, Decken und Betten verbrannten, die da seit der Großmutter zu frühem Tod auf uns warteten. Alles war vernichtet bis auf mein birkenes Spieltischchen und die Puppenwiege und die eine große, eisenbeschlagene Eichentruhe, die uns alle noch überreichlich mit altersweichen Leinenlaken, mit riesigen schweren Tischtüchern versorgte und mit Handtüchern von schönstem Muster – lang und fest wie Sargtücher, die Linas höchster Stolz waren, wenn sie auf dem Pregelfloß kniete und die Leinwand beim Spülen auf dem Wasser schwamm, oder wenn sie im Sommer auf dem Bleichplatz diese Schätze ausbreitete.

»Wer hat hier so was?« sagte sie. »Wer kennt das hier!«

sagten alle beide immer wieder. Und ich merkte, so klein und verschlafen ich auch war, daß für Mutter und Lina – ob die eine auch aus der Fischer- und Förstersgegend stammte, wo die hochbeladenen Heukähne auf den stillen Kanälen durch dunkle Erlenforste gleiten, und die andere vom Gut, wo alles sich um die Pferde dreht und im Mai in den gelbblühenden, grünen Roßgärten die Mutterstuten weiden –, daß beide nur dieses Land mit Dorf und Bauernhof und Rittergut als Heimat, als Zuhause ansahen. Daß ihnen beiden, die doch zusammen hier in der gemütlichen alten Stadtwohnung saßen, diese Zimmer, dieses alte Giebelhaus, daß ihnen der Kneiphof und die Domglocken, die klirrenden Brücken, der Marktlärm und das von Marschmusik umschmetterte Schloß immer Fremde war und blieb – niemals Heimat, Geborgenheit und selbstverständliches Zusammengehören meinte wie für mich und den Vater. Erst allmählich, als ich mich schon ein paarmal auf Kindergeburtstag und bei den Verwandten still umgesehen hatte, kam ich dahinter, daß bei diesen vieles anders als bei uns war. Man kaufte dort Wurst beim Fleischer, man schickte jemand eilig hinüber zum nächsten Laden, wenn unverhofft ein Gast kam, man aß auch außerhalb des Geburtstags Konditorkuchen. Nirgends sah ich, wie bei uns, vom Frühherbst an die große irdene, vom geknoteten Leinentuch bedeckte Schüssel stehn, in der mehlbestreut der Pfefferkuchenteig auf die Adventszeit wartete. Angeteigt mit froher Feierlichkeit nach uraltem Rezept, wenn das junge Mondsichelchen am hellen Septemberhimmel stand, aus lauter Zutaten, die mit Ausnahme der auf einer kleinen Hornschale ausgewogenen Gewürze samt und sonders aus Linas Heimat stammten, deren Raps und Linden sommerheiß aus dem kochenden Honig dufteten, wenn er sich mit der letzten gelben Weidebutter mischte und mit dem wie ein Junifeld stäubenden Roggenmehl.

Ein ganzes Ritual solcher Hausfeste regelte unser stilles Leben, mischte sich mit dem strengen Herkommen der väterlichen Familie. Nie lebte bei uns einer für sich, schloß er sich in seiner Tagesarbeit ganz von den andern ab, so reichlich und so fest abgegrenzt diese jedem zugemessen war in einer Zeit, die noch keine der heutigen Erleichterungen im Haushalt ahnte. Noch erwähnten meine alten Tanten es in jedem Gespräch mit den Verwandten aus der Provinz, genau wie Lina, die es jedem von ihrer Freundschaft als Erstes zeigte: daß wir schon Wasserleitung in der Küche hatten. Noch standen hier und da in den Höfen große, im Winter dick mit Stroh umwickelte Holzpumpen, an denen die Frauen, die grün gestrichene Peede auf dem Rücken, ihre Eimer füllten, bis blankes Wasser das helle schaukelnde Holzkreuz fast über den messingbeschlagenen Eimerrand hob. So hatte auch Lina es tragen müssen auf allzu jungen Schultern, bis sie für immer wie gebückt ging. Es war gut, daß man jetzt an den Kran gehn und Wasser zapfen konnte, so viel man zum Scheuern brauchte. Nur trinken wollte man es nicht. Wenn die Augusthitze über den engen Straßen brütete, dann holte Lina den alten Tolkemitter Wasserkrug vom Boden und ging durch die abendstillen Straßen zu dem kleinen Brunnen im Schloßhof, um für sich und Tante Lusche Trinkwasser zu holen. »Von dem andern bekommt man die Cholera«, sagten die beiden, die noch die furchtbare letzte Epidemie in schlimmen Andenken hatten. Ich selbst bekam weder von dem Leitungs- noch von dem Brunnenwasser.

»Für kleine Kinder gibt es Milch und Buttermilch!« hieß es. Beeren mit süßer Milch und die abendliche Milchsuppe löschten den Durst von groß und klein. Beim Kochen durfte ich Lina helfen mit Löffel und Quirl und lernte so wie im Spiel auch mit dem Schneebesen umgehn. Immer hatte sie Zeit, immer war in der Küche Platz für mich und Mohrchen. Er lag am Herd neben seinem irdenen Wasserschüsselchen, ich saß auf dem Schemel und lernte an den Gerichten, die Lina kochte, die Tage unterscheiden. Wenn sie Gekröse putzte oder rote Rüben rieb, dann war morgen Sonnabend.

Aber wenn sie Rotkohl in die große Schüssel hobelte und feingeschnittenen Speck aufs Brett legte, dann konnte ich aus meinem Spind das Sonntagskleid und die grauen, guten Knöpfschuhchen vorsuchen. Schob sie den Fladen ins heiße Ofenrohr, so durfte ich still an den Zeigern auf dem rosenbemalten Zifferblatt der alten Küchenuhr zählen, bis es Zeit war, danach zu sehn – ich wußte auch schon, wie die Speere standen, wenn der Vater vormittags kam und es Zeit war, die Kartoffeln aufzusetzen! Ich durfte die blanken Messingkörbchen halten, wenn Lina die Lampen besorgte, ich durfte den Zylinder, den blitzeblanken, aufs blinzelnde Küchenlämpchen setzen, wenn Lina es ansteckte und an den Herdpfeiler hängte. Am Freitag wanderte ich mit ihr durch die Stuben und trug den Korb mit Salbe und Lappen, wenn sie Türklinken, Ofenschrauben und Fenstergriffe putzte. Erst hing ich nur wie ein Kätzchen mit dem Waschleder am Drücker – aber dann rollte ich's hin und her, grad wie Lina, legte den Kopf prüfend schief und nickte, zufrieden mit dem Glanz, wie sie.

Ich war kein Spielkind, hockte verdrossen vor den bunten Klötzchen und der Puppenstube, deren Weiberchen auf alles Bitten nicht lebendig werden wollten. Als ich klein war, spielte ich ganz gern im Sand, lief später auch mal zu den richtigen Reigenspielen und sang laut mit: »Das Wandern ist des Müllers Lust!« Ihr zu helfen, war unterhaltsamer als alles Spiel. Ich durfte jetzt schon bei ihr die grauen Kräuterbirnchen schälen und eine Kreidnelke hineinbohren, damit Lina sie in die Preißelbeeren schütten konnte, die hellrot schäumten. Mit ihr und Mutter in einer richtigen, langen Küchenschürze am weißgescheuerten Tisch sitzen und mit einem angespritzten Hölzchen die Kerne aus den blanken Hagebutten kratzen – spitzen hellroten, die dort gereift waren, wo wir im Frühherbst die Brombeeren an den wilden Feldhecken gelesen hatten. Meine Finger wurden klebrig und dunkelbraun, die Kerne krochen wie haarige kleine Tiere in

den Ärmel, aber sie waren doch gut! Sie wurden im Ofenrohr gedörrt, wie Schafgarbe und Kamille in einem Mullbeu-
telchen in der Speisekammer aufgehängt, und Lina kochte
aus ihnen hagebuttfarbenen, seimigen, mit Kandiszucker ge-
süßten Tee. In den kalten Winternächten, wenn ich bellend
vor Husten im Gitterbett stand, kam sie mit der dampfenden
Teetasse zu mir. Ganz fremd sah sie aus in dem matten
Licht, mit den hängenden, drahtfest geflochtenen Zöpfen
über der weißen Jacke und dem kurzen, roten Unterrock. Es
tat gut, mich nach dem Trinken, müde geschüttelt vom Husten, atemlos an ihr hochzuziehen und den Kopf auf ihre
Schulter zu legen wie damals, als die Diphtherie mich
würgte, als sie und der Vater mir die beizende Heringslake in
den brennenden, keuchenden Schlund gossen und mich über
den fauchenden Dampfapparat hielten. O wie sanft konnten
Linas harte Arbeitshände die fieberheiße Stirn streicheln!
Dann gab sie einem sogar mal einen Kuß! War es gar zu
schlimm mit dem Husten, würgte ich an dem Tee, half auch
nicht der linke Strumpf, den sie mir um den Hals wickelte,
nicht die Majoransbutter, die sie unter halblaut gemurmelten
Heilsprüchen auf meiner fieberglühenden Brust verrieb,
dann hob Lina mich aus dem Bett und trug mich in ihre
Schlafbank. Da lag ich dann in ihrem Arm gekuschelt, zu-
sammengerollt wie ein Tierchen. Sie schlief gleich, als ihr
Kopf auf das kühle, blaukarierte Leinenkissen fiel. Ich aber
lag wach, sog an meinem Stückchen Kandis, um sie nicht
durch mein Husten zu wecken, und blinzelte über ihre
Hand nach dem riesengroßen Schatten des Ofens, in dessen
Röhre das Nachtlicht im Glas schwamm und mild aus den
weißen Kacheln strahlte. Alles sah wunderlich fremd und
groß aus von der niedrigen Bettwand. Ich fingerte auf der
derben Leinwand des Bezuges und auf der Holzwand des
Schranks. Durch die Ritze an der Tür sah ich das Mondlicht
in den Gardinen, der Totenwurm tickte in der Wand – aber
ich graute mich nicht. Ich lag ja bei meiner Lina, wo kein

Gespenst mir was antun konnte, an dem Herzen, das sanft und gleichmäßig an meine Fieberschläfen pochte, Kühlung und stärkenden Schlaf brachte. »Wird schon werden – wird alles schon werden!«

Nicht nur zu mir, nicht nur zu meiner lebhaften jungen Mutter sprach es so, dies ruhige Herz. Über meinen Vater kam eine schwere Zeit. Unvorhergesehenes brachte den Verlust von fast allem, was er so mühsam erworben. Sein junger Schwager, mein geliebter lustiger, junger Ohm, erkrankte an Typhus in der Fremde, und als mein Vater den immer noch Leidenden von dort geholt und in die Klinik gebracht hatte, kam neues Unglück. Der Sommer war sehr heiß, in der Stadt ging die Kinderlähmung um, so zogen wir in den heute ganz städtischen, damals noch ländlich lieblichen Hufenvorort in ein kleines rotes Backsteinhaus mit weiß gestrichenen Veranden. Die verwilderten alten Gartengründe klangen von Vogelschlag, und schon am ersten Tag flog uns ein Rotkehlchen zu, das bald ganz zahm wurde und wie ein Haustierchen durch die Stuben huschte. Sehr klein waren sie und grün verschattet, gut zum Ruhen für die kranke Mutter. Ich spielte im Hof vor dem Küchenfenster mit den blonden Nachbarszwillingen. »Artig«, mahnte Lina. »Leise! Bloß ganz liebe Kinder bekommen ein Brüderchen!«

In Linas Kammer, zu deren Aufräumen sie sich zum erstenmal nicht Zeit genommen hatte, fand ich sie – die große, goldne, mit hübschesten Bildchen von Engeln und Störchen mit Wickelkindern beklebte Tüte, ganz leer –, die Brüderchen mir doch gefüllt mitbringen wollte. Fand sie an einem sonnenlosen, drückenden, schwülen Spätsommertag, als keiner in dem kleinen roten Haus Zeit für mich hatte, als überall fremde Gesichter auftauchten! Als ich diese leere goldne Tüte hielt, wußte ich auf einmal, als ob's mir einer laut sagte, daß Brüderchen nie mehr kommen würde!

Es war mehr als vierzig Jahre später, an solchem heißen Sommerabend, als die Schwalben um den Dom schossen, da erzählte ich dem Vater davon. Und er sagte, daß diese Tüte, das zierliche und mühsame Kleben, ihm damals durch viele stille, traurige, einsame Abende auf der weißen Veranda geholfen hatte. Ein Einfall von Lina war's gewesen, die ihm dabei half mit Ausschneiden und Kleben, ihn immer wieder an meine Freude darüber gemahnt hatte, immer wieder dabei vom kommenden Winter, von dem mit so viel Liebe erwarteten, späten Kleinen gesprochen hatte – als sie selbst es schon ahnte, welch schwere Enttäuschung, welcher Kummer vor uns lag!

»Nie hätte ich das alles so ohne sie getragen!« sagte der Blinde leise.

Sie, die sonst immer schweigsam war bis zum mürrischen Ernst, fand für jeden von uns ein freundliches Wort, einen kleinen Spaß, eine Freude! Keiner der Sommernachbarn konnte denken, was für eine Last an Arbeit und Sorge auf ihr lag in jenen Wochen. Immer hatte sie noch Zeit, die müde Wärterin abzulösen bei der schweren Pflege meiner Mutter. Aber ich kam mit Lina bloß an die Tür des Krankenzimmers mit, blieb auf der Schwelle stehn und schlich dann still fort. Unfaßbar war es, daß die kranke Frau dort in dem verwühlten Bett meine frohe Mutter sein sollte! Meine Mutter hatte lange, blonde, dicke Zöpfe gehabt und ein rosiges Gesicht mit wehenden Schläfenlocken, aus denen die kleinen Granatohrringe blitzten. Sie winkte mit runden Kinderhändchen, sie rief mich und lachte mir mit vergißmeinnichthellen Augen entgegen. Dort aber starrte ein fiebergedunsenes, bläuliches Gesicht unter wirrem, kurzem Haar aus tiefeingesunkenen Augen blicklos zur Decke, der zersprungene Mund stöhnte und jammerte und rief mit heiserem Flüstern nach längst Gestorbenen, wiederholte immerzu: »Fahren! Mit Onkel Conrad aufs Feld fahren! Kutschieren!« Immer wieder, leise und gleichmäßig, antwortete dann Linas Stimme: »Aber ja! Gleich lassen wir anspannen! Gleich fahren wir!« Und Ruhe kam über die Todkranke von dem Heimatklang, von dem Verstehen, das mit ihren Fieberträumen zurückwanderte in die grüne Niederungsheimat.

Ach, ein einziges Mal ist Lina dem Vater, ihrem gnädigen Herrn, ungehorsam gewesen, hat sie, die Wahre, die Lügen und Heimlichtuerei noch mehr verachtete als Wehleidigkeit – die sie mir schon beim ersten Hinfallen und Heulen mit lachendem Verspotten abgewöhnte –, mich zu etwas Verbotenem verlockt. Mein junger Ohm hatte gerade ein besonders schönes Reitpferd gekauft, eine Rappstute, Delila. »Nie darf meine Tochter auf ein Pferd – das schickt sich nicht für Kaufmannskinder!« hatte der Vater erklärt, als der Ohm am Kaffeetisch in der Laube unsrer Landwohnung (es war im Sommer vorher) vergnügt gemeint hatte, daß ich ihn nun bald auf einem Pony begleiten könnte. Am Abend, als der Ohm fortgeritten war, lief Lina heimlich mit mir an den Waldrand, wo er schon wartete, und hob mich zu ihm hinauf. »Einmal muß der Mensch doch auf'm Pferd gesessen haben!« sagten beide. Da saß ich nun, von Andreas gehalten, vor ihm auf der seidenweichen, federnden, glänzenden Stute, in dem berauschenden Duft von Pferd und Leder, sah auf die dunkelnde Fichtenschonung, über die tauige grüne Wiesenweite – so herrlich war es, daß ich wie eine honigtrunkene Biene zurücktaumelte in Linas Arm.

Aber das schien jetzt ewig lange her. Der Ohm lag krank und unerreichbar für mich in der Klinik, und Lina hatte so wenig Zeit für mich, daß ein Kinderfräulein kommen mußte. Der einen grauste es schon am gleichen Tag vor dem krankheitsverstörten Haus, auch die zweite hielt es gerade ein paar Tage aus. Die dritte brachte mir für alle Zeit eine Abneigung gegen gelbhaarige Blondinen mit Stirnlöckchen und kurzen Schleiern bei und eine unüberwindliche gegen fremde Onkels mit spitzen Schnurrbärten, mit denen die Gelbhaarige sich möglichst weit von uns, in den verräucherten Bahnhofsanlagen traf, wo sie mich auf einem schmuddligen Sandhaufen spielen ließ. Bis Lina an einem Markttag uns unbemerkt folgte und dahinterkam. Zum ersten Male hörte ich ihre leise, litauische Stimme sich schrill überschlagen, sah ihr bräunliches Gesicht wachsweiß vor Zorn. Aber dann, als die Blonde endgültig weg war und Lina mich in der Küche auf den Knien hielt, war sie wieder gut, ganz gut und wusch meine vom Weinen dick verschwollenen Augen mit warmem Kamillentee. Aber es half nichts, es wurde immer schlimmer, und es zeigte sich, daß es die damals hier noch so häufige Granulose war, die ich mir auf dem Sandhaufen geholt hatte. Unser Hausarzt schickte mich und Lina mit dem Vater – der mich schon erblindet sah wie den Großvater und Tante Lusche – in die Augenklinik zu dem berühmten Professor. An Linas Knie gedrückt, sah ich ihn aus verklebten tränenden Augen an, sah die blanken Instrumente funkeln hinter dem roten Apfel, den er mir entgegenhielt. »Weißt du auch, wer ich bin?« fragte er, zu dem bis aus Wien und aus dem tiefsten Rußland die Augenkranken wallfahrteten. Ich nickte bedächtig: »Ein sehr alter Onkel Doktor bist du!« Lina legte mir die Hand auf den Mund, sie sah meines Vaters erschrockenes Gesicht. Aber der große Arzt legte den roten Apfel hin, stützte den schweren grauen Löwenkopf in die Hand und sagte leise: »Ja, Tochterchen, du hast recht – ein sehr alter Onkel Doktor!« und saß ein Weilchen ganz still, ehe er mich heranwinkte.

Die kranken Augen heilten durch seine Kunst und behielten ihre Sehkraft, es heilte das genähte Kinn, das ich mir auf der Ziegeltreppe aufschlug, als ich mit den verbundenen Augen Lina beim Ausziehen davonlief, um dem heimkommenden Vater zu erzählen, daß unser Rotkehlchen davongeflogen war. Mit dem Sommer wich die Krankheit von unserem Haus. Wir zogen wieder in die Stadt, und mit dem Herbst kam das Gewohnte. Nein, Besseres kam mit dem Advent, der Linas jüngste Schwester brachte. Erst kam sie nur als ein Besuch, im Konfirmandenkleidchen, und brachte Äpfel und Tannenzweige mit aus dem Schulmeisterhaus. Dann hieß es, sie sollte noch über Weihnachten bleiben, um Lina zu helfen. Dann kam Neujahr und Mutters Geburtstag – da sprach keiner mehr vom Weggehen meines besten Spielkameraden. Denn mit ihr konnte ich spielen.

Zu dem Vielen, was mir heute noch in meinem Leben unverständlich erscheint, im Letzten doch unbegreiflich, soviel ich daran herumgerätselt habe, gehört es, daß die beiden Schwestern, meine alte Lina und die kleine Hanne, nach Jahren von uns fortgingen.

Heute, da alles aus der Großstadt fortstrebt, da sie ein Apfel ist, außen blank, rund und rot, aber innen mit faulendem Gehäus, da kann es sich keiner mehr denken, was für eine übermächtige Versuchung für uns Hinterwäldler damals das Wort »Berlin« bedeutete. Berlin – das sagten wir wie unsere Altvordern einmal Rom sagten und Byzanz. Das meinte ewigen Sonntag, fremdartigen Luxus, von dem wir uns erzählten mit glühenden Backen. In Berlin gab's in den himmelhohen Häusern Marmortreppen mit Spiegeln, mit Palmen und dicken Teppichläufern, für die es besondere Leute, Portiers, zum Reinigen gab. Unten knipste man auf einen Knopf an der Haustür – und das ganze Haus war hell! In jeder Wohnung gab's Badezimmer, und zum Kochen brauchte man bloß eine Gasflamme anzuzünden. Alles wurde einem ins Haus gebracht, feines Weißbrot, Fleisch und Mehlsachen, wurde von den großen Geschäften mit den blanken Schaufenstern, in denen alle Delikatessen der Welt lagen, von eleganten Geschäftsführern geschickt, die fleißigen Köchinnen Weihnachten dafür noch Provision gaben. Mal hieß es fünfzig, mal hundert Mark. Hundert meinten wir, denn in Berlin wohnten ja bloß reiche Leute. Die gingen jeden Tag ins Theater und in den Zirkus, die fuhren in der Kutsche Unter den Linden und im Tiergarten spazieren. Wer keine hatte, der konnte in langen Glaswagen auf roten Plüschpolstern für einen Groschen rund um Berlin reisen – um diese schöne, lockende, wachsende Stadt, die täglich ein paar hundert Leute aus unserm Osten in ihren unersättlichen Goldschlund sog – und die dann auch Lina und ihre Schwester nahm.

Ein Mahlstrom war es, dem keiner widerstand. Wo man gar nicht darauf verfiel, gegen zu reden. Wer kann einen andern an seinem Glück hindern? Wer darf's, dem es schon schwer wird, die paar blanken Taler am Monatsersten auf das schwarze Lohnbrettchen zu zahlen in einem altmodisch kahlen Kontor, beim Schein der kleinen Petroleumlampe, deren eisernen Fuß Lina noch mit Silberbronze gestrichen hat, in deren weißen Docht sie den lila Wollfaden zog, in deren roten Glasbehälter sie noch Kochsalz streute aus der Salzpaudel überm Herd, damit die Lampe lange recht hell brennt in den Arbeitsnächten. –

In einem großen, weißen, überheizten Krankensaal mit allzu hohen, unverhängten Fenstern, im Osten der großen Stadt ist Lina gestorben, hat sie sich zu Tod gehustet und endlich ausgeschlafen von der übergroßen Müdigkeit, die dort auf sie fiel bei der schweren Arbeit, bei dem Hasten über die steilen Hintertreppen, beim mühsamen Atmen in der von Staub, von Küchendunst, von Rauch grauen Luft des engen Lichthofs, in der Kälte, die durch die schmalen Korridorschächte und die hohen Stuben wehte. Stuben, mit scheußlichen, geschnitzten Möbeln vollgepfropft, mit verhängten Fenstern, hinter denen kalte fremde Menschen lebten, für die Lina nichts war als eine gutbezahlte Arbeitsmaschine, die man ausnutzte und gehen ließ. Unsere alte Lina, die das hinnahm mit dem stumpfen Entsetzen des Kindes, das dem Moloch in die zermalmenden Arme lief. Lina, die erst im Sterben einen Brief an uns schrieb – einen Brief ohne alle Wehleidigkeit, schrecklich in seiner nüchternen Ergebenheit, erhaben in seinem Glauben an Ihn, den sie in der Sprache der Heimat den ›wahrhaftigen Gott‹ nannte – einen Brief, der es zeigte, daß ihre Gedanken, ihre Treue, ihr Herz nie von uns fortgegangen waren.

DIE FREMDE TANTE

Man muß nur lange genug leben, dann sieht man – zwar nicht die Menschen, die man liebte, wohl aber die Moden wiederkehren, von denen die Meister der haute-couture behaupten, daß ihre Ebbe und Flut siebzig Jahre umfaßt. Und so sah und sehe auch ich denn wieder weite und enge Röcke, geraffte Tunika und Wespentaille, spitzen und viereckigen Ausschnitt in stetem Wandel kommen und gehn, sehe karierte Röcke und auf schönfrisierten Häuptern wieder die gleichen Wundergebilde aus Blumen und Stroh, Tüll und Schleierchen schweben, die ich einst hoch über mir vom Sandhaufen aus bestaunte. Es scheint, daß von solch zartem Hutwunder bis zur ehrwürdigen Gestalt einer Tante – die ja damals ein allseitig respektiertes Familienoberhaupt war – ein recht weiter Weg ist. Aber beide gehören für mich zusammen. Nicht, daß die Schar meiner Familientanten allsonntäglich mit solch leichtfertiger Kopfbedeckung erschienen wäre! Meines Vaters Schwestern und ihre Basen trugen alle schwarze Spitzenhäubchen auf den aschblonden, silbrigschimmernden Wellenscheiteln, die beim Ausgang von schwarzen Kapotthüten mit breiten atlasnen Bindeschleifen verdeckt wurden. Meine kleine Mutter, die gerade das Matronenalter von fünfundzwanzig Jahren erreicht hatte und darum nur zu den Geburtstagskaffees älterer Verwandten gehn durfte, trug im Sommer an der See einen Schutenhut aus braunem Stroh. Sonst einen Kapotthut wie die Tanten, nur in freundlicheren Farben und mit halbverdeckten Blumenkränzchen, was die stumme Mißbilligung ihrer älteren Tanten fand, wenn diese in schwarztaftnen Schuten über riesigen Hauben mit malvenfarbnen oder lilaroten Moireebändern anrauschten. Es waren durchweg steinalte, aber aufs beste erhaltene Großtanten und Patinnen, oder auch nur angeheiratete von mächtigstem Format.

Von ihren faltenreichen, rüschengeschmückten, schwarzen Seidenkleidern umwogt, segelten sie prächtig wie holländische Kuffen in den Hafen, an den weißgedeckten, von Porzellan und Silber blinkenden Kaffeetisch. Benommen vor bewundernder Ehrfurcht durfte ich nach Knicks und Handkuß ihnen rosenbestickte Fußkissen unter die erstaunlich schmalen Füße in den Lastingschuhen schieben und die prächtige Stickerei ihrer getollten weißen Unterröcke bewundern, die unter dem schwarzen Taftsaum raschelten. Auch duftete es aus den perlgestickten Ridicules an den Troddeln der Sessellehnen und aus den großen Spitzentaschentüchern, welche die alten Damen zierlich in der Hand hielten, köstlich nach Lavendel, Kölnischem Wasser und Heliotrop. Leider mußte ich mich dann auf mein Fußbänkchen neben dem Gummibaum verfügen und sollte die Münchner Bilderbogen besehn. Lieber aber sah ich zu, wie die Tanten sich würdevoll Berge von Kuchen einverleibten, selbstgebacknen; Konditorkuchen galt nur als Torte zu Geburtstagen und nur zum Wein für angebracht. Je nach der Jahreszeit waren es – zugleich ängstlich und stolz von meiner Mutter angeboten – Krapfen und Mohnstritzel, Osterfladen und Sandkuchen, Schmandwaffeln und knusprige Räderkuchen, herbstliche Obsttörtchen und im Advent schon erster gelber Pfefferkuchen und braune »Bomben«, alle stets begleitet von den berühmten »Mürbchen« und Hirschhornkuchen meiner Vaterverwandtschaft, bestimmt, die große Pause bis zur süßen Speise auszufüllen.

Trotz der Feierlichkeit, die ein solches Mahl an sich hatte, zu dessen Genuß meine Mutter vor aufmerksamem »Nötigen« gar nicht gelangte, und trotz der emsigen Geschäftigkeit der alten Damen, die mich an das Löschen der großen Dampfer am Kai erinnerte, fand sich noch genügend Zeit, die neuesten und entferntesten Ereignisse der Verwandtschaft eingehend zu erörtern.

So daß ein aufmerksamer Zuhörer – wäre er auch erst in der

Fibel zu der Seite gelangt, wo der schwierige Buchstabe K ein unerwartetes Hindernis bot – dabei einen genauen Einblick in verschiedene soziale, menschliche und allzumenschliche Bindungen erhielt.

Nicht, daß die Gäste das Geringste von diesem Gewinn ahnten! Ich hörte und schwieg wie der gehorsame Geist im Märchen und gab meine Weisheit nicht einmal mehr in der Küche zum besten. Seitdem ich dort im Tonfall der ältesten Großtante gesagt hatte: »das hat katastrophal geendet!« und Minna mir daraufhin verboten hatte, »unanständige Wörter« zu gebrauchen, prunkte ich vor ihr nicht mehr mit meinen im Saal erworbenen Kenntnissen.

Dies vernichtende Urteil galt, wie ich richtig aufgeschnappt hatte, der späten Ehe eines Großonkels, der die schöne Halbwaise eines verarmten Vetters heiratete.

Was die Katastrophe war, habe ich bis heute nicht ergründet. Es sei denn, daß der würdige Hochzeiter schon im Alter von sechsundsiebzig Jahren das Zeitliche segnete, enttäuscht durch das mangelnde Interesse seiner schönen Frau für die Remonten.

Seine Witwe war zu meinem Bedauern nie hier aufgetaucht, so oft ich auch von ihr hörte. Allmählich wurde ich sehr neugierig auf die Bekanntschaft mir ihr, die den fremdartig wohllautenden Namen »Adelaide« führte. Es wurde mir sicher, daß sie von den übrigen Tanten abstechen müßte, wenn es mir auch nicht bekannt war, warum. Die üblichen Neujahrs- und Geburtstagsbriefe, die meine Mutter ihr, seufzend vor Aufmerksamkeit, auf dem gelblichen englischen Bogen mit leise quietschender Gänsefeder schrieb, waren ganz wie an andere Respektspersonen gehalten. Das konnte ich gut beurteilen. Denn solche Briefe wurden vor dem Abendbrot, wenn ich noch mit dem Märchenbuch »auf« war, dem Vater aus der Kladde vorgelesen. Er, der soviel Ältere, entschied dann über die feinen, ausschlaggebenden Unterschiede der Anrede, das »geliebte, inniggeliebte oder hochverehrte«, sowie über die Versicherungen unauslöschlicher Dankbarkeit und kindlicher Verehrung, die damals bei einem nur halbwegs verwandtschaftlichen Gratulationsbrief unerläßlich waren, genau wie die typischen Wendungen der »Sprache Kanaans«.

Auch sie mangelten in den Briefen an diese fremde Tante nicht. Trotzdem fiel mir hier eine gewisse Kühle auf, schon weil ich nie erwähnt wurde. Während doch selbst bei den entferntesten Verwandten tiefes Interesse vorausgesetzt wurde, ob ich einen Streichkamm oder Zöpfe trüge und um wieviel Zenitmeter ich seit Weihnachten gewachsen war.

Dafür tauchte in den Gesprächen um den Kaffeetisch Adelaide jetzt immer häufiger auf, auch wurde dabei mit mißbilligender Betonung »ein junger Mensch« erwähnt, der auch nicht das richtige Interesse für Remonten zu besitzen schien. Denn als zwei der Tanten überraschend dort vorfuhren, las er Adelaide – mitten in der Roggenaust, »bitte, als Verwalter« – auf der Veranda Geibels Gedichte vor! Eine Handlung, die von meiner Mutter mit hochroten Wangen verteidigt wurde, die ich aber ebenso mißbilligte wie die Tanten, denn ich haßte Vorlesen, und am meisten das von Gedichten.

So ließ ich die Bilderbogen zur Erde gleiten und nickte heftig, als die älteste Großtante das Schildkrotschiffchen ihrer Frivolitätenspitze in die Falten des Schwarzseidenen sinken ließ und stöhnend sagte: »Sie wird ihn am Ende noch heiraten – –«

Worauf sie gegen die grüne Plüschlehne sank und mit viel Eau de Cologne und Riechsalz und dem lauten Protest der andern wieder erweckt werden mußte. Leider schickten sie mich hinaus, »um ein Glas Wasser zu holen«. Ich hatte aber noch Zeit, zu bemerken, daß meine kleine Mutter, jäh verstummend und ungewohnt untätig, Tränen in den Augen hatte, und verstand, sie galten der Angegriffenen.

Diese erregte Familienaussprache mußte an meiner Mutter

Geburtstag stattgefunden haben. Denn es verbinden sich mit dieser Erinnerung erster süßer Hyazinthenduft, Tulpenflämmchen vor frostklarer Schneebläue zwischen den weißen Gardinen und der lockende Anblick einer radgroßen, schlagsahnegekrönten Walnußtorte, wie sie nur an diesem Januargeburtstag bei uns erschien! Da ich in jenem Winter wieder mal lange krank lag (es scheint heute nicht mehr die Hälfte der damals üblichen Kinderkrankheiten zu geben –), so beginnt meine Erinnerung erst wieder mit der Wärme und Bläue eines ungewöhnlich schönen und warmen Frühlingstages, und wieder mit einem Geburtstag. Diesmal war es der einer Tante von meines Vaters Seite, zu dem wir schon am frühen Nachmittag aufbrachen, wir, das heißt die Mutter, Tante Usche (meine zweite Vatersschwester) und ich.

Trotz der frühen Jahreszeit gingen wir ungewohnterweise ohne Mäntel los, trotz Bangen vor Frühlingsfieber. Wir gingen sehr langsam, um nach dem Kauf des Geburtstagsstraußes ausgiebig die neuesten Modeauslagen in den Schaufenstern zu bewundern. Das war ein seltenes Vergnügen, etwas schuldbewußt genossen, da wir wußten, daß der Vater es ebenso mißbilligte wie zweckloses Spazierengehn. So genossen wir es sehr und bewunderten uns selbst dabei in den ganz neuen, großen Spiegelscheiben, die einige der Läden schon eingeführt hatten – sehr zum Nachteil der vornehmen alten Häuser.

Tante Auguste, oder, wie wir sie nannten »Usche«, war, wie es einer Reformierten zukam, in ihrem schlichten tabakbraunen Taftnen mit schwarzer Mantille und schwarzem perlbestickten Kapotthut, über den ihr dunkelbraunes Knickerchen milden Schatten warf. Meine Mutter war ebenfalls in Tabakbraun, aber mit gelblichen und dunkleren Streifen darin – ihrem neuen, von uns sehr bewunderten Festtagskleid. Sie errötete jedesmal vor Verlegenheit bei ihrem Spiegelbild, denn ihr Kleid zeigte hinten in üppigster Raffung schon den neumodischen, vielumstrittenen Aufbau, dessen

Pariser Namen wir Ostpreußen in »Kü« umwandelten. Ich selbst wanderte zwischen den weiten Röcken der beiden wie ein kleiner Hochländer daher, ganz in den prächtig bunten Jagdtartan gekleidet, mit wehendem kurzem Faltenröckchen – so wie das alte mennonitische Geschäft, von dem wir und unsere ganze Freundschaft unverwüstliche Kleiderstoffe bezogen, ihn alljährlich aus Schottland zu Schiff kommen ließ. Die hübschen, feinen, kleinen Schaufenster in dem saalartigen Einbau der Junkerstraße, wo die allerneuesten Frühlingshütchen, kleine Wundergebilde aus Florentiner Stroh oder Atlas mit Blumengewinden und Schleierhauch auf den Locken lächelnder Wachsbüsten schwebten (»Herzchen, wer wird so was tragen?!«), fesselten mich gar nicht. Ich glühte mehr vor Stolz als vor Wärme, daß ich den eben erstandenen gedrahteten, bunten Blumenstrauß in der runden weißen Papiermanschette tragen durfte und ihn sogar selbst dem Geburtstagskind überreichen sollte. Denn dieses, das in der ganzen Verwandtschaft als besonders streng galt, zählte für mich zu meinen liebsten Tanten. Kleine weiche Liebkosungen einer blaugeäderten Krankenhand, auch heimliches Zustecken äußerst wohlschmeckender Mandelbonbons hatten mir die Gegenseitigkeit dieser Liebe schon lange bestätigt.

So trottete ich denn zwischen den beiden Großen freudig versunken daher, durch einen leisen Schubs zu einem Knicks ermuntert, als wir oben an ihrem Fensterspiegel die kleine Frau Pfarrerin begrüßten. Gleich danach, als Tante Usche mir die hohe graue Mauer der »École« zeigte, in die sie und die Ihren gegangen (unbeschwert von dem tückischen K –), strebte meine Mutter von uns fort und auf das Schaufenster eines neuen Blumenladens zu, in dem eine Vase mit den damals seltenen, kostbaren La France-Rosen stand. Tante Usche schloß das Knickerchen, um ihr zu folgen und mit ihr die Rosen zu bewundern – als beide wie angewurzelt stehenblieben.

Sie starrten auf eine Dame, die dort im Schatten der rotgestreiften Markise stand, neben einer dünnen ältlichen Begleiterin, wie der strahlende Silbermond neben seinem matten Schatten.

Die Dame wandte sich uns lächelnd zu, nickte leise und reichte mir kußgerecht ihre kleine, ringefunkelnde Hand, um deren halbabgestreiften weißen Glacéhandschuh ein breites Korallenarmband lag. Ich tat, als sähe ich das nicht, umfaßte meinen Strauß mit beiden Händen und wich hinter Tante Usches braune Falbeln zurück. Eine Ahnung sagte mir, wer die fremde Dame wäre, noch ehe die Mutter jäh erblassend mit wankender Stimme »Tante Adelaide!« stammelte.

Über den Strauß, dessen süßen Goldlackduft ich dabei einsog, betrachtete ich aufmerksam die Dame, die prächtig – und mit dem üppigsten Kü – in grüne Seide gekleidet war, mit einem schwarzen spanischen Spitzenschal darüber und einer langen Korallenkette um den vollen Hals, der ebenso wie das sehr schöne, aber trotz des Lächelns unbewegte Gesicht von einer seltsamen Blässe war. Um so dunkler waren Brauen und Wimpern der großen, graugrün schillernden Augen, die über mich hinwegblickten und mich doch genau musterten. Schwarz waren auch die schweren Haare, die dicken Locken, auf denen ein reizendes Hütchen schwebte, ein schöngeschweiftes Deckelchen aus glänzendem hellem Stroh, das sich über einer Rosenranke hob, um die ein hauchfeines, gepunktetes Schleierchen wehte. –

Von dem weiteren Verlauf dieses Frühlingstages weiß ich nichts mehr, nur, daß ich abends im Bett zwar eine leichte Übelkeit im Magen fühlte, aber eine große Gewißheit im Herzen, daß ich die kranke Geburtstagtante im Lehnstuhl mit dem grauen Scheitel und den stillen Braunaugen viel schöner fand als alle fremden Tanten in Hellgrün und sämtliche La France-Rosen.

Ich begann gerade über dieser Erkenntnis einzudruseln, als

ich im Nebenzimmer – denn ein Türspalt stand offen – hörte, wie meine Mutter leise auf den Vater einsprach, um dann laut aufschluchzend zu sagen: »Du kannst es mir glauben, Usche sagt es auch, es muß wahr sein! Sie trug ein helles Kleid, nilgrün und ausgeschnitten – und ein Schäferhütchen!«

Was der Vater antwortete, konnte ich nicht verstehn. Die Leinwand des Zudecks rauschte und das Silberpapier des zierlich gedrehten Tütchens knisterte, als ich den letzten Mandelbonbon unter meinem Kopfkissen vorholte. Er war süß wie ein leises Streicheln, er beschwichtigte wie ein Wiegenliedchen mein heftiges Mitleid mit dem Schluchzen im Wohnzimmer, und mit einem ebenso großen, mir selbst unverständlichen Mitleid mit dem blassen schönen Gesicht unter der schleierumwehten Rosenranke auf den schwarzen Locken.

KINDERGEBURTSTAG

Es ist zu schade, daß man von dem allerersten Geburtstag nur das weiß, was einem mal gelegentlich von den Allernächsten darüber erzählt wird. So weiß ich davon nur, daß mich, die auch da noch nicht für Überstürzen war, eine Feuersbrunst in der engen Schuhgasse oder Schönberger Straße sozusagen herbeigerufen hat. Und dann kannte ich noch mein allererstes Geburtstagsgeschenk: einen Cotillonstrauß, der in etwas mumifizierter, aber doch noch farbiger Gestalt – denn seine Röschen waren hübsch auf Draht gezogen und lagen in spitzengesäumter Atlasmanschette – bei meines Vaters »Andenken« in der Schublade seines Sekretärs lag. Er war von einer sehr lieben Dame gestiftet, die mir nur als eine grauhaarige und durchaus ehrfurchteinflößende Greisin in Erinnerung geblieben ist; die aber damals eine reizende junge Frau war; sie feierte gerade ihren ersten Hausball, als mein Vater dort gegen Morgen anklingelte und um Eis für meine sehr kranke Mutter bat.

Der Anblick dieser Ballblumen – die wir an meinem 21. Geburtstag, als ich Großmutters Ring und Geburtstagstasse erhalten hatte, durch heißes Wasser vergeblich zum Neuerblühen bewegen wollten – stimmte mich immer sehr gerührt und heimlich ein bißchen erheiternd, denn wenn erste Geschenke bestimmend wirken sollen, so hatte dieses als Omen versagt. Nicht, daß ich nicht gern getanzt hätte – schon in den Schulzeiten, als ich mich noch in zähem Kampf mit der schwarzen Kunst des Lesens befand, tanzte ich in der ersehnten Pause mit dem reizenden Titachen im Flur Walzerlinksrum. So hatte sie es von ihren Brüdern gelernt, und ich war erstaunt, als ich später in den aus Gesundheits- und Anmutsrücksichten von Kollegium und Eltern angeregten Tanzstunden in der Höheren Töchterschule entdeckte, daß man bei dem großen Walzer rechtsherum tanzen mußte.

Wobei ich, wenn auch nicht ganz zum Thema gehörend, noch ein Wort über Titachen einflechten muß. Sie war das liebste, freundlichste, wohlerzogenste kleine Mädchen, das ich je sah, von einer so natürlichen Anmut, daß es ihr nicht schadete, ein Musterschulkind zu sein, und dazu noch – als einzige Tochter sehr reicher Eltern – von einer in dem puritanischen Königsberg ganz ungewöhnlichen Eleganz. In ihren dünnen, braunen Zöpfen trug sie breite Schleifen, sie trug schon gewebte schwarze Strümpfe (o wie kratzten unsere hausgestrickten dicken Wollstrümpfe in den derben Knopfstiefeln!), und sie war durch ihre Anmut, eine extra breite rote Zopfschleife unten und oben auf dem Scheitel und ein weiß und rot gemustertes Plisseekleidchen (aus Berlin) der anerkannte Mittelpunkt der ersten richtigen Kindergesellschaft zu meinem Geburtstag, an die ich mich erinnere. Es war sehr festlich, und alle andern waren guter Laune, nur ich war bedrückt (was ich auch bei andern Geburtstagskindern immer wieder bemerkt habe; nicht bloß solchen im Schulkindalter!). Es war mir von allen weiblichen Familienmitgliedern allzu oft erzählt worden, wie ich mich darüber zu freuen hätte, daß ich diese Kindergesellschaft bekäme und daß ich diesmal sozusagen im großen – und nicht, wie bei gelegentlichen Besuchen, in Zweisamkeit – meine Spielsachen zum gefälligen Gebrauch ausliefern müßte. Weshalb ich vorher den Schlüssel zu meinem Spindchen »verlegte« – denn ich wußte, wie begehrenswert ein kleinwinziges Thermometer auf einer glitzernden Weihnachtskarte mit überlebensgroßem Girlitz von einer erleuchteten Kirche wirkte, und wie fortreißend zwei Borstenpüppchen, Tiroler und Tirolerin, und ein winziges Blumenväschen wirkten, auch auf solche großen Besuche, wie ich sie diesmal still seufzend auf rosa Kärtchen einladen mußte, die jedenfalls auf »Gesellschaft« tun würden, als sähen sie über solche Kindereien wie über einen Puppenkochherd längst hinweg.

Außerdem hatte ich, sehr viel deutlicher als meine Eltern, eine gewiße Vorahnung, daß meine »Gäste« ganz und gar nicht von meinen durchweg praktischen Geschenken beeindruckt sein würden, die nur bei einer Schulkameradin, deren Eltern ähnliche pädagogische Ansichten teilten, verständnisvollem Beileid begegnen würden. Aber zu meiner Erleichterung blickten die meisten gar nicht nach ihnen, die Torte im Mittelpunkt interessierte sie mehr.

Dies war eine »Bellevue« von Plouda, wie alle Erwachsenen meiner Familie sie immer zum Geburtstag erhielten, süß von Vanillecreme und Marzipanschicht, und mit einem prachtvoll-bunten Früchtestilleben auf dem runden Mittelstück, wie ein Marzipansatz für den Geschäftsfreund. Sie erfüllte mich mit Stolz und Wehmut, denn zum erstenmal ersetzte sie den ›abgeriebenen Geburtstags-Napfkuchen‹ mit dem

Strauß in der Mitte, der mit meinen sechsten Geburtstag die rosenbunte altmodische Geburtstagskrone im Lichterglanz abgelöst hatte.

Aus solch nachdenklichen Betrachtungen riß mich der einsetzende vergnügte Lärm rund um mich, der sich zugleich mit dem Duft der Geburtstagsschokolade erhob (die ich verabscheute). Auch saß ich nach Mutters Angaben zwischen zwei mir ziemlich fremden älteren Mädchen, die mich wohlwollend lächelnd anschwiegen und erschreckt aufschrien, als plötzlich eine herzhafte Ohrfeige knallte. Eine Tasse kippte mit langem schwarzem Strom quer über das glänzende weiße Tischtuch. Ich sah es, stumm vor Entsetzen, denn es war Titachens Tasse, und sie rieb sich heftig ihre nicht mehr rosige, sondern glühende Wange, und ihre sonst so glatten Ponys waren verwirrt. Ihr Nachbar, der stämmige und für einen Quintaner sehr große Hans, hatte mit sieggewohnter Hand ihr diese Ohrfeige gegeben, übermäßig gereizt durch ihre freundliche Frage, »ob er noch immer aus der Buddel tränke«. Was um so ehrenrühriger war, als alle rundum wußten, daß bis vor kurzem er und sein jüngerer Bruder selbst als Besuch – genau nach der Uhr – von ihrer stämmigen Auguste, die dazu ein riesiges Taschentuch über die nächste Sofalehne breitete, hingelegt wurden und ihnen eine solchen Enakssöhnen im Format entsprechende Milchflasche – mit Lutscher! – in den Mund gesteckt wurde.

Ich muß aber zur Ehre der beiden Brüder sagen, daß sie sonst durchaus männlich waren. Wenn auch der Jüngere, kam er mal allein zu uns, sich mit Begeisterung auf meine Puppen stürzte, und, die alte Puppenwiege heftig schaukelnd, die scheußlichste meiner Puppen ans Herz gedrückt, mir flüsternd versichere, daß er mal »Papa« werden würde. Was aber der große Bruder nie hören durfte.

Ich weiß von jenem Geburtstag noch, daß nach dieser heftigen Aussprache, und nachdem ein neues Tischtuch von meiner Mutter geopfert war – ich bewundere noch nachträglich ihr Lächeln dabei und ihre Versicherung, daß es gar nichts mache – Titachen und Hansimännchen (wie seine Eltern den Riesen immer noch nannten) sich besonders gut vertrugen und bis zum Schluß zum langgezogenen Klang unsrer alten Leier nur zusammen Polka tanzten und den allerersten Rheinländer, den eine junge Kusine uns vorführte, als sie merkte, daß meine Gäste sich für den »Fürst von Thoren« und »Ich bin kein Freund von Traurigkeit« schon zu erwachsen fühlten.

Ich gab das Rennen bald auf, saß auf dem sich hin- und herdrehenden Klavierstuhl und sah zu, verzehrt von dem Wunsch, zu ergründen, was in dem Buch »Der Lederstrumpf« wohl zu lesen wäre (denn mittlerweile hatte ich diese Kunst gemeistert und entdeckt, welche Genüsse sie vermittelte). Es zeigte solch ein vielverheißendes Umschlagbild: einen Mann am Marterpfahl und einen blonden Jäger unter federgeschmückten Rothäuten. Auch war ich beinah überwältigt von Schläfrigkeit. Da ich eine »Morgengeburt« bin, wie die Astrologen sagen, so war und bin ich gar kein Abendmensch, und ich sah den Tanz nur wie in einem hübschen Traum. Ich erwachte erst, als es Rote Grütze mit Vanillesoße gab, was damals die Schlußapotheose solcher Kindergeburtstage bedeutete: Wobei Rot mit Weiß als »feiner« galt, als Weiß mit Rot, denn Grießpudding oder Stärkepudding mit Himbeersaft war der Festpudding für die Kleinen, zu denen wir doch nicht mehr zählten.

Von der »Bellevue« lag noch das Mittelstück auf dem etwas mitgenommenen Papierdeckchen der Ploudaschen Tortenschüssel. Und eine mir auch sonst nicht gerade liebe Schulkameradin sagte mit neidglitzernden Augen zum Abschied: »Und das kriegst du nun allein!« wozu ich nur stumm mit dem Kopf nicken konnte. Denn plötzlich überfiel mich Mitleid mit einem Wesen, das so sichtlich ohne Großeltern und Tanten aufwuchs, denen doch allein Mittelstücke als selbstverständliches Festopfer zukamen.

Sogleich nach dem Entschwinden des letzten Gastes, ob groß und selbständig oder noch von einer treuen Minna oder Auguste abgeholt (und warm verpackt in Pelzmütze mit Ohrenklappen, mehreren Schals, Überziehgamaschen und russischen Pelzgummischuhen, bei Mädchen noch mit Muffs) wurde dieses Mittelstück in unsern natürlichen Eisspind, den winterlich-unwirtlichen Balkon, gestellt. Damit das Geburtstagskind es am Nachtag mit einem Blumentopf (die gedrahteten Geburtstagsblumen leben zu kurz) im besten Staat den betreffenden Familiensenioren überbrachte. Wobei man sich in meinem Fall mit einem Knicks in wohlgesetzter Rede für das am Geburtstag erhaltene nützliche Geschenk mit anschließendem Handkuß zu bedanken hatte. Das gehörte nun mal zum Familienritual. Aber ich muß gestehen, daß beide Teile, die Alten und meine bezopfte Jugend, gleich erleichtert waren, wenn es glücklich überstanden war. Worauf ich abgeküßt wurde und wir uns in schöner Einigkeit über das Mittelstück hermachten und ich die schwarzglänzende Walnuß bekam. Sie hatte den Reiz des Exotischen in diesem Paradestück aus rot und gelb gefärbtem Kürbis, grünen süßen Schabbelbohnen und gelben Apfelsinenschnitten und war mehr aufs Auge als auf den wirklichen Genuß berechnet. Aber sie gehörte dazu, genau wie dann mein Bericht über die Kindergesellschaft – wobei die Ohrfeige aber ausfiel – und die Geschenke. Wobei die gerade anwesende jüngere Kusine, die früher so hübsch mit uns spielte, es herausgehört haben muß, daß das rein Nützliche nicht immer auch das rein Beglückende ist. Denn sie schenkte mir zum nächsten Geburtstag eine blaugestickte Tändelschürze mit hellblauer Atlasschleife.
Es war die erste und einzige dieser Art, die ich je erhielt. Ich habe sie nie getragen – dazu war sie viel zu schade und meine sonstige Garderobe nicht gerade dazu passend. Aber ich liebte sie zärtlich und sah sie in meinem Spind genau so liebevoll an, und ebenso überzeugt von ihrer Unwidersteh-

lichkeit, wie früher das Rotkehlchen über dem Thermometer auf der Glitzerschneekarte. Und bei dem Wort »Geburtstag« steht sie vor mir, so deutlich wie Titachens breite Zopfschleife und das süße weiße Gesichtchen unter den braunen Ponys.

WENN DER SCHLOSSTEICH BLÜHTE

Um die Zeit, wenn am Dom und vor der Reichsbank die alten Linden hell und honigduftend überblüht standen und die schmalen Gärten der Vorstadthäuser Jasmin- und Rosenduft zu den offenen Luken ihrer Speicher schickten – dann sagte Tante Lusche, abends, wenn wir alle gemütlich auf der Holzveranda um das Windlicht saßen und die Mutter gerade die ersten Erdbeeren in der hellblauen Glasschale auf den Tisch stellte:

»Eigentlich dürfte man das nicht. Es ist wieder so ein heißer Sommer. Und in Rußland soll sie schon wieder sein.«

›Sie‹, die alte Leute damals am liebsten nicht nannten, war die Cholera. Ich war die einzige von allen, die da in der bohnenumrankten Veranda ›sie‹ nicht mehr erlebt hatte. Die anderen hatten noch in den siebziger Jahren ›ihre‹ letzte Schreckensherrschaft gesehen, und die Tanten als Halbwüchsige das Entsetzen der großen Cholerazeit in den dreißiger Jahren.

Wir saßen ein Weilchen ganz still. Ein Nachtschmetterling surrte um das weiße Windlicht, vom Schloßturm kam langgezogen der Abendchoral. Dann sagte die Mutter:

»Aber Erdbeeren kann man ruhig essen. Die sind immer gesund.«

Während wir uns in die Erdbeeren vertieften, wurden alle Vorzüge dieser Frucht genau erörtert – wie sie eines der ersten und besten Heilmittel sei, blut- und schönheitsverbessernd. Es kam die immer wieder andächtig erzählte und vernommene Geschichte von der alten Dame, die vor Platzangst nicht vom Bürgersteig konnte, weil sie im Rinnstein einen Wildbach sah, die dann aber auf Befehl des Hausarztes täglich fünf Pfund Erdbeeren in der Gestalt von Pudding, Kompott, Limonade und sogar roh vertilgen mußte, und die bis zum Sedantage schon so weit war, daß sie bis Herzogsacker gehen konnte.

Es kam die Geschichte von der Moskauer Zuckersiederstochter, die trotz ihrer Rubelmillionen keinen Mann bekam, weil sie sich beim Schlittenfahren das Gesicht angefroren hatte – aber Erdbeerseife, Erdbeersalbe und Erdbeertee tilgten dies und sie wurde »wieder schön wie die Sonne«.

Erdbeerseife gebrauchten wir, ohne Rubelmillionen und Aussicht auf zobelpelzumhüllte Freier, alle im Winter, hatten aber trotzdem – und trotz der Verstärkung durch das ja auch russische Petroleum – rote Nasenspitzen und Frostfinger. Die Frostsalbe rührte die Mutter selbst, in ihrem Kochbuch standen zwischen den uralten Küchenrezepten ebenso uralte Salben- und Kräuterteerezepte. Da wurde auch auf die Heilkraft des Erdbeertees hingewiesen, und wir glaubten an ihn, schon weil er zu der unerläßlichen Frühlingskur uns allen besser schmeckte als Stiefmütterchen- und Schafgarbentee.

»Herrlich, herrlich«, sagte der Vater und goß reichlich Milch über die Erdbeeren in seinem Teller. Es schappte wie Seesand, als er mit dem Löffel darin rührte, damit die Milch sich rot färbte. »Aber die Kernchen sollen Blinddarmentzündungen geben«. Blinddarm! Das war das neue Gespenst, das an Stelle der Cholera getreten war. Auf einmal war es da gewesen, zuerst verlacht und als Unsinn angesehen. Nun raffte es unter kurzen Qualen jung und alt hin.

»Unsinn! Das sind bloß eure neumodischen Emaillekochtöpfe!« meinten die Tanten. »In unserer Zeit gab's das nicht, und wenn einer Leibweh hatte, legte man ihm heiße Stürzen auf den Bauch, und er mußte Fliedertee trinken, und dann war er gesund!«

Der Mama war angst geworden.

»Iß lieber nicht weiter«, meinte sie. »Ich hab' noch Himbeeren im Keller.«

Von einem Onkel, der es in Ems gehört hatte, wurde festgestellt, daß die Himbeerkernchen noch viel tückischer wären als die der Erdbeeren. Mein Magen, der durch reichliches Ausprobieren darüber entscheiden konnte, fand zwar beide sehr bekömmlich, aber ich schwieg – erstens weil ein Onkel damals immer recht hatte, und zweitens, weil es nicht nötig war, daß die Mutter jetzt schon erfuhr, wie wenig Himbeeren im Keller waren. Aber es wurde mir doch ungemütlich, als der Onkel sagte:

»In Amerika schneiden sie einen dann auf und nehmen den Blinddarm raus!«

Wir waren starr vor Schrecken. Operation – das war schlimmer als alle Seuchen, nächste Nummer vor Anatomie.

»Ist ja Unsinn!« sagte der Vater (der Onkel erbleichte, er war mindestens zehn Jahre älter und hatte das Recht, mit Ehrfurcht gehört zu werden). »Wer kann ohne sein Gedärm leben? So ein Opfer wird deinem Amerikaner erscheinen und sagen: Wer hat mir meinen Plauz gestohlen?«

Wir lachten und gruselten uns ein bißchen dabei und hörten mit scheuen Seitenblicken in dem Gärtchen ein Käuzchen schreien.

»Na, jedenfalls«, sagte Tante Lusche, »von morgen an trinke ich nicht mehr das Leitungswasser. Bringt man den großen Krug vom Boden und holt mir Wasser vom Schloßbrunnen.«

Nun ereiferten sich die Eltern. Nicht des Wassers wegen – da waren sie ganz der gleichen Ansicht. Leitungswasser kam

aus dem Landgraben, und da konnte man zu leicht Frosch-
laich mittrinken, während das Wasser aus einem Spring, wie
im Schloßhof und im Schwarzen Roß, ›rein‹ blieb, auch in
Dürre und Seuchenzeit.

»Bei uns kann keiner krank werden, bei unserem Essen«,
meinte die Mama. »So leicht, wie wir kochen! Eigentlich
bloß Fisch – heute Aal mit Keilchen, und morgen Bratflun-
der mit Gurkensalat.«

»Gurkensalat ist schwer«, sagte der Onkel abschließend.
»Alles Rohe ist unverdaulich!«

Die Mama und ich blickten uns rasch an. Wir aßen mit
Leidenschaft rohe Karotten. Aber wir schwiegen.

»Erdbeeren sind doch auch roh!« sagte jemand schüchtern.

Wir wurden belehrt, daß Beeren, ausgenommen Kristorbee-
ren, die Ausnahme wären, die die Regel bestätigen.

»Gott«, meinte die eine Tante, »das hab' ich nie gefunden.
Ich hab' mich beim Ohm immer durch die ganze Hecke
gegessen, von der Königstraße bis zum Sackheim, die roten
waren schon immer ganz weich, beinahe wie molsch, und
die grünen noch so hart, sie zogen den Mund zusammen,
wie Kruschken – aber bekommen sind sie mir alle.«

»So ein Steinchrist wie du kann nicht mitreden«, wurde sie
angeschrien, »wer noch wie du kalt baden geht ...«

»Hier nicht!« wehrte sie sich entrüstet. »Das ist mir viel zu
graurig in den engen Holzkabüsen am Pregel, und immerfort muß man raus, bis das Petroleum vorbeigeschwommen
ist ...«

»Der Pregel ist so rein!« riefen wir beleidigt.

»Das sagt ihr, weil ihr Kneiphöfer seid«, meinte die Tante,
»da wollt ihr nicht sehen, was alles drin schwimmt!«

Nun waren wir aber wirklich gekränkt. Es wurde ungemütlich.

»Wo ich doch immer die Wäsche drin spülen lasse«, meinte
die Mama.

»Dompfarrers auch«, unterstützte ich sie.

»Ich will gar nicht sehen, was alles aus dem Oberteich kommt, wenn der mal abgelassen wird ...«

»Vom Schloßteich ganz zu schweigen«, sagte der Vater. »Der Menschenfresser!«

Da waren die andern still. Denn daß der Schloßteich seinen Sommertribut an jungen Leben forderte, wußten wir alle.

»Bald blüht er wieder«, sagte Tante Lusche.

Wir waren still, der Mißklang war vergessen. Wenn der Schloßteich dunkelgrün blühte, dann kam sein Tag, wo er nach Menschenseelen schrie. Aber der Pregel, der war gut. Der behielt nur den, der durchaus nichts mehr vom Leben wissen wollte.

»Kinder«, sagte die Mama, »ich hole doch noch die Himbeeren. Und Apfelsinensaft. Es ist mal ein warmer Abend, das muß man feiern. Seht mal, es wetterleuchtet.«

Sie warf ihr schwarzes Schultertuch um das Windlicht. Und nun sahen wir im Westen, nach dort, wo das Samland lag, das zuckende Flirren.

»Das Korn reift«, sagte der Vater, »das Brotchen!« und faltete die Hände. »Liebes Gottchen soll alle Scheunen bewahren.«

Und der erste Nachtwind bewegte die Bohnenranken und brachte einen Duft von Heu und Korn bis in die stille Stadt.

NACH DEM SCHNEEFALL

Es gibt nichts Schöneres als die ersten Stunden nach einem Schneefall in unserer Stadt. Irgendwie scheint ein Wunder geschehen, alles sieht neu und wunderbar verschönt aus, der Lärm ist zu einem sanften Brausen gedämpft, die Schloß-

teichpromenade hat etwas von Weihnachten ins Bilderbuch
bekommen, Kinder und Hunde laufen herum wie berauscht,
und wenn dann noch von weither das Geläut eines Land-
schlittens klingt, wachen die hübschesten Kindererinnerun-
gen in der verkümmerten Stadtseele auf.

Aber diese Herrlichkeit ist von kurzer Dauer. Eine fatale
Unebenheit des Bodens, auf dem man wandelt – abwechselnd die schlitternde Glätte der vereisten Bürgersteige, der
seesandtiefe graubraune Morast des Damms, bei dem man
ängstlich an Tauwetter denkt; all dieses wird zu einem peinlichen Eindruck, einer Ungehörigkeit, die ebensowenig in
die Stadt paßt, wie die Wälle von schichtkuchenartigen
Schneebrocken an den Ecken – wie diese ganze schokola-
denbraune Last, die auf dem bröckligen Pregeleis liegt. Der
von allen Essen beräucherte Schneerand an den Dachfirsten
sieht ebenso kläglich mitgenommen aus wie die zusammen-
sinkenden Pelzkappen und Kragen am Kantdenkmal.

Das soll kein Appell zur Straßenreinigung sein, bewahre.
Nur ein trauriges Eingestehen, daß Großstadt und Natur
sich nicht miteinander vertragen. Es ist kein Platz mehr in
diesen verglasten Backsteinschluchten für all die Dinge, um
die Gott und Noah einen Bund schlossen.

Im großen ganzen sind wir Königsberger noch sehr gut weg-
gekommen bei der Verteilung der westlichen Zivilisation.
Die sieben Hügel, auf denen wir uns wie Rom ausbreiten mit
ihrem Sand und Lehm, das ähnlich weichmütige Haberge-
birge und der Pregelsumpf dazwischen werden uns wohl auf
längere Jahrzehnte eine Untergrundbahn ersparen, diesen
für den Verkehr ja nützlichen, sonst aber so greulichen Ho-
munkulus unter den Bahnen, der nicht Tag, nicht Nacht,
nicht Luft, nicht Wind, nicht Regen, nicht Erde kennt, bloß
Beton und was sonst darauf gedeiht. So sieht denn unser
Ersatz für diese verkehrstechnische Neuerung draußen am
Steindammer Wall vorläufig ganz anheimelnd aus und dem
alten Wallgraben vertrauenerweckend ähnlich. Oder viel-

mehr vertrauenerweckender. Denn dem Wallgraben haftete im Gegensatz zu unserem Pregel immer etwas Menschenfeindliches an. Es liefen auch allerlei schaurige Gerüchte über ihn um, die er beim Abgelassenwerden gründlich, aber nicht vornehm, durch ein Ausbreiten zahlloser zerbolzter Kochtöpfe, Eimer, Wannen und Lumpen widerlegte, in denen Reste kleiner Katzen zum Himmel stanken, aber keine Menschenskelette. Und sein Rest am Königstor, wo ein bißchen Wasser trübselig über die Stufen unter dem Bahngleise tropft und einem die ewige Frage aufzwingt, wo dies Wasser hinfließt – dieser Rest läßt das Gruseln jener Jahre, als er ein richtiger Wallgraben war, wirklich zum Kindermärchen werden.

Man hätte damals gewagt, auf dem Wall zu rodeln? Das kam nicht vor, denn erstens war es sowieso verboten, zweitens konnte man dabei teils zu Lande, teils zu Wasser zu Schaden kommen, und drittens gab es in Ostpreußen keine Rodelschlitten. Man fuhr Stuhlschlitten, eingemummelt bis zur Nase, und wenn einem außerhalb der Eisbahn nach rascherer Bewegung war, dann »schorrte« man. Aber Schloßberg und Tuchmacherstraße, Butterberg und Veilchenberg ahnten noch nicht, welche Wintersportberühmtheit sie einmal erreichen sollten. Als ich vor dreißig Jahren zum erstenmal an einem schönen Wintermorgen im Weimarer Park an der Bibliothek solch eine Schlittenrutschbahn sah, war ich starr wie ein Eiszapfen vor Bewunderung. Die Schlittchen, auf denen die Sachsen-Weimarer da die Ilmwiese heruntersausten (gegen deren sanften Abhang der Wall am Königstor wie das Matterhorn erscheint), diese Schlittchen hatten nicht die mindeste Ähnlichkeit mit einem modernen Rodelschlitten, sondern waren harmlose Gebilde, die gelblackierten Fußbänkchen recht gleich sahen. Aber die jungen Thüringer handhaben sie mit einer Gewandtheit, die jedem schwedischen Wintersportplatz (deutsche und schweizer gab es noch nicht) Ehre gemacht hätte.

Dem alten Großherzog lag aber das Ergehen seines Rasens mehr am Herzen als diese Ertüchtigungsbetätigung, und er ließ die Jugend ersuchen, sich auf eine andere Bahn zu begeben.

Da rückten sie mit ihren Schlittchen vors Schloß, schwenkten sie, klapperten damit und stimmten einen Barditus an, vor dessen Gewalt die klassische Tradition nach- und die Ilmwiese freigab. Das war die erste Revolution, die ich miterlebte. Sie endete mit einem Hoch auf den alten Carl Alexander und teilte mit Verschiedenen, die ich später sah, nur das Getöse. Jetzt gibt's auch dort sportlich vollendete Rodelschlitten, grad wie hier. Und wenn meine Patenkinder mir einen Vortrag darüber halten, höre ich zu und glaube alles. Erstlich, weils meine Patchen sind, und zweitens, weil ich nichts davon verstehe. Der Wintersport liegt mir nicht – und ausgenommen Fahrten im Klingerschlitten nach Vierbrüderkrug, auf die ich mich immer tagelang freute und die ich nachher monatelang verwünschte, dank einer Neigung, mir Nase und Kinn zu »schrecken« – hab ich's nie weit darin gebracht. Beim Schorren verknackst' ich mir den Enkel und immer, wenn ich Schlittschuh laufen lernte, kam Tauwetter, und die Tannen auf der Schloßteichbahn standen schräg übergekippt, wie lebensmüde Romanheldinnen, im Wasser, in dem die Bänke schwammen.

Die mangelnde Sportbegabung war nicht ganz meine Schuld. Ich gehörte zu den Kindern, die in jener Generation häufig waren und jetzt selten sind (was trotz allem Gestöhne über das Gegenteil ein Beweis ist, daß das neue deutsche Geschlecht gesünder ist als wir) – jenen armen Würmern, die ewig husteten, dicke Backen und Drüsen hatten, und zu deren Wintergarderobe die Speckschwarte und der Strumpf um den Hals gehörte. Das heilte alles – und tat es auch, weil wir daran glaubten. An Wirkung übertraf es höchstens die angebratene Zwiebel, die »zum Ziehn« auf »Umlauf« und Frostbeulen gelegt wurde; in diesem Fall verstärkt durch einen Petroleumlappen, dessen Geruch sich gerne in die derben Lederschuhe zog und ihnen treu blieb.

So bepflastert wanderte man dann morgens zur Schule, bei letztem Mondschein oder allererster Dämmerung. Denn die mitteleuropäische Zeit war zum Heil für unsere Land- und Lichtwirtschaft noch nicht in Ostpreußen eingeführt. Rechts streuten die Mädchen, in dicken, gestrickten Kopftüchern und Brusttüchern, Asche auf den Bürgersteig, links türmten sich Schneeberge, höher als wir kleinen Wollbälle und wirklich weiß. Hinter ihnen gingen die Glocken an den Bauernschlittchen der Marktleute und des Milchmanns. Alles war blau-weiß in dem frühen Licht, ganz rein, frei von Schmutz und Qualm, eingehüllt in den Morgenfrieden der verschlafenen östlichen Kleinstadt, von einer Lieblichkeit, die heute nur noch die allerersten Stunden nach einem Schneefall den Kindern unseres groß gewordenen Königsberg vortäuschen.

KLEIN-JUNGCHEN

Klein-Jungchen steht im Hausflur am weißen Pfosten der schmalen Treppe. So klein ist es noch, daß sein rundes Händchen, das sich durch die schmalen Geländerstäbe schiebt, nicht bis oben reicht. Mit der Rechten lenkt Klein-Jungchen sein Steckenpferd, den Scheck mit dem roten Zaumzeug. Der Scheck weiß nicht recht, wohin er will: ob auf den Hof, wo die Mutter mit Borcherts Lina Wäsche hängt, oder nach der Haustürschwelle, wo man auf den Kirchenplatz sehen kann.

Der Scheck will lieber auf den Hof. Aber durchs Flurfenster ist nichts davon zu sehen als der runde Weidenkorb mit der

Küchenwäsche auf den grasbewachsenen Kopfsteinen. Einmal taucht die Mutter zwischen den rotgestreiften Küchenhandtüchern auf und greift neue Wäsche aus dem Korb. Das weiße Häubchen mit den lila Schleifen sitzt verschoben auf ihrem blonden Wellenscheitel, ihr Gesicht glüht, sie hält den Zipfel der hellen Klammerschürze fest, die Sonne umrandet ihre Schultern im grauen Lüsterkleid. Sie hat keine Zeit, um aufzusehen und Klein-Jungchen zuzunicken. Die bunten Handtücher schlagen hinter ihr zu, ehe man sehen konnte, ob da ein kleiner Gang frei war von den Georginen am Staket bis zum runden Levkoienbeet um die Glaskugel vor der Bohnenlaube. Da könnte man jetzt so schön an dem runden Tisch sitzen und den Scheck mit den Kastanien füttern, die für Notzeiten in Großpapas birkener Schnupftabaksdose hinter dem Holzeimerchen verborgen sind. Auch wäre man da ganz sicher vor Lina, vor ihren hellen Augen, die jeden Fleck auf der Schürze sehen, und ihrer scharfen Stimme, mit der sie einen anschreit, daß man ja nicht die Laken anhebt, die doch schon sowieso naßkalt und eklig anzufassen sind!

Lina, die so groß und stark ist wie ein Mann, könnte doch viel eher an die Speicher gehen und die Heringsfässer im Pregel scheuern und lieber wieder ihre Großmutter zum Waschen schicken, die gute alte Borchertsche mit dem gelblichen Scheitel unterm schwarzen Kopftuch. Die hebt immer selbst die Wäsche auf, wenn man durchreitet, kuckt einen freundlich mit den blauen Augen an, streicht mit der rosaschrumpligen Waschfrauenhand einem über den Kopf und fragt: »Na Kruschelkoppke, wohen? Noa Ponarth? Noa Marune?«

Nein, es ist besser, Lina nicht zu begegnen. An der Hoftür scheut der Scheck, Klein-Jungchen seufzt ein bißchen, als er die Laken, Kissen und Tischtücher so rund und sonnendurchschienen an den Hanfleinen der wiegenden Holzstangen schaukeln sieht. Ein paar Klammern wehen im Wind

herunter, und Lina, von der nichts zu sehen ist als die rosenbemalten Lederpantinen, klappert auf den Steinen heran –
das Reiterchen schnalzt laut auf und trabt zur Haustür. Der
schmale Birnbaumspiegel fängt Klein-Jungchens Bild im
wassergrünen Glas auf: die zierliche kleine Gestalt im blau-
karierten Kittel und überm rotgesäumten Spielschürzchen
das ernsthafte runde Gesicht, in dem der weiche Mund him-
beerrot glüht, die braunen, klaren Augen und das Gewirr
der langen, seidigen, weißblonden Locken um die hohe
Stirn, ums zierliche Ohr, ums blumenfeine Hälschen. Wie
eine große Pusteblume steht das schimmernde Köpfchen in
dem breiten Sonnenstreifen, der vom Hof in den Flur fällt.
Weitauf steht die grüne Haustür. Vor dem Haus liegt Schatten, aber vor der Kirche drüben, unter der Birke ist es hell
und warm. Die alte Frau Küsterin setzt eben ihre Myrten-
töpfe in die Sonne und geht zurück, um den Asklepiatopf zu
holen. Von der krausen Myrtenmutter bekommen die
Bräute ihren Kranz. Dann darf man hier auf der Schwelle an
Mutters Hand stehn und sehn, wie die Braut in der Kutsche
vorfährt. Aber man darf sie und die bunten Brautjungfern
nie von nah bewundern, nie hinter ihnen in die orgelsum-
mende Kirche gehn. »Dazu gehören wir nicht!« sagt der
Vater. Er aber hat einem doch gezeigt, den Kopf so zu bie-
gen wie jetzt, daß man von der Schwelle hoch an dem Turm
hinaufsieht, die Säulen, die Glocken und das schöne goldne
Osterlamm bewundern kann, wie es jetzt vor den Federwol-
ken des hellen Septemberhimmels die blinkende Zipfelfahne
schwenkt!
Klein-Jungchen schließt schwindlig und beglückt die Augen. Warum wohl Vater und Mutter am Sonntag nicht hier
zur Kirche gehn, sondern so weit, bis zu der dicken Kirche
am Schloßteich? Klein-Jungchen saugt nachdenklich an der
Zunge, bis er es weiß – wegen der Großmutter ist's, die dort
im Stift wohnt! Da sitzt sie im Ohrenstuhl vor dem Kachel-
tischchen auf dem Fenstertritt, das Fußbänkchen unter dem

lahmen Fuß, und stickt zierliche Blumenmuster in den weißen Mull im Rahmen. Ums Fenster mit den klaren Scheiben-
gardinchen rankt der Efeu, wie aus einer Laube sieht man
auf den Teich, auf Gärten und Gondeln. Man darf mit Großmutters buntem Nadelbuch spielen, mit Scherchen und silbernem Brillenfutteral, aber nie mit dem roten Psalmbuch
und dem schildpattnen Tabaksdöschen. Wenn man die ko-
mischen Sätze, die Großmutter vorsagt, richtig nachspricht,
so gibt's Mandelbonbons. Aber Großmutters Freundinnen,
die alte Madame Petit-Jean mit der großen Haube und den
Filethandschuhen und Mevrouw Ovander und die Demoi-
selle Krökerin, ganz in Grau gekleidet, rosig und freundlich, zaubern Mürbeplätzchen und würzige Niklaskuchen
aus den seidenen Strickbeuteln für artige kleine Gäste.
Es wird wirklich höchste Zeit, daß man die Großmutter und
ihre Freundinnen wieder besucht. Seitdem die roten Kristor-
beeren im Stiftsgarten reif waren, ist man nicht mehr dort
gewesen, die ersten Spillen müssen schon bei der Laube ins
Gras fallen, der alten Küsterin ihre färben sich schon rot,
und Meister Jautelat von nebenan hat Klein-Jungchen gestern schon zwei Hände voll gelber Kräuterbirnen geschenkt.
Der Scheck wiehert und springt nur so über die Schwelle
und die zwei ausgetretenen Stufen, er klappert lustig über
die blank gewetzten großen Rundsteine des Bürgersteigs neben dem Rinnstein im Katzenkopfpflaster. Er hält – es heißt
sich besinnen! Hier an der Ecke geht's zur Großmutter, es
geht aber auch zum Ohm. Der hat auch einen großen Garten, und die Tante kocht Birnensuppe mit Klößchen. Aber
der Ohm sieht einen durch und durch mit seinen blauen
Augen und wird fragen, warum man allein kommt. Es ist
doch besser zur Großmutter zu reiten, wenn man nur genau
wüßte, ob man jetzt an Meister Jautelats Werkstatt vorbei
muß. Unschlüssig dreht sich die Pusteblume. Warum
kommt denn nicht die Küsterin mit der Asklepia? Man kann

doch nicht die Spatzen fragen, die sich dort im Pferdemist zanken. Wenn doch wer käme!

Leise Schritte kommen, gleitende. Zwei große, dünne, dunkle Menschen stehn auf einmal vor Klein-Jungchen. Wie zwei schwarze, schwarze Schatten fällt es auf Klein-Jungchen, dunkel und sehr hoch stehn sie vor dem sonnigen Kirchenplatz, der größere bückt sich ein wenig. »Wohin willst du?« Die Stimme spricht überdeutlich, so wie Großmutter und ihre Freundinnen sprechen, aber nicht hart wie jene. Sie ist leise und weich, sie kribbelt einem im Genick wie einem Kätzchen, als sie wieder fragt.

»Zur Großmutter!«

Klein-Jungchen merkt erst, als er das sagt, daß er schon an Meister Jautelats Werkstatt vorbei ist, auch am Hökerlädchen der Ecke.

Die Klingel scheppert nicht an der Glastür, um den rothaarigen Lehrjungen aufzuwecken, der am Siruptopf beim Wespensummen ein Nickerchen macht.

»Wir gehen zur Großmutter!«

Lange fremde Hände greifen nach Klein-Jungchen, ziehn ihn und den Scheck, den er fest umklammert und an sich drückt, fort, so schnell, daß er stolpert und den Scheck an der Leine um den Hals tragen muß. Auf einmal ist man um die Ecke, Sonne blendet, Wind weht die Flachslocken von der runden Stirn, auf der plötzlich kleine Schweißperlen stehen. Dies ist ja die andere große Kirche mit der goldenen Kugel auf dem Turm, die immer frühmorgens alle fleißigen Leute mit ihrem silbernen Glockenstimmchen weckt. Da geht es doch nicht zu der Großmutter, da geht es doch zu den Heukähnen! Klein-Jungchen will seine Hände aus der fremden Hand ziehn. Aber die spannt sich fest wie Draht um die weichen Finger. Scheu blickt er auf. Sehr groß, sehr dunkel und schrecklich fremd gehn zwei lange Menschen neben ihm. Dunkle Augen glitzern kalt und prüfend. Der Größere sagt etwas Unverständliches zu dem Jüngeren.

Beide lachen leise mit sehr weißen Zähnen, und der Große streicht über die hellen Locken. »Engelchen«, sagt er, aber es klingt nicht lustig, so, wie es die alte Küsterin sagt.

Die klaren, dunkelbraunen Augen Klein-Jungchens irren über den Kirchplatz. Über den Schmetterling auf dem zierlichen Gitter der Kaplanei. Weihrauchduft und dumpfe Kühle quillt aus der hohen Kirchentür, gelbe Lindenherzen taumeln sanft auf die Stufen vorm Kruzifix in den klaren Schatten. Hier wäre es gut für den Scheck, Rast zu machen, sich auszuruhen, während von drüben die Kinder in dem hellen Haus im Chor sagen: »Ein kleines Lämmchen weiß wie Schnee!« – »Warten!« stammelt Klein-Jungchen. Aber feuchte, knochige, hastige Hände heben ihn schwebend wie im Spiel hinab über die Ziegelstufen, in die Straße, durch die die Landwägelchen der Marktleute mit tropfenden Teerpaudeln nach dem Tor knarren. Heuduft zieht über den Platz. Schnapsdunst, Stimmengelärm, Herings- und Käsegeruch dringt aus offenen Ladentüren, Staub fliegt in das kleine Gesicht, in die blinzelnden Lider, um den festgeschlossenen Himbeermund. Laufen, laufen müssen die kleinen Füße, um mit den großen Beinen der beiden Schritt zu halten in dem schwülen und düsteren Schlund der Langgasse, zwischen den hohen Giebelhäusern. Manchmal kommt eine Magd und gießt klatschend Spülwasser oder Scheuerlauge aus. Strohhalme, Kartoffelschalen, Petersiliengrün schwimmen kreiselnd – wie lustig wäre es, mit dem Holz des Schecken ein Wehr zu machen, daß sich alles drin fängt, ehe die Drumme es gurgelnd einschluckt.

Aber man darf nicht stehenbleiben, auch nicht einmal in das Haus mit den Kugeln am Gitter hineinsehen, wo der gute alte Mann mit der Samtmütze wohnt, und in die Stube mit den zerfressenen Balken, wo es so sauer riecht, aus kleinen Fäßchen, aus denen Mutter den Essig kauft zum Kürbiseinlegen. Warum sieht er nicht heraus und sieht, wie finster die beiden blicken, wie sie flüstern! Aber kommt einer ihnen entgegen, dann lächeln sie, pfeifen wie Vögel, schnipsen mit den Fingern und sagen, während sie Klein-Jungchen kneifen: »Engelchen, lache!« Etwas Sprödes und Hartes ist in den leisen Stimmen, viel schlimmer als Linas rauhes Schelten. Es ist in den Augen nicht das Durchdringende wie in des Ohms Blick, nein, wie das Dunkel abends auf der Bodentreppe, wie die kreisenden Feuerringe nachts, wenn man hinter dem Deckbettzipfel durch das Gitter starrt und wartet, daß die Kirchenuhren draußen schlagen und die Alabasteruhr auf der Kommode ihnen antworten soll.

Wenn doch jetzt eine Uhr schlagen möchte! Klein-Jungchen biegt den Kopf zurück. Aber oben ist nichts zu sehn als kreisende Taubenschwärme über den hohen Dächern, aus deren Schloten die Sonne den Rauch herabdrückt und ihn mit dem süßlichen Malzdunst in die engen Gassen treibt, wo die dicken Pferde vor den Lastwagen mit den Bierfässern aufs Pflaster klopfen und die Frauen schrill singend Lagerbier ausschreien, das sie in schwappenden Eimern tragen. Klein-Jungchen erschrickt und zieht die fremden Hände fester an sich. Wie soll man ihn sehn, so winzig zwischen den beiden dunklen Gestalten? Der schöne große Herr, der auf dem Treppenpodest vor der Buchhandlung mit dem schwarzen Adler über der offenen Tür steht und die Kupfer in dem bunten Atlas besieht, der Verkäufer, der neben dem blühenden Oleander steht, die alten Herren, die innen am Tisch in Büchern und Zeitschriften blättern, – würden sie darauf hören, wenn der kleine gelbhaarige Lehrling, hoch auf der Leiter vorm Bücherbord, ihnen zuriefe, daß eben ein kleiner Junge draußen ihn ganz so ansah wie sein verstorbenes Brüderchen, als die böse Krankheit es am Hälschen würgte? Sie würden alle so wenig darauf geben, so wenig nach ihm blikken, wie der dicke Fleischermeister nebenan an seinem Hauklotz sich deshalb umwenden würde. Nur die Alte in ihrem Holzstuhl vor dem kleinen Haus, die da mitten zwischen braunglasierten Einmachetöpfen, blauen Schalen und bunten

Paartöpfen thront und ihre Katze im Schoß streichelte, blickt mit den tränenden Augen über den Platz vor der Brücke, weil der kleine Fleischerpinscher so laut kläfft. Es gilt nicht der Katze, die fühlt das und liegt ruhig, als der Pinscher an der Schürze reißt und unruhig hinter drei zuckenden Schatten hin- und herläuft. Der kleine mittelste Schatten trägt einen hellen Schein wie eine Pusteblume. Aber die Alte kann das nicht mehr sehn, wenn sie auch die Hand über die Augen legt. Mittagswind weht den Staub wirbelnd von der Brücke über den Platz. Es blendet die Sonne, es blendet das grelle Funkeln des Pregelwassers, blank und braun treibt es um die schwarzen Pfähle der alten Brücke. Grünes Wassermoos hängt daran, Zwiebeln und Äpfel treiben darin. Aber man darf nicht danach blicken, nicht zur Seite abbiegen, wo die Kähne liegen, Bord an Bord, über deren Gemüse- und Kartoffelberge jetzt der Rauch der Mittagsfeuer zieht, wo die Mütter in hellen Jacken und Kopftüchern Speck braten. Wo unter den wilden Birnbäumen, unter den geteerten Budendächern Frühobst duftet und schwarze Tilsiter Schuhe hängen, wo der gute Mann mit dem weißen Kranzbart in der Gildefischerhalle sitzt, der der Mutter am Freitag die Fische mit dem Kescher aus dem großen Faß hebt.

Ein fremdes Wort knurrt böse und herrisch, als man nach dort abbiegen will. Tief beugt sich der blonde Lockenkopf. O wie müde blickt der Scheck empor aus den schwarzen Augen! Die Sonne glänzt nicht mehr auf seinem schwarz-weißen Lackrücken, der Schatten der Buden auf der alten Brücke liegt über ihm. Hier stehn noch ein paar auf der rechten Seite, bunt wie am Johannimarkt, links sind nur noch ein paar kleine, halbleer, grau und bettelhaft. Zwischen denen kann man den ochsenblutgestrichenen Fachwerkgiebel des Schlachthofs sehn und die schmalen, altersgrauen Heringsspeicher daneben.

Klein-Jungchens müde Augen blicken auf. Aber sie werden

nicht blank, er lächelt nicht, auch nicht, weil die beiden jetzt langsamer gehn, der Griff ihrer Hände nicht mehr so fest ist wie bisher. Dabei ist's, als ob er mit ihren stechenden scharfen Augen all die bunte Lockung in den großen Buden sieht – nie hat er all das so gesehn, wenn er mit der Mutter und den Bäschen einmal hier war! Nie war der Thorner Engel über den Kataschinchenpäckchen so groß und bunt! Nie waren die Steinpflaster so weißbezuckert, die Herzen so rot und golden beklebt, nie sahen die Locken aus Gerstenzucker so honiggelb, die Lakritzen so schwarz aus dem Glas. Aber es läuft Klein-Jungchen nicht die frohe Gier in dem ausgedörrten Mündchen zusammen. Bitter, bitter ist es darin, trotz allem Durst. Auch die Pflaumenmännchen mit der Schornsteinfegerleiter könnten den bitteren Durst nicht löschen. Sie bilden den Übergang zu der bunten Parade des Spielzeugs, zu den braunen Pferdchen aus giftgrünen Brettern, den Tonvögelchen, die so süß trillern, wenn man sie im Hof an der Pumpe füllt, den Trompeten mit den schwarzweißen Schnüren und den Jagdhörnern mit den grünen Troddeln. Ja, nun sieht Klein-Jungchen doch auf, und die tiefeingesunkenen Augen glänzen. Da oben an der Dachleiste der großen Bude, über dem Stapel der Moritatenbücher, schaukelt eine ganze Reihe Puppen: weiche Strickpüppchen, nackte Lederbälge und schöne, rot und blau angezogene Mädchen- und Jungenspuppen mit kohlschwarzen oder zitronengelben Locken über weiß und roten Mondgesichtern. Ganz heiß wird es einem, wenn man sie da oben tanzen sieht, vom Däumerling bis zur kindergroßen Puppe. Man spürt sogar Hunger bei dem Fleckdunst, der aus der leergekratzten Kumme auf dem Verkaufstisch kommt, hinter der es aus dem Budendunkel so behaglich und satt schnarcht.
Die Hände lassen einen los. »Schöne Puppen, was?« flüstert eine Stimme aus einem Dunkel voll kreisender Feuerringe, eine Stimme süß wie Pfefferkuchen. »Schön, was, Engelchen?«

Heißer Atem wirbelt über das kleine Ohr. Die glänzenden Kinderaugen hängen an der tanzenden Puppenreihe, die sich da oben mit luftigen Zappelbeinen dreht. Er steht allein. Der eine der beiden Fremden geht pfeifend bis mitten auf die Straße, schiebt seine Pfeife in den Mund, zieht das Feuerzeug vor. Aber über Schwamm und Zunder spähen die glitzernden Augen über die leere Brücke, die Buden, die Straße. Nur nicht auf Klein-Jungchen, der langsam mit groß aufgerissenen Augen hinter die erste der beiden halbleeren Buden zurückweicht. Was hat der Große gezischt? »Paß auf, du!«

Klein-Jungchen paßt auf. Weit ist er hinter die schmutzige Leinwand gewichen, den Rücken hat er an die kalten Eisenstäbe des Brückengeländers gepreßt, den Kopf zurückgeworfen. Vom Mittagswind gehoben, wehen die langen hellen Locken glänzend wie Flachs über das braun-blanke Wasser, das durch die Ritzen in den grauen Bohlen funkelt. Klein-Jungchen sieht nicht nach dem treibenden roten Apfel im Pregel. Starr blickt er nach dem Fremden.

Wie kann einer so leise gehn und so rasch! Wie kann man so sacht und so hoch den Arm heben! Lange Finger, knotig und geschmeidig wie Schilf, umfassen die schönste und größte der Puppen. Einen Augenblick lang schnellt das bunte Gelichter mit angstzappelnden Schlenkerbeinen in der Luft. Dann tanzen sie gleich weiter, nur ein bißchen rascher als vorhin, um die große schwarze Lücke, wo eben noch die Hand hingriff, – die harte langfingrige Hand, die böse Hand, die Böses tat. Böses! dröhnt die Glocke unter den Locken in den Schläfen. Böses! schlägt das Hämmerchen in der vor Angst und Abscheu zerspringenden Kinderbrust, nach der die schreckliche Hand gleich greifen wird, um einen zu packen und verschwinden zu lassen wie die schöne, schöne bunte Puppe – – –

»Kick mal, Borchertsche, dem Kruschelkopp! Sone witte Hoarkes!« sagt die eine der alten Frauen, die unten auf dem Floß vor dem Speicher knien. Sie zieht das triefende Heringsfaß aus dem Pregel, schwenkt es, stellt es in die Reihe der anderen reingescheuerten und stößt mit der Hand, die den Scheuerwisch hält, ihre Nachbarin an. Die schiebt mit dem roten Gichtarm das schwarze Kopftuch vom graugelben Scheitel, richtet sich auf und sieht nach der Brücke. Hinter den alten Buden weht es durchs Geländer, schimmernd und hellflockig wie eine Pusteblume im Wind.

Das runde Gesicht der alten Frau spannt sich, weit auf steht der zahnlose Mund. »Dat ös joa, dat ös joa« – ihr Herz klopft so, als sie sich mühsam aufrichtet, daß sie die nassen Hände auf die lose Jacke preßt, ehe sie das nach Lake riechende Sacktuch von der buntgestreiften Schürze reißt. Unerklärliches Entsetzen benimmt ihr die Luft. Dunkelrot ringt sie nach Atem. Dann ruft sie, so laut sie kann: »Gustelche, wacht man! Kruschelkoppke!«

Die mittagsheiße feuchte Wasserluft trägt die schrille alte Stimme. Klein-Jungchen dreht mühsam den müden Kopf, ein roter Apfel tanzt unten im funkelnden Wasser auf das Floß zu. Da steht eine alte Frau und winkt und ruft. Vertraut ist die Stimme, das Kopftuch, die rosa Jacke.

Klein-Jungchens Brust weitet sich. Tief, tief trinkt er den Wasserdunst, den Fell- und Teer- und Fischgeruch, den süßen Heu- und Obstduft. Das füllt den ausgedörrten Schlund, gleitet sanft und warm durch den Körper, nun klopft es darin nur noch wie Meister Jautelats Schusterhammer zu dem ausschwingenden Glockensummen unter den langen hellen Locken, deren Schweiß der Mittagswind trocknet. Aber als er laut auflachen will, wird es zu einem Schluchzen, zu wildem Weinen, das laut aufgellt. Aber es geht unter in jähem Lärm.

Vom Ladentisch der Puppenbude drüben fliegen klirrend die Tonvögelchen, Spanschlangen rascheln den blanken Murmeln nach, die über die Bohlen laufen und sich aufblitzend und klatschend ins Wasser stürzen. Lakritzen und Pfefferkuchen springen mit den Pferdchen in den Staub, die

Fleckkumme fliegt splitternd und klirrend ans Brückenhäus-
chen, und eine wutzitternde Greisenstimme kreischt: »Hal-
tet den Dieb!«

Es wird auf einmal lebendig in den Buden, es ruft von Floß
und Kähnen, es schreit aus Speicherluken und Schnapsläd-
chen, nun braust es heran mit Spreu und Staub. Holzkorken
klappern, Schlorren flappen vorbei, buntgestickte Frauen-
pantoffel gleiten auf blanken Ledersohlen, nackte, braune,
staubige Kinderfüße klatschen federnd vorbei, tranduftende
Stiefel wuchten über zitternde Brückenbohlen. Über die
Brücke, hinab zur Anfahrt, vorbei am Bollwerk, an den Linden, treibt es wie Herbstlaub im Gewitterwind und
schwenkt jäh nach rechts, zu der Seitenbrücke am schmalen
Pregelarm. Aber wohin nun? Wie Wasser am Wehr staut
sich alles, als da die Winden knarren, die Ketten klirren, die
grauen Brückenflügel sich steil erheben. Und als zwei
schwarze Schatten, die gleitend noch eben am Bollwerk ent-
langliefen, nun katzengewandt über die Kette springen, am
Geländer sich die steile Wand hinaufziehn, über den sich
weitenden Spalt setzen, unter dem das Wasser blinkt – und
hinabgleiten von dem andern Brückenflügel in das bergende
Gäßchengewirr des menschenleeren Kneiphofs. In dessen
Mittagsstille nur noch das Geschrei gellender Enttäuschung
dringt und gaffenden Eifers, der nichts mehr gewahrt als
einen hochbeladenen Holzkahn, der kienduftend und gold-
gelb-strahlend bedächtig durch die Brücke zieht.

Auf der anderen, nun ganz leeren Brücke vor den Buden
schließen sich im selben Augenblick zwei greise, nach Lauge
und Lake riechende Arme um einen vom Weinen geschüttel-
ten Kinderkörper, streicheln weiche rote Hände den Scheck
und einen flachshellen Lockenkopf, der sich tief in die bunt-
gestreifte Schürze bohrt. Und eine gute, sanfte, alte Stimme
sagt kosend in Klein-Jungchens Ohr: »Si man stöll, Kruschelkoppke, wie goahne to Huus!«

MORGENDÄMMERUNG

Der nasse Schnee krümelt durch den nebligen Märzmorgen. Der Wind kommt stoßweise und schon mit einem ersten Frühlingshauch vom Hafen her über die Giebel der schmalen hohen Häuser. Immer wenn er aussetzt hört man das schwere schwingende Dröhnen der Domglocken, die härteren Glocken des Schloßturms klingen manchmal dazwischen. Durch die engen, glitschig feuchten Gassen kommen ein paar Frauchen, ein paar Konfirmanden mit Gesangbüchern – sonst ist alles sonntagsstill und verschlafen, hier und da sind noch die braunen und grünen Rouleaus vor den Fenstern, und an der offenen Ladentür von Koppke Blells Nachfolger steht gähnend der jüngste Lehrling und mault hinüber nach dem heut geschlossenen Seifenladen. Er möchte so gern hinüberlaufen in die Schuhgasse und die Brandstelle von heute nacht sehen. Fein war's, als die Schnarre rasselte und der Feuerruf durch die Gassen gellte und das Geschrei von Fenster zu Fenster und dann das Hufgeklapper der Feuerwehrgespanne, das Räderrollen und der rote Gleisch der Fackeln mit dem wütenden Geklingel unten vorbeisauste! Ein ganzer Giebel mitsamt dem Trockenwolm ist abgebrannt, alles was auf dem Boden war an Betten und Wäsche – und er hat nicht hindürfen und zusehen. Kann bloß so aufschnappen, was die Aufwärterin von dem alten Herrn drüben beim Sirupkaufen sich mit der Köchin von Justizrats (zehn Blatt Gelatine, eine Zitrone – immer neumodisch und nobel –) erzählen. In dem Eckhaus gegenüber dem Feuer, die junge Frau soll vor Schreck gleich niedergekommen sein. Richtig, die dicke Tine, die so niederungsch spricht, ist auch heut gar nichts holen gekommen, ihre Frau muß wohl sehr krank sein. »Was wird denn aus so e Wurm?« hat die Alte gesagt und den Sirup vom Schmeckfinger geleckt.

Ja, was wird draus? Vorläufig liegt es fest eingebündelt in kreuzweis geschnürte Wickelbänder unter einem hohen weichen Daunenzudeck in einem großen schneeweiß gestrichenen Korbwagen mit dunkelblauen Schnörkeln und dunkelblauen Gardinchen in der warmen Ecke zwischen dem großen Wäschespind aus Zuckerkistenholz und dem lilaglasierten Kachelofen, aus dessen Messingröhrentür es nach Fenchel- und Kamillentee duftet, und schläft den tiefen Druselschlaf des Neugeborenen. Gar nicht gestört von der Tatsache, daß es kein kleiner »Carl« ist, wie man von ihm erwartete. Auch nicht bewegt von dem Schrecken der Hebamme über seine Winzigkeit, die ihm bei den Seinen nur nützte und einigermaßen den Nicht-Carl gutmachte. Denn sie sind in des Vaters Familie durch Generationen so auf die Welt – richtiger gesagt, nach Preußen – gekommen, über die Maßen klein und spinnendünn, ganz anders als die kugelrunden rosigen kleinen Landkinder in der kinderreichen Verwandtschaft der jungen Mutter, die viel zu müde ist, um sich über dies Untererdchen zu verwundern und es nach langen Krankheitswochen erst sehen wird, wenn es fett und behaglich auf dem Arm seiner braunen Amme sitzt.

Vorläufig betrachten es zwei alte Damen mit Wellenscheiteln, die alle fünf Minuten die blauen Gardinchen aufheben, aufs freundlichste lächelnd, wenn sie auch jedesmal dazu ein bißchen seufzen und leise sagen: »ein Mädchen«. Das heißt, die eine sagt es, die jüngere und immer noch zierliche und ganz sichtbar hübschere in dem tabakbraunen Taftkleid. Die andere sagt: »Na, wenn sie nur nicht auch Caroline zu heißen braucht!« – und rührt gedankenvoll in der Kaffeetasse, die vor ihr auf dem breiten Fensterbrett steht. Der Kaffeeduft quillt durch die ganze Wohnung, er ist stärker als der Fenchel- und Kamillenduft, als der weichliche Geruch nach warmem Badewasser und Rosenseife, als ein deutlich spürbarer Geruch nach Karbol. Mit diesem kommt er aus der halbangelehnten Tür des Zwischenzimmers, wo Frau Neubauer im sanften Licht der blauen Glaslampe neben dem eschenen Bett der unruhig atmenden Wöchnerin in einem der roten Ripssessel aus der guten Stube sitzt und aus der großen Bunzlauer Kanne, die auf dem Rokokotischchen neben ihr steht, sich immer wieder einschenkt. Aber man merkt, daß dieser Kaffee, so prima die Sorte, für Frau Neubauer keinen reinen Genuß bedeutet, sie gießt in Gedanken noch zu, als der blau und gelb gewürfelte Krug halbvoll ist. Sie seufzt und schüttelt den Kopf – sie hat ein gutes großes Muttergesicht mit sonderbar hellen ernsthaften Augen –, und dann nimmt sie die Kaffeekanne und eine braune Schale, in der auf einem Frieslappen Eisstückchen schmelzen, und steht sehr leise auf.

Als sie lautlos auf ihren Filzschuhen durch die Wohnstube kommt, nicken ihr die beiden alten Damen zu. »Na, wir werden uns hier noch öfters sehen«, sagt die ältere vergnügt. Sie hält grade eine Strähne weißer Wolle auf den zierlichen beweglichen Händen, und die Schwester wickelt mit höchster Gewandtheit ein kunstreiches Knäul. Auch sie lächelt ein bißchen und blickt über die Brille nach der Hebamme. Die bleibt unhöflich ernst. »Wie Liebes Gottchen will«, antwortet ihre immer müde leise Stimme. Sie geht in das nächste Zimmer, das kleine Kontor des Hausherrn. Er sitzt am weitausgezogenen Sekretär und schreibt. Die Feder in dem Korkhalter gleitet mit leisem Kreischen über das blanke Papier mit dem Firmendruck. Schrägauf fliegen die engen Zeilen vor Freude. Die Neubauer sieht einen Augenblick lang zu. Er hat sie nicht gehört. Sehr grau ist sein dichtes lockiges Haar in dem kalten Morgenlicht. Sehr grau schimmert schon der dunkle Kaiser-Wilhelm-Bart. Er lächelt still vor sich hin. Das Lächeln und die rasche Art wie er sich umwendet, als nach eiligem Klopfen die niedrungische Tine in der andern Tür erscheint, und der warme Aufblick der sonderbar strahlenden braunen Augen, die gerade wie die grauen Augen seiner Schwester über die Stahlbrille herübersehen, alles hat bei dem breitschultrigen älteren Mann etwas Reines, Kindliches und Lebhaft-Heiteres. Süddeutsch, würde die Neubauer denken oder südlich, wenn ihr das ein Begriff wäre. So blickt sie nur nach ihm hin mit ihrem klugen durchdringenden Mutterblick und nickt ganz leise. Er sieht es nicht, und die von Überwachtheit und Herdfeuer hochrote Tine auch nicht, als sie jetzt mit vergnügtem Grienen sagt: »De Prachersch. Beide.«

»So, so.«

Er lacht, ein ganz leises, wunderbar behagliches und ansteckendes Lachen und steht auf. Umständlich schließt er oben im Sekretär das Geldfach auf und nimmt aus dem grünen Drahtkörbchen zwei blanke Taler. Er schließt ebenso sorgfältig ab, schiebt den Stuhl genau an den Sekretär, spritzt die Feder aus, will sie an der Innenseite der Jacke auswischen, besinnt sich, daß es der lange Sonntagsrock ist, sucht nach dem ledernen Tintenwischer, legt die sorgfältig gereinigte Feder genau zwischen den spitzen Faberstift und den Blaustift quer vor den Löscher, macht noch in dem Doppelfenster die Winterraute auf, ergreift sein ungewöhnlich großes blendend weißes Taschentuch, das bisher auf dem Fensterbrett neben einem aufgeschlagenen Band »Boz, Klein-Dorrit« lag, und ist nun bereit, den beiden, der Neubauer und der Tine, die geduldig der Abwicklung dieser Hausordnung zusehen, voran in die Küche zu gehen, deren Tür die Tine schon aufklinkt.

Es ist eine der alten schmalen stockdüstern Küchen, die von der steilen Treppe nur durch eine wacklige Glastür getrennt ist, durch deren bunte geschliffene Scheiben man draußen schon das Flackern des Feuers unter dem tiefen Herdmantel, das Blinken der Messingkessel auf seinem Rand und das warme Licht des kleinen Lämpchens mit dem Blechschild sieht, das links an dem weitvorspringenden Schlotpfeiler hängt. Unter dem Lämpchen steht der weißgescheuerte große Küchentisch, und an ihm sitzen die beiden Hauspracher, die zu jedem Sonntagsmorgen nach dem Monatsersten gehören – die christliche und der jüdische.

Die christliche, die Großsche, ein mageres Gespenstchen, unter dessen schwarzem gestrickten Kopftuch zwei unruhige vergißmeinnichtblaue Augen schlau und schnell herumflitzen, um sich plötzlich blöde zu stellen und zu schließen, als ob sie wunder wie erschöpft ist, mummelt eben an einem Laibkuchen, dessen Zuckerguß sie erst mit der spitzen Nase genau beschnüffelt hat. Es riecht nach Rosenwasser, »von Popp«, sagt sie zufrieden. Aber dann knurrt sie: »eigentlich müßt Fladen sein!« Aber dann stippt sie den Kuchen tief in den Kaffeetopf, in den sie sich noch ordentlich Schmand aus dem Ringeltopf gegossen hat, als die Tine im Kontor war. Mit brauner Muskebade hat sie sich schon vorher reichlich aus der Steingutkruke versorgt. Ihr Gegenüber – sie sitzt auf der Bank vor dem braungeblümten Vorhang, hinter dem die Besen hängen, der alte, weißbärtige Mann im geflickten Schafspelz auf dem hohen, weißfichtenen Leiterstuhl – hat ein großes Franzbrot in der braunen Gichthand und vor sich ein uraltes geschliffenes Bierglas mit dünnem Tee, den er pustet und in kleinen Schlückchen schlürft. Er steht auf und verbeugt sich nicht ohne Würde, als der Hausherr zu ihnen tritt. Die Großsche stützt sich bloß auf die Tischkante und stöhnt, als ob Aufrichten über ihre Kraft ginge. Ihre Lider klappen herunter, sie hat schon die Taler in der kleinen, zartfingrigen Hand blinken gesehen. »Ich habe gehört«, sagt der Greis, er spricht langsam, ein wenig singend, mit einem tiefen Ch-Laut, »heute nacht« – seine großen, von hohem Alter ausgeblichenen Augen sehen in das warme, fröhliche, schöne Gesicht über ihm, forschend, väterlich fast, fragt er mit ganz leisem Zögern: »Ein Sohn?« Einen kleinen Augenblick lang ist es still. Der Märzwind stößt heulend in den Schlot, Funken stieben aus der Herdtür, der Dampf wirbelt zischend aus der Tülle des zinnernen Teekessels. Dann sagt der Hausherr langsam: »Ein Mädchen.«

»Ich gratuliere dem gnädjen Herrn und der gnädjen Frau und die junge Tochter und wünsche von ganzem Herzen!« Die Großsche leiert mit größter Eile ihren Glückwunsch. Ihre Augen saugen sich an der Hand mit dem Taler fest. Na endlich. Sie drückt die dünnen Hühnerpfoten zärtlich um das Geld und steckt es schnell in die große Hängetasche unter der Blaudruckschürze. Ihren Spruch betet sie nicht weiter her, sondern wendet sich ihrem Kaffee zu, nachdem sie Tine durch Augenblinzeln und Schniefen darauf aufmerksam gemacht hat, daß die ihr nachgießt. Sie sieht der Hebamme zu, die überm Spüleimer die Schüssel reinigt, ist aber so mit wandernden Äugelchen eifrig dabei, den beiden Männern zuzuhören. Der Alte streicht den Bart. Er hat auch schon seinen Taler und hat ihn ruhig mit einem leisen »Massel Tow« in die Brusttasche des Pelzes getan. Nun sagt er langsam, und seine Augen blicken über den funkelnden Kessel in das Rußdunkel des Herdmantels und sein verwittertes Gesicht wird still, groß und friedevoll, weise wie das der alten Frau, die gerade die braune irdene Schüssel aus der Wassertonne in der Ecke füllt und ihn aufmerksam anblickt, – »Eine Tochter kann viel Freude machen«, sagt er. »Und ein Sohn viel Kummer.« Sein Haupt sinkt auf die Brust. Dann schüttelt er sich als ob ihn friert, wie es sehr alte Leute nach einem kurzen Schlaf tun, neigt sich noch einmal, greift nach seinem Stock und ist auf einmal fort. Nur die Glastür klirrt noch ein bißchen.

Der Tine ist es ungemütlich: »Ei, was unser Puppche all gekriegt hat!« schreit sie mit ihrer heisren Stimme. »E Ballstrauß!« Und sie zeigt auf dem Küchenbort einen schon recht welken Strauß mit festgedrahteten Rosen und Parmaveilchen in runder, weißer Papiermanschette. »Den hat die jnädje Frau Fast dem Herrn jejeben für unsre kleine Marjell – se tanzten jrad dem Kotillon, wie er nach Eis lief!« – »Erbarmung!« meint die Großsche und fischt nochmal ordentlich mit dem Lindenholzlöffel in der Muskebadekruke, denn der Herr steht schon an der Tür und flüstert nur mit der Neubauer, die sich von Tine kleine Tücher geben läßt und sie zu Kompressen faltet. »Erbarmung! Bei Feuerlärm gekommen un so e Heemske un denn noch e Strauß wie fürm Sarg – na wenn das leben bleibt –.«

Die Neubauer ist wieder in die Wohnstube gegangen, und die jüngere Tante schlägt Maschen auf zu einem warmen Jäckchen, und die ältere probiert mit einem langen Wollfaden, ob sie noch »abheben« kann wie vor sechzig Jahren in der École am schiefen Berg und murmelt: »Bis sie mit der Nase auf den Tisch reicht – nur solange noch!«

Nebenan der Hausherr steht am Fenster im Kontor. Er sieht durch die offene Winterraute nach den zerrissenen Wolken drüben über dem hohen Giebel, über dem ausgebrannten Nebenhaus mit den schwarzverkohlten Balken, den leeren, zersprungenen Fenstern. Ein paar feuchte Flocken wirbeln herein, zergehen auf seiner Stirn. Das Morgengeläut im Dom klingt sachte aus. Ein tiefer Glockenklang dröhnt zitternd wie sommerlicher Hummelsang nach. Er wartet ob noch einer kommt.

Nein, es war der allerletzte.

Und er schließt das Fenster.

FREUNDSCHAFT

Es ist sehr still in dem schmalen Zimmer wo der offene Sarg steht. Draußen geht der heiße Septembertag zu Ende. Kinderlärm, schrill wie Schwalbenruf, hallt um die purpurglühenden Backsteinwände des Doms, unter den alten Linden am Südchor und vor der Reichsbank. Von den Brücken kommt verworren das Klirren der Bahnwagen, das Rollen der Lastwagen. Aus den schmalen Giebelgassen des Kneiphofs, aus den steilen Straßen der Altstadt steigt der verebbende Tageslärm, Ausrufen, Streiten, Klingeln und Hupen mit dem staubigen blauen Abenddunst in die goldene Helle über den Mansardendächern, um die blitzende Taubenschwärme kreisen. Propellergedröhn rauscht über die Dominsel, surrt über das zitternde Haus und verhallt summend.

Sehr leise klingt das alles nur bis in das schmale Zimmer. Von den zugezogenen hellen Vorhängen weicht der letzte Streifen Abendsonne. Aus der blassen Dämmerung starren die weißverhüllten Spiegelscheiben des großen Empirespindes, die leinenumwickelten Riegel der offenen schwarzen Türen des hohen Kachelofens, an dem der braune Sargdeckel lehnt. Der bitterliche Waldduft der Tannengewinde, die die weißen Asternkränze an dem Sarg halten, der Moschusduft der frühen Chrysanthemen mischt sich mit dem Honigduft der Wachskerze, die in dem Rouenleuchter auf dem Pfeilertisch zwischen den großen Gladiolensträußen brennt. Warm und tröstlich lebendig ist ihre Flamme. Sie spiegelt sich auf dem braunen Sargrand, auf dem glatten Totenkissen, leuchtet durch das zarte Gewebe des zurückgeschlagenen Schleiertuchs und scheint auf die schöne hohe Stirn unter dem langen seidenweichen, vom Todesschweiß gedunkelten und geglätteten grauen Haar. Im Schlafverlangen übergroßer Müdigkeit ist das sanfte Greisengesicht zur Seite geneigt. Friedlich, wie die eines Kindes, liegen die schmalen Hände über dem schwarzsamtnen Gesangbuch gefaltet.

Sehr leise wird die hohe weiße Türe geöffnet. Zwei Frauen treten an den Sarg. Die Kränze daran rauschen, es rauschen die schwarzen Kleider, wie die beiden sich über den Toten neigen. Ein Mund, sehr gleich seinem müden Mund, streift die wächserne Hand, die vorsichtig angehobene. Die andere Frau, die ältere, schiebt sacht einen Kastanienzweig in die schwer niedersinkende Hand. Er ist herbstdürr und schwarz vom Kohlenstaub der großen Stadt. Grün und rund legen sich die reifen Früchte in die Hände des Toten.

Der Abglanz eines zärtlichen Lächelns geht leise über das geneigte Frauengesicht mit den großen dunklen Augen. Sehr schmal sind die Schläfen unter dem dunklen Haar, leise und mütterlich gut ist ihre flüsternde Stimme: »Ja, er ist von ihrem Baum. So ein lieber junger Mensch kletterte herauf und holte mir den Zweig, als ich ihn drum bat. Er baut dort an dem Autoschuppen. Morgen wollen sie die Kastanie abschlagen.«

Jemand weint leise. Sanft wie eine Wiegendecke wird der weiße Schleier über das stille Gesicht, über die müden Hände gebreitet.

Schwer, schwer ist der Schlaf des Toten. Traum gleitet durch ihn wie Sonne durch windbewegtes Laub, durch herbstgelichtete großfächrige Kastanienblätter in krausen Kronen. Große grüne Früchte tropfen herunter, springen auf im Sand, zeigen blankes Braun in samtner Weiße. Blanke braune Kastanien dreht man in der Hand, stolz und reich, so viele Kastanien! Eben hat Hermann sie heruntergeworfen, Hermann, der wieder oben auf dem großen Zweig sitzt wie damals an dem ersten Morgen, als man durch das gelbe Laub auf dem weißen Weg raschelte an den welkenden Resedarabatten und Nelkenbeeten des Stiftsgartens vorbei nach der alten Kastanie am Zaun des Nachbargartens. Sehr klein war man gewesen im karierten Kittel mit dem Ledergurt, noch mit wehenden weißblonden langen Locken, wie eine große Pusteblume. Und oben aus den großen gelben Blattfächern sah erwartungsvoll ein schmalschläfiges kleines feines Jungensgesicht, blickte aus dunklen Augen nieder, lächelte leise, zärtlich. –

Eine Uhr schlägt, eine ferne Kirchenuhr: sechs! Komm rasch herab, Hermann, gleite kätzchengewandt am Stamm herunter, es ist höchste Zeit herüberzulaufen nach dem Laden, es ist doch Sonnabend! Gleich wird dein Vater die große englische Standuhr aufziehn, gleich wird sie schlagen, hell und hoch und silbern. Wir sind artig gewesen in dieser Woche, wir dürfen dabei stehn und zusehn und uns umblicken in dem großen dämmrigen, mennonitisch eigenen Laden. Es riecht verlockend nach Backpflaumen und Zichorie, nach sirupbrauner Muskebade, nach englisch Gewürz und Mandelseife. Die Messingwaage blitzt auf der eichenen Tonbank und allerlei Luftiges und Buntes hängt darüber, spitze Tüten, Schnüre und Beutel. Wie gern möchte man selbst einmal all die braunen Schubfächer mit den weißblauen Namensschildchen aufziehn, groß genug sein, um in Fässer und Säcke zu blicken! Aber das darf man nie. Vielleicht ist's gut so, hinter den Butterfässern und nach der Kellertreppe zu, wo die gelbe Katze liegt, ist es sehr dunkel. Man faßt rasch nach Hermanns schmaler Hand und ist froh, weil grad Lisette, seine große Schwester, schnell durch den Laden läuft und die Tür zur Küche auf läßt, aus der die rote Herdglut unter dem Kessel auf dem Dreifuß strahlt. Wie hübsch ist Lisette mit dem dicken Nest schwarzer Zöpfe über dem weißen Krägelchen am glatten grauen Kleid und mit den freundlichen dunklen Augen! Wie ist es beruhigend, wenn sie einem mit der Hand durch die Locken fährt, grad wie die Uhrgewichte so ächzend schnurren. Ehe sie zurückläuft nach der Glastür mit den Gardinen aus Purpurkattun und ruft: »Du mußt jetzt nach Hause – deine Mutter hat schon zweimal am Gartenzaun gerufen!«

Nach Hause! Ja, er ist zu Hause. Es war gar nicht die alte englische Standuhr mit der hohen Silberstimme, es war der hummelsanfte Schlag der Domuhr, der Feierabend rief durch den milden Sommertag. Eben hatte er Hermann besucht in seiner hübschen neuen Wohnung in der Roggenstraße und hatte seine kleinen Mädchen bewundert, die die schöne Mutter so stolz zeigte. Bei den Mürbekuchen, die

Lisette geschickt hatte – ganz nach dem guten alten Rezept gebacken, das noch aus Friesland stammte –, hatte man der jungen Frau und den Kindern vom Stiftsgarten erzählt und von dem alten Laden, von den grünen Mützen der Burgschule, von den Wanderungen im Sommer nach Wilkie mit der grünen Botanisiertrommel und zwei Groschen drin, um sich am Landgraben ein Glas Milch zu kaufen. Alles hatte man mit dem Freund wieder aufleben lassen: die Sonntagswege der Lehrlingszeit bis zur Hufenschlucht, wo man unterm Weißdorn lagerte und sich die ›Urania‹ vorlas und den ›Mohrenkönig‹, den man sich abends mühsam abgeschrieben hatte in aller Winterkälte. Von dem strengen alten Chef hatte man erzählt, ehrbar, gerecht und fleißig wie der Taufgesinnte es sein soll und alles gewahrend, so daß man sich immer wie ein Fibelschüler neben ihm vorkam bis zu dem feierlichen Tag der Demittierung. – Zu denken, daß Hermann da schon selbst Chef war, blutjung und mädchenzart, mit der Sorge für das Geschäft, für die verwitwete Tante, für verwaiste Bäschen und Geschwister auf den schmalen Schultern! Währenddem fuhr man schon selbst in der eiskalten Postkutsche durch die Provinz bis tief nach Masuren, saß eingeschneit halbe Tage lang in den allerersten Provinzbahnen zwischen klappernden Türen und zugigen Fenstern. Mühselig war das gewesen! Aber wie stolz war man auch, der Reisende der berühmten alten Firma zu sein! Wie ein Logengeheimnis hütete man ihr Geheimwort, wie eine Zauberformel nannte man die Firma, wenn man in die lauten Läden an den riesigen Marktplätzen der kleinen Provinzstädte trat. Der Stolz, als man den ersten großen Auftrag brachte, als die beiden alten Chefs mit einem Lächeln der Anerkennung die vornehmen weißen Köpfe neigten!
Wie lange schien das jetzt schon her! Man war selbständig, war in die Korporation aufgenommen, in die Sterbekasse der Kaufleute und Mälzenbräuer eingekauft wie die Vorfahren. Man ging abends in die Börsenhalle, man las in der Hartung-

schen Zeitung und in der Vossischen, man spielte eine Partie
Billard oder Whist und konnte es eigentlich nicht abwarten,
heimzugehen in die eigene Wohnung, in das eigene Kontor.
Der Schlüssel quietschte in dem Schloß der weißen Rokoko-
tür über der steilen Treppe des alten Hauses. Einen Vorflur
gab es nicht wie in all den alten Kneiphofhäusern. Das
mußte man schon hinnehmen wie die dunkle Küche zwischen den Zimmern. Dafür war es eben die beste Geschäfts-
gegend. Behaglich war es und eigentlich schön mit den hohen Stuckdecken und den mächtigen Mauernischen an den
Fenstern. Man sah noch, daß dies einmal bloß die Festräume
des Hauses gewesen waren in den Zeiten, als Königsberg
reich war – damals, als die Schindelmeissers sich das große
Prunkhaus am Domplatz bauten, als in den Speicherstraßen
zwischen Hafen und Vorstadt, die noch kein Brand vernichtet hatte, das Getreide ganz Preußens lagerte, als die Urgroßeltern und die Öhme sommerüber in ihren schönen Land-
häusern auf den Hufen und in den Lizentwiesen wohnten
und nur für den Winter in die Stadt zogen, bis der »große«
Krieg und Napoleon das alles zerbrach.
Gottlob nun war Friede. Wieder Friede – anders als damals,
anders als in der Kinderzeit. Allzu gut entsann man sich
noch an Druck, an Enge, an heimliches Seufzen – nicht
leichter weil Andere, Liebste, es teilten. Die dahin gehn
mußten, ehe sie den Tag von Sedan erleben, Feiern und Fahnen sehn konnten wie man selbst – dankbar empfunden als
schönstes Symbol der Freude über das aufsteigende geeinte
Deutschland, in dem man leben, für das man arbeiten durfte!
Gewiß, sehr klein war dies eigene »Comptoir« mit dem großen eschenen Sekretär, mit dem hohen holländischen Steh-
pult für den jungen Mann und dem langen Eichtisch mit
der eisernen Kopierpresse drauf vor dem fichtenen Regal für
die Kopier- und Kontobücher. Hinter dem Gitterverschlag,
nach dem weißen Ofen zu stand da nichts mehr als das
schwarze Wachstuchsofa für die Kunden und das runde

Tischchen davor mit Wasserkaraffe und Feuerzeug. An der braungrauen Tapete hing nur die große Perthessche Wandkarte von Deutschland, der Abreißkalender mit dem kleinen Wetterglas (und der genauen Hamburger Flutzeit) und der Fahrplan. Aber es war doch das Eigene, mit mühevollster Arbeit verdient und bezahlt. Nun trug es Wohnung und Leben für einen selbst und die alten Schwestern im Stift und sollte bald noch mehr tragen: einen richtigen jungen Haushalt mit Frau und Kindern, so ganz so, wie Hermann ihn hatte!

Der Schlüssel dreht sich im Schloß, leise singt die Tür. Rauscht da nicht ein Frauenkleid über die Schwelle?
Es tut gut, den Federhalter einmal ruhen zu lassen, so leicht auch der Kork ist und einen Augenblick lang auf dieses Rauschen, diesen leichten Schritt zu horchen, auf das Lachen hinter der weißen Glastür und auf eine krähende kleine Stimme, die dort jauchzend dem Lachen und dem trillernden Kanarienvogel antwortet. Es tut gut, ehe man die Feder wieder eintunkt, um dem Kunden in Friedland den Empfang des geehrten Gestrigen zu bestätigen, auf dies Lachen zu hören und selbst vor sich hinzulächeln, wenn man an den Himmelfahrtsmorgen denkt und wie hübsch der jungen Frau das neue Kapotthütchen gestanden hat mit dem Vergißmeinnichtkranz, zu dem hellen Taftkleid. Hermanns Frau ist immer die Schönste, keine konnte sich wieder mit ihr vergleichen bei dem Frühkonzert des Sängervereins – aber die kleine lachende Mutter nebenan ist die zierlichste, die blondeste und fröhlichste aller Kaufmannsfrauen. Die Jüngste wird sie unter ihnen sein, wenn sie diesmal beim Silvesterball im Junkerhof ihre tanzenden jungen Landkusinen betreuen wird, diese zwanzigjährige Respektsperson mit den kleinen Händen, mit den blonden Seitenlocken an der Stirn, die so rosig, so rund und glatt ist wie die eines Kindes! Noch einmal bleibt die Feder in der Schwebe über dem Fir-

menbogen. Man schließt das kleine Mittelfach des Sekretärs auf, zieht ein Bündelchen Briefe vor, stockfleckig vor Alter, mit des Vaters feiner schräger Schrift bedeckt, ein altmodisches Haarkränzchen unter Glas (nicht ein bißchen verblichen ist Mutters Haar, zeigt noch ganz den silbrigen Schein, den nur das Haar veilchenäugiger Frauen hat), man läßt das Petschaft des Ohms im Licht blinken, freut sich an dem Adler, der zur Sonne fliegt, legt es vorsichtig in das Lackkästchen mit der Wachskerze und zieht unter dem verwelkten Cotillonsträußchen einen kleinen Kalender vor. Er trägt die Jahreszahl eines denkwürdigen Börsenmaskenballs, das Bild eines langgezöpften, ganz backfischhaften Rotkäppchens fällt heraus, so daß das Kalenderchen grad an der richtigen Stelle aufschlägt. Wie von selbst schreibt die Feder mit perlfeiner Schrift an das gestrige Feiertagsdatum: »Dreieinhalb Uhr. Tuta geht allein bis zur Domtür.«

Der Kunde in Friedland muß sich gedulden. Man muß doch noch ein bißchen in das Fach mit den Andenken blicken, auf ein paar alte verblichene Daguerreotypen, auf ein paar Schattenbilder, auf das zarte Miniaturbild eines gepuderten blonden Herrn im blauen Hochzeitsfrack. Es tut gut zu denken, daß das Kind, das beim Dröhnen der Domglocken zuerst die Wände anschrie, seine ersten selbständigen Schritte unter denselben Bäumen, auf demselben Pflaster tat wie jener, hier im Kneiphof aufwächst, behütet von den Giebeln, unter denen die Vorväter in ihren Kontoren saßen.
Gutes kam, Gutes wird kommen. Mit der kleinen, flaumfederleichten Hand in der eigenen wird man durch die Langgasse gehn, wird vor den staunenden blanken Braunaugen die Vaterstadt aufschlagen wie ein Bilderbuch. Der kleine weiche Mund, so gleich dem eigenen, so gleich dem des Urgroßvaters auf dem blassen Elfenbeinbildchen, wird wie ein Gebet die Namen nachstammeln: »Grüne Brücke – Kai – Lastadie –.« Zusammen wird man am Brückenkopf stehen,

da wo die Mutter einmal stand, ein kleines zitterndes Wais-
lein zwischen Großohm und Paten und mit ihnen in das
Flammenmeer am andern Ufer starrte bis der Pate tot hin-
stürzte, als drüben sein letzter Speicher den weißglühenden
Kran in das sprühend brennende Korn neigte. »Der Tränen-
damm«, »der Witwendamm« – nein Tutakind, sprich es
nicht nach, was da mit feuriger Schrift am Nachthimmel
stand für sie, die so hieß wie du! Komm, wir wollen lieber an
den Beischlägen entlang bergauf wandern und durch den
Schloßhof gehn, wo die Tauben flattern und der kleine
Brunnen unterm Krönungsgang singt. Wir gehn durch die
Französische Straße, an des Urgroßohms Mansardenhaus
vorbei nach unsrer Kirche, an der Schule vorbei, in die ich
und Hermann und Onkel Georg gingen. Blick durch das
schöne Tor, wie stattlich und breit sie da liegt, unsere Burgkirche! Dort links am Fenster auf dem Frauenchor saßen
immer die Mutter und die Grandmère. Ich saß unten neben
dem Vater und durfte sein Gesangbuch halten und kam mir
vor wie ein Mann in der grünen Schülermütze. Da wohnten
wir nicht mehr unter dem goldenen Osterlamm mit der
Fahne, das dir so gefällt, Tutakind, da wohnten wir schon
lange in dem alten Stift. Es gibt keinen Garten mehr in der
ganzen Welt, so groß wie den Stiftsgarten. Ganz grün war
er, mit Büschen von Provinzrosen, weiß und rot, mit runden
Nelkenbeeten und Resedarabatten so lang wie eine Reifer-
bahn! Und eine Kastanie war da, hoch wie der Dom und
rund wie eine Glucke! Es gibt nur noch eine Kastanie, die ist
beinah so schön: die steht in Hermanns Garten in der Vorstadt, zwischen Hof und Speicher. – – –

Wie kommst du in meine Hand, Kastanienblatt? Wie bist du
so grau von Staub, so herbstdürr, wie trägst du grüne
Früchte – jetzt, wo doch Frühling ist? Hellgrün, über und
über mit Kerzen besteckt, wölbt sich die Kastanie in der
Maisonne über dem Gartenhaus. Hermann steht darunter,

schmal wie als Junge. So bleich ist er. Das macht keine Früh-
lingssonne, keine Pfingstwärme. Mit den hageren Händen
zeigt er auf die hellblauen Stiefmütterchen, die in den buchs-
gefaßten Halbmondbeeten zwischen den gelben Grandwe-
gen blühn. Der kleine Sandsteinmerkur spiegelt sich im runden Wasserbecken, Schwalben schrillen über Speicherluken
und Torfahrt, aus dem Stall am schmalen Steingang klirren
die Ketten der Lastpferde, es duftet nach Heu und Getreide,
nach frischem Gras und Blumen. Kuchensüße zieht durch
die sonntagsstille Luft, aus der Laube mit den bunten Glas-
fenstern klingt Reden und leises Gelächter. Die Tassen klirren am Kaffeetisch, bunte Seidenkleider rauschen, Häkelhaken blitzen auf, Stimmen schwirren durcheinander. Auf der
Schwelle stehen Hermanns große Töchter, dunkelhaarig und
dunkeläugig, weiß und rot wie Lisette es war, ganz erwachsen in den neuen blauen Tunikakleidern und die junge Patin
bückt sich zärtlich zu Tuta nieder, die sich scheu und glücklich an ihre Hand schmiegt – Tuta, ehrpusselig und rund im
weißen gestickten Kleidchen mit dem Korallenkreuz am
Samtbändchen, die bewundernd nach Hermanns Jüngster
blickt, wie sie unter der Kastanie auf und ab spaziert, ein
rotseidenes Puppenschirmchen über dem dunklen Lockenkopf mit der kleinen Stupsnase.
Von draußen, von der Vorstadt her, kommt schrilles Klingeln durch die Sonntagsstille. Alle horchen auf, sogar die
Häkelnadeln ruhn. »Die Pferdebahn!« sagt Hermann. »Ja,
nun haben wir sie und können schon bis auf die Hufen
fahren. Vielleicht sogar bald bis Juditten. Was wird noch
alles kommen?«
Er seufzt ein bißchen, wie man nun Arm in Arm – schwer
stützt sich Hermann auf, er, dessen Hand man nie fühlte –
langsam um den Merkur wandert. »Vielleicht fliegen unsere
Enkel noch mal durch die Luft.«
»Ja, warum sollen sie nicht? Der Amerikaner meint, in ein
paar Jahren wird sein Fernsprecher überall im Gebrauch

sein. In Berlin die Banken sollen ihn schon haben. Im Börsengarten – nein, ich weiß Hermann, du kommst Donnerstag nicht mehr hin, es ist auch abends viel zu kalt am Schloßteich, laß man, bis du wieder gesund bist – also da und auf Königsgarten spielen alle kleinen Bowkes mit Bindfaden und Pappscheiben Telephon. Manchmal geht's und manchmal geht's nicht. Eigentlich geht's immer nicht. Da lob ich mir unsere alte Flüstergrotte am Schloß hinterm Denkmal. Weißt du noch, Hermann, wenn wir da standen ehe die Wache aufzog, ich am offenen Tor vom Kürassierhof und du rechts nach dem Schloßberg zu, wenn ich da rief – man hörte schon von weitem die Knüppelmusik und die Pauke – ›hörst du mich, Hermann – hörst du?!‹« – – –

Alles verhallt, alles entgleitet, lautlos, wirbelnd – Frauenstimmen und Kindergelächter, Schwalbengeschrill und Kettenklirren, fernes Klingeln und sanft rauschender Maiwind in jungem Laub, Duft von schwarzer Frühlingserde und fallenden rotweißen Kastanienblüten. Nichts ist da als tiefe Dunkelheit und hinter bleischweren Lidern ein warmer Lichtschein, als ein welkendes, brüchiges Kastanienblatt in sehr müden Händen, als ein leises Weinen, ganz nah auf dem Kissen, als flüsternder Trost einer sanften Stimme, leise, wie Hermanns Stimme. – –

Etwas Weiches, Weißes, leichter als Daun, legt sich über einen, hüllt kühlend alle Müdigkeit ein, trägt einen empor aus dem engen Bett, aus dem stillen Haus, wie die Flocke einer Pusteblume weht es durch dämmrige Gassen.

Seltsam fremd, seltsam weit wird die Brücke, die Marktstände, die Giebel. Weit zurück weichen die Häuser. Helles Licht strömt über das Pflaster, Licht, so morgenweiß wie das Tuch auf dem Kommunionstisch. Blasse goldene Helle steht über einer geschwungenen Mauer, hinter den herbstgelichteten Wipfeln der großen Kastanien. Auf kantigem Sockel steht vor dem hellen Halbrund das Denkmal des ersten Königs. Auf gerafften Krönungsmantel, auf Lockenhaupt und Zepterstab taumeln die großen goldenen Kastanienfächer aus den krausen Kronen. Stachlige grüne Früchte tropfen herunter, springen auf. Braune blanke Kugeln glänzen aus samtnem Weiß, locken sie aufzuheben, in den Kittelbausch zu stecken, sie mitzunehmen zum Spielen. War man groß? War man eben noch von Plänen und Sorgen erfüllt, wie große Leute es sind? Wurde man alt, einsam und müde wie sie? – Ein Spiel, alles ein Spiel mit Steckenpferd und Steinen in der Laube am Levkojenbeet, mit braunen Kastanien auf der Bank im Stiftsgarten!

Hier steht man, sehr klein vor der riesigen Mauer in der blendenden Morgensonne, die scharlachrot durch die dünnen Lider flutet als man sie blinzelnd schließt, ehe man die langen hellen Flachslocken zurückstreicht, um Ohr und Mund ganz fest an die kalte Mauer zu pressen. Nun horcht man, horcht gespannt, schon ganz leise lachend vor froher Erwartung.

Eine leise ferne Stimme, eine so wohlbekannte – Hermanns Stimme – ruft aus der Mauer: »Hier bin ich. Hörst du mich?«

Die Stimme hallt aus, anschwellend, brausend wie Posaunenton.

Und aus tiefstem Sein antworten Mund und Herz: »Ich höre dich!« – – –

Sehr still ist das schmale Zimmer, in dem der offene Sarg steht. Aus der blauen Dämmerung leuchten die weißen Gladiolen. Die warme rötliche Flamme der heruntergebrannten Wachskerze in dem hohen Rouenleuchter flackert züngelnd, neigt sich einen Augenblick zitternd, ehe sie ruhig weiter brennt. Ratternd fährt unten ein Wagen vor. Schwere polternde Schritte kommen treppauf und halten einen Augenblick vor der Tür, die leise ganz weit geöffnet wird.

VON DER BÄRENAPOTHEKE BIS OXBÖL

Wenn ich als kleines Mädchen mit einem der Großen durch den Kneiphof wanderte – wir wohnten in einem schönen alten Doppelgiebelhaus am Ende der Magisterstraße, das einem alten Ehepaar Unruh gehörte, führte unser Weg in die Brodbänkengasse (»Straße« hieß es erst später, als wir es mit »fein«- und »modern«-werden bekamen). Dort, wo unsre Minna mit flatternder Schürze abbog, um mit dem braunlackierten Weidenkorb am Arm durch die Fleischbänkengasse zu den Käsekähnen am Kohlmarkt, oder zu den Gildefischern an der Schmiedebrücke, oder über den Altstädtischen Markt zu »Rosenfeld« oder »Heller« einkaufen zu gehn – dort kreuzten Johchen und ich die Straße (Johchen, Minnas Schwester, meine geliebte Spielkameradin, war unser Kindermädchen, ein liebes, seelisch und körperlich feines und gutes Wesen). Erst bewunderten wir noch im Eckhaus die Auslagen des Gewürzkrams von Blell's Nachfolger und setzten auf den Geruch von Heringen und Sauerkraut den von grüner Seife, Petroleum und Schuhwichse am steilen Treppchen seines Gegenüber, des Seifenlädchens, nachdem wir uns versichert hatten, daß kein Rollwagen vom Domplatz oder von der Rathausseite her drohte.

Waren Johchen und ich aber über alle Gefahren beruhigt, dann traten wir vor den braun angemalten *Sandsteinbären* in der Nische der *alten Apotheke*, deren Namenspatron er war. Johchen hob mich auf, so wie es am Sonntag der Vater tat – und ich küßte den Bären auf das abgeplattete Maul. Wir glaubten, daß die Küsse der vielen Kinderlippen es so abgewetzt hätten. Nie sah ich, daß die Bären an der Rathaustreppe einen Kuß bekamen – vielleicht lebte dort das schon halb vergessene Grauen vor dem Pranger noch nach. Aber dieser Apothekenbär war gut und braun und wohlwollend. Dann standen wir vor dem eingebauten steilen Treppchen und sahn nach der Glastür der *Apotheke*. Welch ein Fest war es, mit einem Rezept – und wie lang waren die – dort hinaufzugehn. Da der Onkel Doktor zu jener Zeit gerne etwas verschrieb, war dies Fest gar nicht so selten! Noch gab es keine festen Packungen, keiner ahnte etwas vom Bayer-Kreuz. Alle Medikamente wurden in den schmalen, grau tapezierten Apothekerstuben, zur Seite des engen Korridors, selbst hergestellt. Hier auf der Bank vor der Windfangtür (durch die man den Hausflur bis zur Kellertür und der alten Treppe sah) wartete man geduldig mit den vielen Andern, die da saßen und standen und sah sich um.

Hinter uns, die linke Stube war der *Homöopathie* vorbehalten. Diese Heilweise stand damals, wohl dank des vorzüglichen Arztes Dr. Wugk, der in dem alten Haus am Münzplatz praktizierte – das einmal meinem Urgroßvater Adler gehört hatte und zuletzt meinen Freunden Justizrat Güßling –, in Königsberg in hohem Ansehn. Besonders ältere Damen waren ihr gewogen, deren Tage durch Tropfennehmen und das Abzählen winziger Kügelchen das Ansehn nutzbringender Tätigkeit gewannen. Aber in unserm Kneiphof schien man sich mehr ans bewährte Alte zu halten: ich erinnre mich nicht, jemals einen Provisor oder Kunden in diesem sonntäglich aufgeräumten Apothekenzimmer gesehn zu haben. Seine Öde beklemmte mich und ich blickte lieber zur andern Seite, wo es vor und hinter der braunen Schranke so viel zu sehn gab! Vorne die Wartenden: dicke Marktfrauen, Faktore in blauen Blusen, Land- und Stadtleute, Schuljungen mit Seehundsranzen, braungebrannte Schifferkinder, weißblonde Litauerjungens von den Kartoffelkähnen, alte Seeleute mit Silberohrringen und grauem Kranzbart. Dazu grell geputzte, rosenwangige junge Damen mit krausen Stirnlöckchen und hohem »Kü«, vor denen die alten Frauchen im Stricktuch und auch mein sanftes Johchen ein bißchen abrückten, so bereitwillig sie auch der Köchin des Dompredigers und des Justizrats Platz machten.

All diese Menschen, groß und klein, alt und jung, brachten lange, dichtbeschriebene Rezeptzettel mit oder kleine, unordentlich abgerissene selbstgeschriebne Papiere. Sie sahen alle keineswegs sehr leidend aus, waren aber eingehenden Flüstergesprächen über ihr eignes Leiden und das der Nächsten gar nicht abgeneigt, sprachen auch gerne und ausführlich über Geburt und Tod. Alles im heimatlichen Platt, das damals noch zwischen und am Pregel überall gesprochen wurde und weitaus besser klang als der es später verdrängende Dialekt.

Wenn es mir beim Zuhören langweilig wurde, glitt ich unbemerkt an die Schranke und reckte mich, um herüberzusehn und zwischen den großen Medizinflaschen den Herrn Provisor zu bewundern, wie er das Pincenez zurechtrückte, um ein Rezept zu entziffern. Oder ich sah die jüngeren Gehilfen, wie sie hinter dem pultartigen Ständer hantierten, Porzellanbüchsen und Tiegel von den dunklen Eichenborden herablangten, füllten und leerten, maßen und rührten, oder nach den Vorratsräumen hinten gingen, solch schwarz beschriftete Büchse oder eine große Flasche in der Hand, wie sie damit wiederkamen, einen Salbenspachtel in der Hand oder ein würzig dampfendes Kasserollchen.

Auf den Borden standen gruselige Flaschen mit seltsamen Zeichen, mit Totenkopf und Gebeinen bemalt, voll schillernder oder schwarzdunkler Flüssigkeit, nur die riesengroße mit »Aqua destillata« auf dem Pult blinkte harmlos klar.

War aber ein Rezept gar zu unleserlich, oder stand auf einem Zettel was Ungewöhnliches wie Mückenfett oder Ameisenschmalz, dann wurde *Herr Kunze*, der Apotheker, gerufen. Meist arbeitete er an dem tiefen Fensterplatz, wog da allerlei in zarter Hornschale ab oder rührte in kleinem Porzellannapf. Ich weiß nicht, war es sein Vater, oder erschien er selbst schon alt in seinem Ernst und seiner Stattlichkeit – er war immer *»Der alte Herr Kunze«*, der zu der Bärenapotheke gehörte wie der Sandsteinbär selbst –, mit ihr durch lange Generationen verwachsen.

Er legte vorsichtig Hornwaage und winzige Messinggewichte an ihren Platz, kam näher, rückte die Brille zurecht, las aufmerksam und sann nach. Nie lachte er wie vorwitzige junge Leute. Er belehrte nicht. Er empfahl nur »etwas ebenso Gutes«. Oder er füllte aufs Zierlichste ein winziges Spanschächtelchen mit Salbe. Solch ein Schächtelchen, durch ihn selbst gefüllt mit gründlicher »Meiransbutter« zum Einreiben des steifen Genicks oder des schmerzenden Bäuchleins zu erhalten, oder gar voller süß nach Rosen duftendem Cold-cream für die frostrote Nase, war ebenso erwünscht wie erfreulich.

Aber ich war schon zufrieden, wenn ich zusehn durfte, wie Herr Kunze, rascher und geschickter als selbst der Provisor, die langen Rezeptfahnen mit dem Zeichen der Bärenapotheke an den schmalen Hals der großen Medizinflaschen band. Sie gaben dem anisduftenden hellgelben Hustensaft, dem strengen braunen Rhabarberwein, dem säuerlich-süßen rosenroten Salzsäuresaft für weihnachtskranke Mägen erst das richtige Ansehn.

Aber dann kam der große, festliche Schluß, der dazu gehörte: auf den Korken wurde ein Mützchen aus buntem Glanzpapier gestreift und dabei rundum in winzige, feine Plisséefältchen gekniffen, dann zuletzt noch mit kunstvoll geknoteter, glänzend weißer Leinenschnur umbunden. Auch dies konnte niemand – auch in allen Apotheken, die ich sonst erblickt – so flink, so eigen, so künstlerisch wie der alte Herr. Es war eine Lust ihm zuzusehen; unbewußt dem Kind sah es da die Fertigkeit alter Tradition, die solch feine, stille, noch Krankheit und Schmerz tröstende Kleinkunst mit der eignen Wissenschaft durch die Jahrzehnte weitergegeben hatte. Dabei waren diese Hände so groß und stark, sie erfüllten mich sehr kleines Menschenkind mit Respekt und ein bißchen Angst, falls der ernste alte Herr mal böse würde.

Dann kuckte ich rasch nach der einzigen Frau in der Apotheke, die da hinten an einem Seitentisch stand, einer blassen jungen Diakonissin in weißer Rüschenhaube. Mir erschienen diese jungen Lehrschwester-Apothekerinnen aus dem Krankenhaus der Barmherzigkeit immer die gleichen zu sein. Auch ihre Tätigkeit war immer dieselbe. »Schwesterchen«, wie die Leute sagten, rührte mit dem Stössel in runder Porzellanschale Salben wie Kuchenteig, stieß etwas in klingendem Messingmörserchen, wie wir beim Backen, füllte mit dem Trichterchen kleine Tropfflaschen, oder zählte ohne aufzublicken in gelblichem Pulver gewälzte Pillen in die runden, mit bunt gemustertem Papier beklebten Schachteln.

Das Schönste aber war doch vom Eintreten an der unbeschreibliche Duft, der hier über allem lag – ein Hauch von gedörrten Kräutern, Kamille, Pfefferminz, Baldrian, Schafgarbe, Thymian und Nadelduft –, süßer als Heuduft auf der Wiese, würzig wie ein besonnter Küchengarten. Das alles mischte sich mit fremdartigen Gerüchen, wie von Perubalsam und Theriakpflaster, vermischte sich mit bitterlichen, beinah widrigen, die sich aber mit den andern gut vertrugen. Und die alle zusammen mit dem scharfen von Essig und Spiritus, dem Dampf der kochenden Absude aus den geheimnisvoll-brodelnden Tiegeln, mit dem Fetthauch der Öle und Salben in den Reibschalen erst den richtigen, wie milde Hexerei verzaubernden Apothekengeruch ergaben. Sie hatten ihn an sich, diese alten ehrwürdigen »königlich privilegierten« Pharmazien wie unsre alten Speicher den Mehlstaub des Getreides, den Spezereiduft der Gewürzsäcke, den säuerlich süßen Honigduft der gedörrten Pflaumen und Äpfel in ihren Lagerräumen bewahrten.

Um die Weihnachtszeit mischte sich in diese Düftesymphonie – in die noch kein Hauch von widerlichen Desinfektionsmitteln sich drängte; das ›Carbol‹, das bei alten Leuten schreckende Erinnerungen an Cholerazeiten weckte, wurde nur gelegentlich in großen Glasflaschen aus dem Keller herausgeholt –, also in den Adventswochen roch es noch süß nach Rosenwasser und Orangenblüte, manchmal auch nach gestoßner Pomeranzenschale. Dann waren groß und klein gleich eifrig dabei, für erkrankte Nachbarn in die Apotheke zu laufen, um sie durch Hoffmannstropfen, Baldrian und Pfefferminzgeist zu erquicken oder durch Schweizerpillen ihr Inneres für das Fest vorzubereiten. Man wollte sich doch grade in diesen Wochen bei dem Provisor in freundliche Erinnerung bringen, um am Tag vor dem Heiligen Abend möglichst vernehmlich »Frohe Feiertage« und eine Empfehlung des Hausherrn oder der Eltern damit anzubringen. Um dann, mit gleichfalls bester Empfehlung und den ebenfalls besten Wünschen für frohe Feiertage, eine längliche flache kleine Pappschachtel mit Magen-Morsellen in Empfang zu nehmen. Es gab sie später zu kaufen, in gleicher Güte – die schmackhaftesten für meinen Gaumen in der alten Apotheke in der Altstädtischen Langgasse. Aber irgendwie hatten dann die mandel- und zitronatgespickten Täfelchen aus himbeerduftendem Rosenzucker, aus goldgelbem Apfelsinenkristall, die schokoladebraunen dunklen und die bunt gemusterten Zimtmorsellen etwas von ihrer Weihnachtsglorie eingebüßt. Sie waren nicht mehr das einmalige Festtagsgeschenk aus der Wunderküche, das höchsten Wohlgeschmack mit größter Bekömmlichkeit vereinte, ja dessen Heilkraft erst den »Bunten Teller« ertragen ließ. Sie waren darin den »Essenzen« ähnlich, die es auch hier gab und die, wie das Kölnische Wasser (damals nur von Johann Maria Farina, gegenüber dem Jülichsplatz), erst mehrere Jahre in Holzkistchen ablagern mußten, ehe sie verkauft wurden. Da war das »Haarlemer Öl« für Steinleidende, der »Melissengeist« und »Pfefferminzgeist« altberühmter bayrischer Klosterapotheken (stets mit dem Bild einer verschleierten Nonne auf anscheinend uraltem Papier umwickelt). All diese und ähnliche »Geister« erwiesen sich als besonders wirksam auf Zucker oder in

Zuckerwasser, wenn die alten Damen bei Familiensonntagen nach zu viel Räderkuchen in Ohnmacht fielen. Allerdings mußte die Kur – begleitet von Besprengen mit Eau de Cologne und mühsamem Öffnen der engen Taille – meist noch durch einen Kurfürstlichen Magenbitter aus dem Danziger Lachs unterstützt werden. (Am Alltag durch einen Pomeranzen von Ziemer).

Diese Heilmittel waren sozusagen nur Anhängsel der Apotheke; eher gehörten sie in das Reich ihrer spätgeborenen Halbschwester, der *Drogerie.* Aber ehe ich von *der* Drogerie meiner Kindheit erzähle, will ich noch sagen, mein Wunsch, einmal durch die Windfangtür treppauf in das alte Haus der Bärenapotheke zu gehn, wurde mir erst ein halbes Jahrhundert später erfüllt. Da zeigte mir Elisabeth Kunze ihr Elternhaus, und es war ganz so wie ich es mir gedacht hatte, als ich den Bären küßte: treppauf, treppchenab, geheimnisvoll und gemütlich, von jener mütterlichen Behaglichkeit, die nur alte Häuser hatten, angefüllt mit schönem, gepflegtem Urväterhausrat, mit guten alten Bildern, mit vielen Familienandenken. Und so wie ich sie da, gerührt und bewundernd, sah, aus dem Boden des Kneiphofs gewachsen vom Keller bis zum Giebeldach wie Dom und Rathaus, warmdunkel wie eine Wabe, duftend wie ein Heilkraut, lebt die alte Bärenapotheke, vernichtet und gesunken im Feuersturm der Schreckensnacht, die meine Vaterstadt zerstörte, unverändert in meinem Herzen fort.

Als ich ins Fibelalter kam, zogen wir aus dem Barockhaus fort, erst für ein oder zwei Jahre, die Unglück, Krankheit und Trauer für die Meinen brachten, in die Knochenstraße, dann für lange Jahre in das zweistöckige Eckhaus am Jahrmarktsplatz, über dessen grachtartigen »Zuggraben« noch eine Holzbrücke von der Vorderen Vorstadt zur schlichteren Hinteren Vorstadt führte bis zum schönen Abschluß der Haberberger Kirche, zu deren Posaunenengel die Militärsignale der Kasernen unten emporklangen. Hier, in den hellen hohen Zimmern, brauchten wir augenscheinlich weniger Medizin als im Kneiphof. Es verband mich kein Gemütswert mehr mit der *»Apotheke zum Weißen Adler«*, gegenüber der Sattlergasse, und ich drängte mich nicht dazu, von dort Mutters rosa Salzsäuremedizin zu holen, obwohl diese Apotheke als sehr gut gerühmt wurde. Ihr schmaler Vorraum mit der hell bronzierten Bank war mit sehr kalten schwarzweißen Fliesen ausgelegt und stets voll von den Patienten des freundlichen Dr. Löwenthal im ersten Stock. Es war sehr hell im Vorraum wie in der Apotheke und man roch, daß die Fliesen mit Karbol gewischt wurden. Alles war »modern«, sogar der Jodoformduft. Die Apotheke gehörte einem Herrn Born, der auch als unser bester Schlittschuhläufer galt, der mit einer Tochter aus der berühmten Familie Hagen aus der Hofapotheke verheiratet war, und die Vorstadtbewohner erklärten seine Apotheke für besser oder doch ebenso gut wie die seines Schwiegervaters. Mir gefiel es dort aber längst nicht so wie in der Bärenapotheke, auch lohnte es nicht, stundenlang auf ein Tropfenfläschchen oder eines der neuartigen flachen Schiebeschächtelchen mit papierumwikkelten Pülverchen zu warten. Das überließ ich jetzt, wo ich ja »Schularbeiten« vorschützen konnte, neidlos unsrer alten Contorfrau.

Ich selbst deckte wie Titachen, meine »Beste«, meinen Bedarf an Pfefferminzplätzchen gegenüber in der großen *Drogerie von Glück's Nachfolger*. Arm in Arm wanderten wir dorthin ab – sie mit Stirnfransen »Ponnies« und einem dünnen dunklen Zöpfchen mit sehr breiter Haarschleife, ich ohne Stirnlöckchen mit dünner Schleife im dicken hellbraunen Baumelzopf, Titachen mit 15 Pfennig, ich mit 5 Pfennig in den runden warmen Kinderhänden, ein bißchen feierlich, wie wir vor der breiten eingebauten Holztreppe standen.

Das war eine gute Einrichtung, diese Treppe über dem Kellergeschoß. Sie brachten in Stimmung und legten zwischen Straßenunruhe und Käuferbesinnlichkeit ein Zwischenspiel angenehmer Sammlung und mahnten durch Fußabkratzer und Bürste zu bürgerlicher Bedächtigkeit, ehe man wie ein Gast durch die hohe Glastür eintrat. Erst viel später merkte ich, wie schön in ihrer Art, ja wie großartig dieser helle Verkaufsraum war, der von der Vorstadt bis zum Sattlerplatz reichte, wo vor den Speichern die Rollwagen aufgereiht standen.

Dieser Teil enthielt die eigentliche Drogerie. Zur Zeit des österlichen und herbstlichen Großreinemachens holten wir dort von den freundlichen jungen Leuten in den weiten Schürzen Firnis und Lack, Terpentin und Wachs, Gold- und Silberbronze und sorgfältig nach der Farbtafel ausgesuchte Ölfarben. Auch Pinsel aller Art, Bürsten und Matten gab es da, die Johchen holte, wenn sie dort das besonders klare Kaiser-Öl für die hohen Lampen einkaufte, die nur zu Familienfesten brannten. Ich selbst durfte von dort höchstens einmal Brennspiritus holen oder eine Flasche mit Weingeist für die Apfelsinenschalen oder Franzbranntwein.

Dieser Teil war für uns Kinder viel weniger interessant als der andere, der von dem Mittelpfeiler begann und trotz seiner neuen Blankheit der »alte Teil« hieß.

Hier walteten zwei besonders nette blankäugige Damen. In der Mitte war das Seifen- und Parfümlager, wo es unsäglich köstlich duftete. Dort gab es »Hoffmann's Glanzstärke« in kleinen rechteckigen blau karierten Schachteln mit dem Bild des sich putzenden weißen Kätzchens. Ich war stets bereit, sie zu holen, nicht um der weiß gestärkten Wäsche halber, sondern weil meine Mutter zu Festtagen aus den kreidigen Brocken einen süßen Pudding kochte, damals neben dem grauweißen Grützenmehlpudding aus Buchweizen der einzige, den wir kannten, ehe Maizena, Mondamin und Oetkers Puddingpulver am Schlaraffenhorizont der Kinderzeit auftauchten.

Außerdem gab es zu dieser Glanzstärke künstlerisch bescheidenste, aber sehr stark duftende Reklamekärtchen mit dem Bild des Kätzchens und einem moralischen Spruch als Zugabe!

Dann erlaubte auch das freundliche Fräulein die an einem Haken hängenden weichen, gelben Chamoisleder zu betrachten und die Stapel der hellen Staub- und Putztücher. Aber viel fesselnder waren in den glasbedeckten Fächern der Tonbank und hinter den spiegelnden Scheiben der großen Wandschränke vom Mittelpfeiler bis zur Tür die blumenbunten Seifenschachteln. Hatte ich zu der Stärke noch eins der geriffelten, kantigen, vor Alterswert bräunlichen Stücke der »Marseiller Ölseife« mit dem Muttergottesbild erstanden, so fühlte ich mich berechtigt, diese Schätze (»von Wohlgeruch ganz triefend wie eine Perserbraut«) eingehend zu betrachten und die fremden Namen drauf zu studieren. Da waren Rosen und Veilchen, Jasmin und Goldlack vertreten und viel Heliotrop. Da marschierten Regimenter funkelnder Parfümflaschen auf, dickleibige, grüne mit englischem Riechsalz und zahllose mit kölnischem Wasser. Haaröle und flüssige Seifen waren vertreten, Toiletteessig und allererste Kopfwasser und Stapel bunter Puderdosen.

Dann wandte man sich – ein bißchen sehnsüchtig – den Einzelstücken im Tonbankfach zu, die irgendwie erreichbarer schienen, z.B. die honigklare Glyzerinseife, die mein Vater gebrauchte oder die ganz neue »Lanolin mit dem Pfeilring«. Daneben lagen blanke Kämme und Nadeln aus schön geflammtem Schildkrot und allerlei Kleingerät aus Elfenbein und Stahl, das unsre Mütter nicht brauchten, das aber sehr beliebt schien bei den eleganten Damen, von denen stets einige hier und nach dem Fenster zu einkauften. Hier stand das andre Fräulein, ein blankes Zänglein und ein weißes Tütchen oder Schächtelchen in der Hand, ganz bereit, die köstlichen Confitüren zu verteilen, die verschiebbare Glasplatten vor Staub und Fliegen schützten. Da lagen die dicken Fondants, angenehme Zuckercocons in zarten Pastellfarben, gefüllt und ungefüllte Schokolädchen in zierlichsten Formen, bunte, goldbedruckte, schmale Tafeln der berühmten Schweizer Fabriken, hell mokkafarbene »Noisettes« und kleine, papierumwickelte Neapolitains-Täfelchen. Ganze Bataillone Pralinés standen in Reih und Glied neben den »Kügelchen«, ihren bunten Kameraden im klaren roten und rosa Zuckergußkleid, und langen Reihen kandierter Walnüsse. Die führten zu den russischen Obstpasten, deren rote, grüne, gelbe Halbmonde und Rundchen verlockend durch den Silberreif des körnigen Zuckerstreusels schimmerte.

Auf den Glasplatten darüber standen die hohen Glasbüchsen mit den braunen »russischen Buchstaben«, die großen, papierbeklebten Blechkanister mit den Huntley & Palmerschen Biscuits, den braunblanken, wie eine Hand gewölbten Cracknels, den Rollen sanfter Albert-Cakes und den rosa und weiß bezuckerten, die in solcher Büchse zu den Sommerferien am Stand gehörten.

Denn noch war die deutsche Konkurrenz nicht einmal mit ihrem Vortrupp, den hübschen, viereckigen Packungen der knusprigen »Leibniz-Cakes« in unsre Orte gedrungen. Nur vereinzelt erst tauchte »Stollwerk's Kakao« und »Kufekes Kindermehl« auf den obersten Eichenborden zwischen den langen Reihen der bräunlich bedruckten, runden Blechbüchsen auf, die »Blookers« dunklen und »Van Houtens« rötlichen Cacao für Kinder und Kranke bargen, auch waren da, weniger begehrt, Büchsen mit Nestle's Kindermehl und – bestaunt und ein bißchen belächelt, kondensierte Schweizer-Milch!

Aber diese Parade zog unsren Blick nicht dorthin, sondern auf dem vorspringenden Bord über den Schubfächern mit den weißen Schildchen standen die dicken Glastrommeln mit Bonbons: weiß und rosa Pfefferminz-Atlasbonbons, dunkelrote, gefüllte Himbeerkissen und die herrlichen kaleidoskopbunten Drops!

Ja, so sah es bei Glück's Nachfolger aus! Und all diese Märchenschätze betrachteten mein Titachen und ich mit vergnügten und entzückten, aber keineswegs gierigen Augen. Denn wir waren beide satt von dem guten nahrhaften Essen des elterlichen Tisches und gewohnt – mindestens doch ich –, solche Kostbarkeiten nicht für uns zu verlangen. Diese Seifen und Fläschchen, diese Schachteln »durch und durch voll Süßigkeit«, um die das nette Fräulein noch lächelnd eine kunstvolle rote Atlasschleife knüpfte, ehe sie sie, schneeweiß umhüllt, dem Käufer überreichte ... die waren nicht für uns. Die waren für so wohlgenährte elegante Herren, die leicht gerötet vom Vormittagsrotwein bei Jühnke oder Albert Bank nun mit dem Schächtelchen ihrer Lieblingsconfitüre die am Mittagstisch ausharrende Gattin beschwichtigen wollten.

Oder für die schönen, glutäugigen Damen mit den blitzenden Brillanten in den Ohren. Ihre weiten Faltenröcke mit der sehr hohen Tournüre rauschten knisternd unter der engen Pelzmantille, es umwehte sie ein betäubend süßer Duft und der Hauch russischer Papyros. Sie sprachen sehr östlich mit weichen, dunklen Stimmen, wurden mit Zuvorkommenheit bedient, schmeckten und kauften viel und sagten, »sie würden danach schicken«. Höchstens, daß das kleinste Päckchen neben den klirrenden Anhängern des Bettelarmbands aus dem Nerzmuff schaukelte.

Wie alle in puritanischen Haushalten Aufgewachsene betrachtete ich die schönen Jüdinnen mit dem ungeheuchelten Entzücken eines nach Schönheit und Eleganz dürstenden Gemüts und wartete, bis das Fräulein Zeit fand, sich uns zu widmen. Wir knixten dankbar, wenn sie unsre geduldige Bescheidenheit mit einem Schokoladeplätzchen belohnte, ehe sie nach unsren Wünschen fragte.

Titachen, die Kapitalistin, wählte *Pfefferminzplätzchen* in der dreieckigen, roten Gelantinepackung mit dem Klebebildchen, wie sie auf dem neueröffneten Cranzer Bahnhof als »Luft, Luft, Luuuft!« ausgerufen wurden. Ich bewunderte sie, entschied mich aber für ein Tütchen, schon weil ich entdeckt hatte, daß es stets mehr enthielt, als Plätzchen in der knisternden Gelantine enthalten waren.

Als unser Taschengeld auf 50 Pfennig anschwoll, genehmigte ich mir, Titachens Beispiel folgend, für $^2/_5$ der Summe ein Viertelpfund »Birnenbonbons«. Mehr als zweimal habe ich mir aber solchen Luxus nicht geleistet. Malzbonbons erinnerten zu sehr an winterliche Hustenzeiten und die roten Glasbonbons, mit denen der Vater im Advent unser Pfefferkuchenhaus deckte, schienen mir jetzt zu nüchtern. Nun war ich auch schon in einer richtigen Schule und tonangebende Klassenkameradinnen, die auf dem Tragheim wohnten und auf alles in der Unterstadt herabsahen, priesen die Pfefferminzplätzchen und -pastillen der Hofapotheke. So beschloß ich, fortan meinen Bedarf zu decken, zugleich Tante Linas Hustenlakritzen und Sennesblättertee von dort zu holen.

So sah ich nun die andre altberühmte Apotheke unsrer Stadt in dem schönen alten Hagenschen Haus mit dem Mansardendach an der Ecke der Junker- und späteren Theaterstraße, der ehemaligen Sackgasse, wo das vornehme »Deutsche Haus« stand.

Noch fehlten viele der späteren Neubauten, die Junkerstraße zeigte noch deutlich wie ihr Name, daß der ehemalige »Triftweg« jenseits des noch als Gärten vorhandenen Schloßgrabens, genau wie Bergplatz und Königstraße die Stadtresidenz des Landadels und der Wohnsitz reicher Beamten und Offiziere gewesen war.

Gegenüber der Theaterstraße, dort wo später die nur verkehrsverwirrende Straße »Am Schloß« durchgebrochen wurde, war ein geräumiger, saalartiger Platz, geschlossen wie ein Ehrenhof. In dem Erdgeschoß der hübschen zweistöckigen Mansardenhäuser befanden sich die besten Putz- und Modeläden. In ihren kleinen Schaufenstern lagen nur wenige, aber sehr geschmackvolle Waren aus: blumenbunte Hüte, Spitzenschals, Seidenstoffe, Glacé- und Filethandschuhe. Nie sind mir später die großen Auslagen der Mode- und Warenhäuser, deren ungeteilte Glaswand den Abstand zwischen Auslage und Beschauer illusionszerstörend aufhebt, auch nur annähernd so verlockend erschienen wie diese stillen Fensterauslagen.

Genau gegenüber diesem Platz lag die alte Apotheke, seit der Herzogszeit *die* Hofapotheke, mit der schönen Wohnung unterm Walmdach, von der wir stolz und bewundernd hörten, welch berühmte Leute dort gewohnt und aus- und eingegangen waren.

Die kostbaren Gold- und Silberreifen und Broschen im Eckladen des alten Juweliers Aron interessierten mich noch nicht, um so mehr der Eingang zur Apotheke und diese selbst. Es lag ein ähnlicher Duft unter ihrer dunklen Balkendecke wie in der Bärenapotheke. Aber alles war größer, weiträumiger und prächtiger und prunkvoll, wie die Barockkanzel unsrer Burgkirche am Schloßteich erschien mir hinten die geschnitzte Treppe und erst recht die große Frauenfigur mit der Waage, die für »die Pharmacia« galt. Aber ich vermute heute, daß es eine Themis war, die ein Meister des allegorien- und busenfreundlichen Barock so wohlwollend gestaltet hatte. Auf den Borden standen schöne alte Steingutbüchsen, es blänkerten Waagen und Mörser – alles war sehr gediegen und vornehm, und eine Anzahl Provisoren und Jünglinge stand hinter der Tonbank. Aber es war längst nicht so gemütlich wie in der Bärenapotheke oder in der »*Krummen Grube*«-Apotheke oder der in der Altstädtischen Langgasse. Hier sah man weder Marktfrauen noch Schifferkinder, weder Seelenwärmer noch gehäkelte Kopftücher. Hier sprach keiner Platt. Hier wurden weder Mückenfett noch Ameiseneier verlangt, selbst Opodeldock und Bilsenkraut oder Spanische Fliege schienen hier nicht gefragt. Und gar Zettelchen mit der unorthographischen Bitte um ein Lebenselixier vorzuweisen, schien hier ganz unstatthaft. Ich konnte mich in solcher Vornehmheit nie recht wohlfühlen, wenn ich auch der Pfefferminzplätzchen wegen manchmal und aus anderm Grund später öfter in die Hofapotheke hinkam. Denn nur diese hatte das Privileg, die Brunnenwässer und -salze zu vertreiben.

Auch noch ein andres Mittel kam, wie im Frühjahr der Brunnen, alljährlich im Herbst aus dieser Apotheke zu uns. »Scherings Leberthran mit Malzextrakt«. Vom ersten Frost bis kurz vor Palmsonntag stand die schlanke Flasche, sich immer erneuernd, hinter den Hyazinthengläsern im Doppelfenster des kaum geheizten »Saals«. Ihr grün bedrucktes Schild prägte mir zuerst den Namen der berühmten »Grünen Apotheke« in der Chausseestraße in Berlin ein.

Mein Vater schätzte ihn längst nicht so wie den goldgelben, norwegischen Lebertran, den er mir so reichlich einschenkte, daß ich für immer einen Widerwillen gegen Geschäftsfreunde faßte, die so etwas als Mitbringsel aus Bergen verschenkten.

Im großen Ganzen blieben der Malzextrakt mit Lebertran und ein köstlich schmeckendes, sanft und gründlich wirkendes Tamarindenkonfekt derselben Firma, die einzigen pharmazeutischen Fertigwaren, die wir kannten.

Jeder Haushalt schwor auf die Heilkunde »unserer« Apotheke, jeder Arzt auf »seinen« Apotheker. Unser Onkel Doktor, Vaters erstes Patenkind, der in der Burgstraße praktizierte, schickte uns trotz unsrer Auflehnung mit seinen Rezepten in die »Tragheim Apotheke«, die uns beklemmend modern erschien. Tante Lina im Reformierten Stift, Ecke Ziegelstraße bezog zwar Sennesblätter und Lakritzen aus der Hofapotheke, aber Kurellasches Brustpulver, Brusttee und Kataplasmapflaster nur aus der Apotheke am Roßgärter Markt. Tante Usche in dem Stift an der Neuroßgärter Kirche schickte mich nach Baldriantropfen und Salzsäure nur in die Steindammer Apotheke. Und eine andre Tante, obwohl sie an der Sackheimer Kirche wohnte, glaubte nur an die Mittel aus der engen, kleinen, aber vorzüglich geführten »Laak«-

Apotheke. Und ich kann es beschwören, daß der dort nach eignem Rezept des alten Apothekers Lepehne zusammengestellte Blasentee der schon Aufgegebenen noch einmal das Leben rettete und sie dem Rosenparterre des Gartens der Loge zum Totenkopf und Phönix und ihrem Mittwochs-Kaffeekränzchen bei Bartels in der Schloßteichstraße wiedergab.

Dann kam eine Zeit, die Apotheker und Apotheken bedrohte. Auf den Familiensonntagen, wo früher zwischen Kaffee und Kalbsbraten, zwischen Whist und Schubert eifrig nur über »Ebers oder Raabe?«, »Mozart oder Wagner?« gestritten wurde, tauchte nun ein neues Thema auf: »Für oder wider Robert Koch«. Ich hörte so viel von Bazillen, daß ich auch anfing, über diese Geschöpfe nachzudenken, die solchen Schrecken einflößten. Ich stellte sie mir zwar klein vor, aber ähnlich gestaltet wie die gedörrten Alligatoren, die in alten Kleinstadtpharmazien von der Decke hingen, wie die Schiffsmodelle bei alten Käptens. Jedenfalls ging dieser umstrittene Dr. Koch diesen Ungeheuern so gründlich zu Leibe, daß das Bestehn der ältesten Privilegierten nur noch eine Frage der Zeit zu sein schien.

Doch da kam der apokalyptische Vorreiter des nahenden neuen Zeitalters: die Influenza.

Das ganz neue Salipyrin, der Vorgänger des Antipyrin, trat zum Kampf in die Schranke und bewies – verstärkt durch schwarzen Kaffee und Cognac – wieder die Notwendigkeit der Apotheken, in denen die Leute, hustend, verfallen, verzweifelt, vom Fieber geschüttelt nach dem neuen Heilmittel schrien.

Mit diesem ersten chemisch hergestellten und fabrikmäßig dosierten Mittel begann der Siegeszug der pharmazeutischen Fertigware, der Fiebermittel, der viel zu leicht den Laienhänden ausgelieferten Tabletten und Pulver gegen Kopfweh und alle sonstigen Beschwerden.

Eine Zeitlang schien es, als wären die studierten Herrn, die da in weißen Doktormänteln hinter den modernen Ladenti-

schen standen, nur »junge Männer« wie jene in der Kolonial-
warenhandlung, wenn sie nach flüchtigem Blick auf das
sachliche Rezept einem die genau dosierten Heilmittel in
Zwergenform zuschoben, wie jene Maggiwürfel und Knorr-
sche Suppentafeln. Um dann auch wie jene auf nickelblanker
Maschine – klick! – die Rechnung zu tippen und uns mit
dieser zur Buchhalterin an der Glaswand-geschützten Kasse
zu schicken. Alles war griffbereit, alles war genormt, vom
Lutschpfropfen bis zum Hämorrhoidenzäpfchen. Alles war
aseptisch verpackt ab Fabrik, über das Einkaufsdepot liefer-
bar und wurde von jeder Ausgabenstelle an Kassen- und
Privatpatienten, an Weise und Laien vertrieben, ob man in
einer alten Apotheke oder einer neuen in den Vororten oder
auf Reisen in fremder Apotheke kaufte. Es schien aus zu sein
mit der Kunst der Tiegel und Mörser.
Aber es schien nur so.
Als ich beinahe schon ein Backfisch war und vom Mozart-
zopf und ersten langen Kleid träumte, kam ein junges Mädchen in unser Haus, das meiner Mutter ein (einmal und nie
wieder erprobtes) Rezept für Schrotbrot brachte und uns
voll Begeisterung mit den frühesten Lehren des Naturheil-
verfahrens bekannt machte. Wir zeigten dafür keine große
Neigung. Umso mehr unser Hausarzt. Seiner vorsichtigen,
aber sehr überzeuten Überredung folgend, und seinen Schil-
derungen von Erholungstagen auf dem »Weißen Hirsch«,
begannen nun auch wir mit Lahmannwickeln und Wechsel-
fußbädern, bauten das fleischlose Vierteljahr in unsere all-
jährliche Frühlingskur mit Stiefmütterchen- und Erdbeertee
ein und aßen nicht nur im Hochsommer grünen Salat. Das
ging bei uns ganz kampflos, da schon meiner Mutter Großvater Gut und Dorf mit Kräutern verarztet hatte. Wovon
noch ein altes Haushaltbuch Zeugnis ablegte, in dem neben
nahrhaftesten »Man nehme«-Rezepten (etlichen noch deutlich aus dem Salzkammergut überlieferten) und genauen Angaben, wieviel »Stein« Garn der Dorfweber für die neuen

Bezüge erhalten hatte, auch merkwürdige »Doktor-Rezepte« standen. So Kräuterbäder nach genauen Angaben des Schäfers, Honig-Schmandsalben (seines Sohnes) gegen Beinschäden, Kuhmistpackungen, angerührt mit kuhwarmer Abendmilch gegen Scropheln und Umschläge mit Töpferlehm, beides angeblich alte Zigeunermittel.

Ja, meine durch Tradition vorbestimmte Mutter begeisterte sich für die neue Heilweise. Beschwingt von Kindheitserinnerungen an das alte Gut in der Insterniederung, sammelte sie wieder, nun nicht mehr angefochten wie früher, Kamille und Schafgarbe, Wasser- und Krauseminze, Beifuß und Wegerich. Sie dörrte Himbeer- und Brombeerblätter zu Tee, schwitzte Lindenblüten zu einem andern, der besonders zu der Mischung mit Hagebuttenkernen oder Apfelschalen jeden Souchong ersetzen sollte. (Um keinen zu beleidigen, hielt ich mich an braunbierdunklen Darjeeling). Auch füllte sie Ameiseneier und zerschnittene Kastanien in Flaschen mit Weinsprit, wie früher Apfelsinenschalen und Rumtopffrüchte und legte, wie früher Tante Lina, Zwiebelscheibchen in Franzbranntwein ein, um wieder wie in meiner Kindheit damit meinen Haarboden und Vaters graue Locken einzureiben. Denn beide glaubten fest, daß er und ich unsern dichten Schopf nur diesem Mittel und der selbstgerührten Pomade aus Öl, Pferdemark und Perubalsam verdankten. (Die danach auch die Väter schon fleißig angewandt haben müssen, denn alle hatten Haar wie Absalom!).

Leider hat meine Mutter es nicht mehr erlebt, wie diese zuerst so angefeindete Heilmethode immer mehr Freunde gewann und – nicht zuletzt dank der Madaus'schen Präparate und süddeutscher Pfarrer – mit der alten Medizin noch eine späte Ehe schloß, wo man sich nebeneinander duldend achtete. Während bei uns oben die Homöopathie trotz guter Vertreter etwas in Vergessenheit geriet. Wenn auch von Süddeutschland der Ruf berühmter Homöopathen herüberscholl. Was ich durch gerührte Geheilte davon hörte, so schienen mir ihre Behandlungsweise Coué und Freud näher zu stehn als unserm alten nun schon längst ruhenden Doktor am – ebenfalls dahingegangenen – Münsterplatz, auch sehr anders als die Kuren der Kräuter- und Kaltwasserpfarrer Kneipp und Heumann zu sein. Aber ich habe mich nie entschlossen, eine dieser Leuchten über meine Wehwehchen zu befragen und will mir kein Urteil erlauben.

Jedenfalls freute ich mich, die Heilmethoden meines Spindelahnen ebenso anerkannt zu sehn wie die eines andern Urgroßvaters, der zur Entrüstung der Herrn Kollega an der Albertina als einer der ersten Ärzte in Wort und Schrift für die damals als »Aberglauben« leidenschaftlich bekämpfte Massage eintrat.

Nun im Alter und hier als Flüchtling in Oxból denke ich oft daran und freue mich, wenn ich mich zu meinen Vätern versammle, mit diesen Beiden mich über die Erfahrungen hier im Lager und allerlei hier zu unterhalten; ihnen von den fleißigen Kräuterfrauchen zu erzählen, die uns mit Fichtennadeln versorgen und auf freundlicheren Fluren Wermuth und Wegerich, Schafgarbe und Fingerhut sammeln, Tormentillwurzeln und den in der rosigen Jugend seiner Base Preißelbeere so ähnlichen, im bittren Alter ihr so unähnlichen Bärentrauben-Blättertee. Und von deren Säcken und Beuteln ein grader Weg zu dem Rückenkorb und Hundekarren der Amalie Dietrich führt, der berühmtesten aller Thüringer Kräutersammler, die den Ruhm ihrer Bergkräuter-Tees, des sirupdicken, braunen Fichtennadelextrakts und der heilenden Arnica durch ganz Deutschland trugen. Hinter ihrer Gestalt steht im wohlverdienten Heiligenschein noch eine andre Frau, die große Ärztin Hildegard von Bingen, die aus ihrer Praxis neben den seelsorgerischen Schriften noch umfangreiche Werke über die Heilkräfte der Pflanzen ihrer Bergwälder und ihres Klostergartens geschrieben hat. Vielleicht entdecken heutige Forscher wieder neu die Heilkraft der weißen Lilie, die schon Walafried rühmt, des Beinwells, den Hildegard pries und des Maiglöckchens, das noch ein Kopernikus in der Hand hielt, als er sich malen ließ, zum Zeichen, daß er auch ein großer Arzt war.

Ja, davon werde ich den Meinen erzählen.

ZWEI ERINNERUNGEN

Mein Leben

Mein Leben ist friedlich und ohne irgendwelche äußeren oder geistigen Aventüren verlaufen, in dem Bezirk des nur in gesicherter Kultur reichen Bürgertums der Friedenszeit, in meiner Heimat, die mir in ihrer ausgesprochenen Eigenart lieb ist.

Ich bin Ostpreußin und wie fast alle richtigen Ostpreußen auch ein richtiger Kolonialdeutscher, aus allen deutschen Stämmen und noch etlichen anderen gemischt. Ich habe Niederdeutsche, Holländer, Elsässer und Salzburger unter meinen Vorfahren, sogar Wenden. Auch Engländer und Franzosen sind darunter und Schweden – nur keine Polen und Litauer. Aber meine Amme, die noch lange bei uns im Hause lebte, war aus der litauischen Niederung, in der auch die Güter meiner Voreltern mütterlicherseits liegen. Mein Vater war ein Königsberger, aus einer Familie, die meiner Heimatstadt viele brave Kaufleute, Beamte und Professoren gegeben hat. Er selber war Kaufmann, von jener feinen, schlichten preußischen Art, die von dem, was die Süddeutschen heutzutage unter preußisch verstehen, so verschieden ist wie Tag und Nacht.

Ihm verdanke ich die genaue Kenntnis meiner alten Heimatstadt – in der ihm Bauten und Menschen gleich vertraut waren –, die Liebe zu unserer Provinz und ihrer Eigenart, die spielend auf langen gemeinsamen Wanderungen erworben wurde. Die ausgeprägte Neigung für das Historische, die sich später in meinen Balladen auslebte, stammt von ihm und meine Vorliebe für englische Literatur und deutsche gute Dialektdichtung. Auch meine genaue Bibelkenntnis verdanke ich ihm, dem die – heute erschreckend große – Ahnungslosigkeit der sogenannten Gebildeten von dem, was in dem Buch der Bücher steht, immer aufs neue ein Grund zu Ärger und Spott war. Denn er besaß den gesunden Humor des Niederdeutschen. Von meiner Mutter habe ich die Neigung zum Hauswirtschaftlichen geerbt, und durch sie, die mir unermüdlich und selbst mit Entzücken vorlas, um mich an die mir verhaßten Handarbeiten zu gewöhnen, bekam ich noch als halbes Kind eine gründliche Einführung in Goethe und den in jenen Jahren in Norddeutschland noch fast unbekannten Gottfried Keller, dessen heitere und unsentimentale Lebensweisheit irgendwie wohl ihrem rein oberdeutschen Blut entsprach.

Wir lebten, wie er es mal ausdrückt, in einem »bescheidenen Wohlständchen«, das es uns aber in dem damals billigen Ostpreußen möglich machte, einen Haushalt zu führen, dessen Behaglichkeit und schrankenlose, ganz östliche Gastlichkeit mir viele Jahre die Kenntnis von reich und arm, die heute alle Kinder so bitter lernen, vorenthielt. Alle unsere Verwandten und Freunde lebten wie wir – sehr einfach, aber breitgemütlich und ebenso gastfrei (wie etwa noch später bis zum Kriege die Balten in ihren Landstädtchen) –, man aß und trank an Feier- und Festtagen ausdauernd wie im Mittelalter, man »bescherte« zu Weihnachten alt und jung; alle Dienstmädchen waren jahrelang in den Häusern, man kaufte immer in denselben Läden, und all und jeder zog im Sommer an den Strand – mit Sack und Pack in eines der bescheidenen

Stranddörfer, wo man sehr primitiv wohnte und mit Schwärmen von jungem und altem Hausbesuch sehr vergnügte Wochen zubrachte mit Baden, Segeln, Wanderungen ans Haff, abendlichen »Kinderfackelzügen« und kleinen harmlosen Tanzfesten.

Das Leben in unserer Stadt war etwas eingeschlafen und arm an äußeren bewegenden Erlebnissen, aber reich durch den Charakter der alten Ordensstadt mit dem mächtigen Schloß, das heute noch wie eine riesige Klucke auf dem Berg liegt und das ganze Häusergewirr beschützt. Jeder lebte in seiner Kaste – die Beamten, das zahlreiche Militär, die Universität, die Kaufleute, die Handwerker. Jeder in seiner Religion – Lutheraner, Reformierte, Katholiken, Mennoniten, Sektierer und Juden. – Jeder war stolz auf seinen Stand, schielte nicht nach anderen und respektierte oder duldete sie still und selbstverständlich.

Meine Kinderzeit verlebte ich in der »Vorstadt«, die damals noch ganz wie eine kleine Landstadt zwischen dem Hafen und dem Arbeiterviertel des Haberbergs lag. Sie hatte auch – wie alle Oststädtchen – ihr richtiges Judenviertel, und ich kannte alle Feiertage der Juden, ihre alten Sitten und ihr schönes Familienleben aus nachbarlicher Anschauung. Von irgendwelchem Luxus waren ihre puritanisch einfachen und peinlich sauberen Haushalte ebenso weit entfernt wie die unsern. Der Begriff davon war uns allen hier oben nicht einmal dem Namen nach bekannt. Viele Dinge, die heute als so etwas gelten, hatten ja damals keinen besonderen Wert. Bernsteinketten trugen bloß kleine Kinder oder höchstens kleine Mädchen, die gerade zur Schule gingen. Wäsche, besonders die gediegene handgewebte Tischwäsche, besaß jede Hausfrau im Überfluß. Und Gänsebraten kam von Martini bis Weihnachten allsonntäglich auf den Tisch, gerade wie in der Osterzeit der Lachs, den unsere Ostsee unerschöpflich hergab. Kaviar – im Reich eine Delikatesse – gab's billiger als heute Quarkkäse zu kaufen, und ein sehr guter französischer

Rotwein wurde den Gästen in jedem Haus und bei jeder Gelegenheit gereicht; denn gegen Weißweine hatten wir früher ein Vorurteil. Selbst zu unserem berühmten Marzipan, zu dem jeder Haushalt sein eigenes altbewährtes Familienrezept besaß, trank man Rotwein. Auch sehr junge Menschen, worüber man heute schreien würde. Wir waren aber so satt von all den guten Dingen, die wir zu essen bekamen, daß uns das nicht schadete – jedenfalls viel weniger als heute die gelegentlichen furchtbaren Pantschliköre und schlechten Zigaretten. Außerdem drehten wir uns ja nur im Kreise verwandter und bekannter Menschen herum, und die Onkel und Tanten, auch die alten Mädchen, hatten sehr wachsame Augen auf uns und pflegten mit ihrer Meinung nicht hinter dem Berg zu halten, wozu wir hübsch still waren. Widerrede war noch nicht für Minderjährige erfunden. Dafür hatte man auch bei ihnen allen die Rechte des Kindes, ging aus und ein, fand Liebe und Verständnis, Geduld und zärtliches Eingehen und überall die Gelegenheit zum Festefeiern. Die Musikliebe meiner Heimat – die auch heute noch lebt und immer schon seit der Barockzeit ihr Ruhm war – verschönte alle Festlichkeiten. Es war in meinem Leben ein großer, ja ein bestimmender Tag, als ich zum erstenmal in eines unserer berühmten »Börsenkonzerte« mit durfte. Irgendwie hat meine kleine unbeschwert-vergnügte Kinderseele da etwas von dem geahnt, was Kunst ist, und was es bedeutet, ein Künstler zu sein.

Warum ich so viel von jener Zeit erzähle? Weil ich jetzt, wo ich anfange, zu den Alten zu zählen, einsehe, daß sie es ist, die meine geistige Entwicklung beeinflußt hat, die – mir selbst vielleicht unbewußt – immer wieder aus meinen Versen spricht. Weil sie immer stärker in mir wird, so wie in meinem Gesicht immer mehr die Ähnlichkeit mit den schon lange Toten vorkommt. Weil alles andere, was dann kam, nur eine Ergänzung zu jenem war – aber nicht mehr etwas Bestimmendes.

Es kam noch viel Schönes und Schweres, von beidem ein gerütteltes Maß. Erst kamen zwei schöne Jahre Pensionszeit in Weimar, dem stillen, sorgfältig bewahrten Weimar Karl Alexanders. Es kamen die Lehr- und Wanderjahre in Paris und England, wo ich mich mit fremder Sprache und fremden Menschen abmühte und beiden bald gute Seiten abgewann. Ich habe wunderschöne Erinnerungen an den lieblichen Frühling in Westengland und frohe und dankbare an das Heim der deutschen Lehrerinnen in England – das Lebenswerk Helene Adelmanns, das der Krieg zerstört hat. Dann kamen die Jahre in Berlin. Ich hatte liebe Menschen dort, auch Ostpreußen, aber sonst waren es schlimme Zeiten; ich habe dort qualvoll unter Heimweh gelitten und war am letzten Tage fremder als am ersten.

Dann kam wieder die Heimat, in der ich nun bald zwanzig Jahre wieder lebe, zuerst mit meinen Eltern und nun allein, nachdem sie beide nach jahrelanger Krankheit gegangen sind. Von dem frohen großen reichen Kreise meiner Kinderzeit leben nur noch ganz wenige. Die Alten sind fortgestorben, von meinen Jugendfreunden und Vettern sind die meisten gefallen. Auch ein paar liebe ganz junge Menschen schlafen schon lange. Eine Zeitlang schien alles stillzustehen und abzubröckeln. Nun auf einmal quirlt es um mich herum von ganz kleinem Leben, und in meinen zahlreichen Patenkindern sehe ich liebe Züge, liebe drollige Eigenart, gehätschelte Fehlerchen und stillvergötterte Vorzüge wiederkommen, die einmal die leitenden Gestirne meines Lebens waren, als ich so klein herumzappelte wie sie und die ganze Welt auch für mich nur aus Menschen bestand, die dazu da waren, mir gut zu sein.

Ich hatte das große Glück, in langer Friedenszeit und in einer Heimat aufzuwachsen, wo man noch ganz unberührt von allem Neuzeitlichen, ganz in alten Lebensformen und Bräuchen lebte. In einem Grenzland, wo alle, auch der Städter, durch Herkunft und Freundschaft dem Land verbunden waren – Land im weitesten Sinn, mit Feld und Forst, mit Herden und Pferden, mit See und Seen – durch eine tiefe, dem heutigen westlichen Denken kaum noch begreifbare mystische Liebe. Bei uns lebten noch die jenseits der Elbe schon verklungenen Spinnstubenlieder und -sagen und mit ihnen immer noch andächtig geübter Brauch. Vieles, was heute nur noch als Kuriosum oder Aberglaube verlacht wird: Wasserfrauen und freundliche Hausgeister, Spuk in Menschen-, Tier- und Lichtgestalt, Glücksbringer wie Störche und Bienen, und arme Verwunschene, die als Maren Mensch und Vieh plagen mußten, geleiteten unser Leben mit »Anzeichen« und bedeutsamen Träumen und waren uns so vertraut wie die sehr irdischen Gestalten unseres täglich mit neuem Dank gelebten Alltags.

So war mir das stille Geleit meiner Gestalten nicht verwunderlich, wenn ich auch nie darüber sprach. Auch daß sich zu den ersten immer mehr und mehr andre einfanden, die ich liebte und deren Schicksal mich fast noch mehr wie das eigene Leben erfüllte, und daß zeitweise der eine oder andre dieser Gefährten mich ganz besonders erfüllte – auch das erschien mir viel zu selbstverständlich, um es je zu erwähnen. Nur daß ich in dieser Welt die wohl am meisten liebte, die irgendwie mit dem Reich der Tiere oder der stummen Kreatur verbunden waren, wie auch heute noch, im Alter, mir alle Tiere, alle Blumen und Bäume (ja, jetzt noch deutlicher als damals) gar nicht so andersartig scheinen, sondern geschwisterlich verwandt. So gehörte von dem Tag an, als ich die ›Schwabschen Volksbücher‹ besaß, die ›Schöne Melu-

sine‹ zu meinen besonderen Lieblingen, die mir aber, im
Gegensatz zur Agnete, gleich als eine wirkliche, d. h. historische Gestalt erschien, gleich der Bernauerin und meinem
und meines Vaters Liebling Manfred. Durch Jahre bemühte
ich mich – all ihren anderen bildlichen und dichterischen
Verherrlichungen zum Trotz –, aus der alten Melusinensage
herauszufinden, was dies erweisen könnte. Wie ich dann
nach vielen Jahrzehnten im Kiefernwald des dänischen
Flüchtlingslagers ›Die Quelle‹ schrieb, fühlte ich mich in
meinem Glauben an die Ahnfrau der Lusignans so bestätigt
wie Schliemann, als er seiner Gattin den ›Goldschmuck der
Helena‹ umhing!

Schwer ist es dann aber für mich, mit dieser Gestaltung, mit
ihrem Gebanntsein durch mein Wort in eine irdische Form,
erzählend von den Gefährten, die ich beschwor, Abschied
zu nehmen. Denn nun verlassen sie mich, stehen selbständig
und nicht mehr wandelbar vor mir, wenn ich selbst sie auch
immer in Klang und Rhythmus, in Aufbau und Ausklang
noch als meine Kinder erkennen würde, auch wenn sie mir
durch die andern, Nachdrängenden, die meine Tages- und
Nachtträume erfüllen, fremder wurden. Nie aber könnte ich
eines von ihnen, ob Vers, ob Erzählung, ob erzählendes Gedicht (ich selber hätte nie den Ausdruck ›Ballade‹ gewählt,
der aber zur Zeit ihres ersten Erscheinens ein Modewort
war), als besonders bezeichnend für mein Schaffen nennen –
vielleicht nur bezeichnend für das Lebensalter, in dem es
entstand. Es gibt Verse, die man nur in der Jugend schreibt
(wobei man ja, mangels eigenem Erleben, sehr oft nur von
andern gehörte Worte und Gefühle, hingerissen von ihrer
Magie, wiedergibt, wie ich in dem mir so ganz wesensfremden ›Mädchengebet‹). Die ›Frauen von Nidden‹ konnte ich
nur auf der Nehrung angesichts der Hohen Düne schreiben,
und die ›Fähre‹ – das ahnende Gedicht vom Abschied des
Memellandes – nur im Roten Krug von Tawellningken (wo
es auch bis zuletzt noch hing!). Nur in der Lebensmitte,

noch unter dem Schatten wirrer Nachkriegszeit, aber erfüllt
von dem Glück selbständigen Berufs und bewegt von der
Erinnerung an teure Verlorne, in einem unsrer harten Winter, angesichts des vereisten Pregels, von der ›Fahrt der sieben Ordensbrüder‹ berichten.
Zu tief, zu unauslöschlich lebt in mir die Trauer um meine
verlorne Heimat, als daß ich noch einmal, wie im Lager
unter meinen Schicksalsgenossen, um sie klagen könnte!
Aber wie eine Mutter ja auch im Tod nicht von ihrem Kind
geht, bleibt sie – und nicht nur in der Erinnerung – doch
immer um mich, so wie ich sie auch früher auf allen Reisen
fand, wohin mein Weg mich auch führte.

DER GOLDENE TAG

Es gibt Menschen, die es im Frühling mit dem Wandern
bekommen. Und es gibt solche, die es im Herbst packt. Die
sind entwöhnt, wenn die Wandervögel ziehen. Zu denen
gehöre ich. Und wenn dann ein guter Tag kommt, ein Vormittag wie dieser opal strahlende, nach der brausenden
Nacht, deren Sturm plötzlich mit der Morgensonne verstummte, dann muß ich spazieren gehen. Kein Gedanke an
Flickschusterrechnung hält stand vor der Erinnerung an
Spinnweben im Herbstgras, an Schlehen in den Hecken,
Quitschendolden zwischen gelben Fliederblättern, weißen
Windwolken vor hellem Herbsthimmel. Und so trabe ich
denn los, gleich nach der eilig heruntergegossenen Mittags-
suppe.
Eigentlich hätte ich irgendwo Schlange stehen müssen. Ei-
gentlich hätte ich den Krepsch nehmen müssen und sehen,

noch was einzukaufen, ehe der Rest meiner Papierscheine den letzten Wert verliert. Eigentlich hätte ich Strümpfe stopfen und damit meinen wertbeständigen Besitz erhalten müssen; eigentlich hätte ich Korrektur lesen und wegschicken müssen vor der neuesten Portoerhöhung. Aber uneigentlich ging ich auf die Wanderschaft.

Es war um die Stunde, da Pan schläft, als ich um den Oberteich wanderte, auf der Nordseite, an den Schrebergärten vorbei. Der zitternde, weiße Mittagsglast lag über der bunten Fruchtbarkeit, die braune Gartenerde roch so gut wie frisches Brot, Herbstastern und Chrysanthemen funkelten aus den Beeten, bunte Georginen standen hinter abgeernteten Obsthecken und kein Vogel sang, kein Mensch sprach in der Stille, in der alles blau und golden war, das Wasser, das Laub, der alles erfüllende, alles auftrinkende Glanz des Himmels, dieses endlosen Himmels der Ebene, in dessen strahlendem Licht wir schwimmen wie ein Stückchen abgerissenes Wiesenland im Haff. Nur das Wasser gluckste leise, als ich an seinen Uferrand kam, kurz vor der Brücke. Ein bißchen weißer Schaum lag im Sand noch von der stürmischen Nacht. Und unter der grauen Holzbrücke kam ein Schwan wie die Verheißung besserer Zeiten lautlos über das strahlende Wasser.

Ich sah noch mehr Wunder auf meinem Spaziergang. Ich sah das niedliche kleine Drosselbarthäuschen mit grünen Lädchen und blanken Fensterchen und einem blauen Rauchkringel überm Schlot in einem artigen Gärtchen stehen, wo ich im Frühling noch graue Brache gesehen hatte. Ich sah drei schnatternde Gänse breitspurig und selbstbewußt durch einen Villengarten watscheln, dessen exakte Gepflegtheit mir sonst als das Vorbild alles Hochherrschaftlichen erschienen war. Ich sah einen kleinen weißen Spitz, herbstselig wie mich selbst, einen herrlichen Spaziergang am Wegrand machen, wie er mannhaft gegen einen Goldstrom raschelnder Ahorn- und Pappelblätter schwamm. Ich hatte ein Mittags-

schwätzchen mit einer halbverschlafenen Ziege am Bahndamm. Und ein sehr bewegtes mit einem grauen Pinscher,
der mich durchaus für einen Einbrecher hielt, weil ich am
weißen Gartenzaun seines Landhauses stand und die Chry-
santhemen-Rabatte dahinter so lange betrachtete. Es waren
jene kleinen, fliederfarbenen und rostroten Chrysanthemen,
die bis in den November blühen und deren Fliederblüten
und papiergraue Blätter scharf nach Moschus riechen. Ihre
Farbe und ihr Duft zaubern bis in die kleinste Einzelheit das
graue Sandsteinhaus mit dem großen Erkerfenster her, den
smaragdgrünen Rasenplatz davor und die beiden Erdbeer-
bäume am Gittertor in der Lorbeerhecke, weit drüben in
dem anderen Land, wo ich »Fräulein« war, bei lieben, lusti-
gen Kindern. Das ist versunken in dem bitteren Tränenmeer
Krieg, nur der Duft dieser Chrysanthemen ruft es zurück.
Aber wie soll ich das einem Pinscher klarmachen?
Und dann kam das schönste Wunder, die Wanderung durch
den Stadtgarten. Als die Elektrische noch zehn Pfennig ko-
stete, da bin ich so oft hier herausgefahren, kannte seine
Beete und Wege, und feierte seine Feste mit – das Fest der
Zieräpfel, der Fliederblüte, der weißen Rosen, der Dahlien.
Jetzt komme ich selten her, alle halbe Jahre. Aber die runde
Bank unter der Linde am Teich ist noch da. Letzter Phlox
blüht hellrot vor den hoch gewordenen Birken drüben, die
noch ihr ganzes goldenes Herbstlaub haben und es prächtig
im Wind schütteln. Salvien glühen im Beetgarten, bunte Pe-
tunien duften nach Vanille, überall blühen rote Dahlien, und
überall glühen rote Beeren zwischen goldenen Blättern. Sor-
busbeeren und Feuerdorn obenan. Das Herbstfest ist auf der
Höhe, die Büsche stehen wie berauscht vor Seligkeit in ihrem bunten Schmuck in der vergißmeinnichtblauen Luft –
kein Auge sieht sie. Ein Dohlenschwarm steigt in das Blau,
seine Schwärze läßt es noch leuchtender erscheinen, sein
schmatzendes, schluchzendes Rufen jauchzt aus dem Licht.
Zwischen den grünen Tuja- und Fichtenwänden, warm und

geborgen, liegt die Kinderstube der kleinsten Tannen und Fichten. Die Sonne glüht, die Nadeln duften herb und harzig, die Ruhe, die Unschuld, der solide Atem einer Wiege liegt über dieser grünen Einsamkeit. Sanft, ganz sanft klingt das Brausen der großen Stadt in diese grüne Stille, wie das Brausen eines fernen Bienenstocks. Die schlanken Wipfel der Bergtannen hinter der grünen Wand wiegen sich im Mittagswind und singen leise sausend. Der weiche Rauch eines Queckenfeuers zieht wie Weihrauch so blau und zart durch den Sonnenschein. Alle Zeit hört auf in diesem Frieden.

Ich kam nach Hause mit einem Wunderstrauß von zwölf goldenen, braunen, zitronengelben, flammroten und tiefgrünen Blättern, die mir zwölf Herbstbäume zugeworfen hatten. Mit einem Gingkoblatt und einem Eibenzweig und einer Quitschentraube. Kam nach Hause durch lauter Bläue und sah den Mond goldenrot wie ein Ahornblatt in diesem sanften Veilchenhimmel aufsteigen. Und sah am Abend den Pregel mit einer breiten Silberbahn mit sprühenden Silbertropfen hinter jedem Boot. Und sah ganz spät den Dom ungefüg, dunkelrot, vorweltlich mächtig vor dem weißen Feuer des Mondhimmels stehen, das hinter seinen beiden Giebeln, hinter seinem Turm glühte, und das goldne Seeweibchen seiner Wetterfahne schwamm darin, wie in einer blausilbernen See.

»Der Dollar steht auf vierundsechzig«, sagte Romeo, der neben mir unterm Laternenpfahl mit seiner Julia stand.

»Na siehst du, hättest du man gestern die Stiefel gekauft!« sagt Julia. »Ich hab mich schon immerzu geärgert, das war ein gräßlicher Tag ...« Und dann wanderten sie weiter, und was herüberschallte, waren nicht Küsse, sondern Kurse.

Ich blieb noch eine Weile am Zaun des Bankgartens und sah in den Mondhimmel, besah mir noch das Dachreiterchen, dem der Mondschein so besonders gut steht, und kam mir recht unsozial vor. Denn ich hatte einen guten Tag gehabt. Einen Tag von Gold.

MEIN DOM

Noch einmal soll ich von dir reden zu andern, zu jenen, die dich noch kannten, wie ich, und den andern, denen du nur Sage wurdest, wie Ilion den Karthagern.

Immer warst du in meinem Leben, mein Dom, wie Vater und Mutter, warst vertraut wie die Stimme deiner Glocken, die mich in den ersten Schlaf sangen.

Wenn ich zu dir emporblickte, schwindelnd vor der Höhe deiner riesigen, speichergleichen Front, sah ich im Wind die Wolken über dir wandern, über hohen Nord- und niedrigen Mittelgiebel und über den spitzen grünen Turm mit der blinkenden Wetterfahne, mit der großen Uhr, deren Schlag ich liebte wie ein Ammenlied. Noch trugst du über deinem Purpur den grauen Mantel des Alters und der Armut, wie die heilige Elisabeth den Bettlermantel überm fürstlichen Gewand. Aber kein Gips und kein Kalkpinsel, der über deine Wände und Pfeiler fuhr, von Nüchternheit und Dürftigkeit der Herzen geführt, hatte ganz die edle Schönheit deiner Halle, deiner schönen Bogen verwischen können.

Aber ich liebte dich auch in dem Staub des Alltags, als ich endlich zu dir durfte, nicht nur durch die offne Tür nach Kerzenschein und goldfunkelndem Altar spähen konnte. Und wie jedes Kind einmal andächtig gehörte Legende im Herzen weiterspinnt, so glaubte ich, daß du an dem Tag, als der heilige Adalbert hier den samländischen Fischern und den Natanger Bauern predigte, auf sein Geheiß aus dem Gras und Röhricht der Fährmannsinsel gestiegen wärst, aufwuchsest wie eine der uralten, riesigen Eschen des heiligen Hains der Steilküste, und daß dann das vielfältige bunte Leben deiner Stadt von dir geweiht wurde, wie der alte Baum tausendfältiges Leben aus seinem Samen sprießen und in seinem Schutz aufwachsen läßt zu rauschendem Wald.

Schwer wurde es dem Schulkind zu verstehn – als mühsam

erlernte Geschichtszahlen zu lebendiger Wirklichkeit wurden – Liebgewordenes aufzugeben, und einzusehen, daß Jahrhunderte vergingen seit jenem Tag. Daß der Märtyrer schon lange in seinem Silbersarg schlief und sein Freund, der kaiserliche Jüngling, die Ottonenkrone weitergegeben hatte an die Salier, daß Kaiser auf Kaiser sie getragen hatte in dem großen deutschen Reich jenseits der großen Ströme, bis der schwarze Reichsadler der Staufen über diesem weiten grünen Land an der Ostsee stand wie der Seeadler über dem Kiefernwald der Nehrung. Schwer zu glauben war es, daß diese Stadt, die an den Lehmhängen des Waldberges – auf dem nun die Ordensburg mit Wällen und Toren lag – mit Häusern und Höfen gaßauf und gaßab kletterte, mit Mühlen und Brauhäusern am Bach des Burgbergs erwuchs, ja über die Holzbrücken vom Nordufer bis zum Westkai der Pregelinsel fand – erst als sie fast 80 Jahre lang ihren stolzen Namen »Königsberg« führte, daran ging, hier, auf dieser Insel die Eichenpfähle in den Sumpf zu rammen für den Rost des Domes. Den sie den »neuen« nannten – aber nur kurze Zeit, denn sie vergaßen bald den erstbegonnenen drüben in der jenseitigen Altstadt. Die größte und schönste aller Kirchen im Ordensland sollte er werden, Herz dieser wachsenden jungen Stadt.

Noch lebte Erinnerung langer und harter Kämpfe im Herzen seiner Erbauer, und die Ostwand des Hohen Chors spiegelte sich in dem tiefen Pregelarm mit ihrem Wehrgang mehr wie eines der »Festen Häuser« des Ordens in den Grenzwäldern, als die Mauer einer Kirche. Aber Ludger von Braunschweig, der fromme Hochmeister, war ein weiser Bauherr und allem Friedenswerk und -künsten hold. Und so wuchsest du, mein Dom, auf zu dem edlen hohen Gotteshaus, das er sich wünschte.

Als du schon ein Greis warst und näher dem Vergehn, als wir, die dich verehrend liebten, es ahnen konnten – da tauchte unter Mörtel und Putz an der Türwand der uralten

Dorfkirche zu Pobethen im Samland, hinter dem riesigen, flammenbärtigen Christophorus, der ein wohlbewärmtes Christuskind schwer watend durch die graugrünen Ostseewellen trug, statt dem Kapellchen des Einsiedlers dein Bild aus der hellen Wand. So, wie die Lebenden jener Zeit dich sahen, wenn auch dem zarten Umriß die Farbe fehlte.

Aus dem schweren Lehm unseres Landes brannten die Ziegeleien des Ordens die langen Backsteine, denen geheimgehaltener Brauch die Härte gab, heiße Sommer und eisige Winter zu ertragen, und sie in einem Purpur leuchten ließ, wie ihn auch die verwandten Backsteinbauten der Ostseestädte, die Kirchen der grünen Niederungen jenseits der Weichsel nicht besaßen.

Prächtig wie die Remter der Marienburg war deine Halle mit den buntausgemalten Wänden, den geschmückten Rippen der Pfeilerbogen, die das hohe Gewölbe trugen wie der Buchenwald am Haff die verflochtenen Kronen. Im weiten Hohen Chor hinterm Hochaltar, wo die Gebietiger des Ordens tagten, legte sich als erster dein Erbauer zum Schlaf. Über seiner Grabnische lag das buntbemalte Abbild, das ihn zeigte, wie spätere ihn sich dachten, bärtig und puppenstarr.

Fremder und kälter als dies Bild vorgetäuschten Lebens wirkte in der stillen Dämmerung des Kirchenraums das große, prunkende Marmorepitaph an der Ostwand, das Albrecht, der letzte der Hochmeister und erste Herzog des Landes, hier schon zu seinen Lebzeiten errichten ließ. Der blasse Stein, die damals neue, erklügelte Regelmäßigkeit waren nicht unserer Art verwandt, während doch die moderbereifte reiche Schnitzerei an dem Holzgestühl des Hochmeisters und Gebietigers mit der heiteren Fabelei, die aus ihrem Rankengewirr blickte, immer noch vertraut blieb, wie ein nie vergessener Kinderreim.

Denn du, mein Dom, kanntest nie die strenge Düsterheit andrer berühmter Kirchen, sowenig wie puritanische Schmucklosigkeit. Als schon seit dem Weihnachtstage 1523

deutsche Predigt von deiner bunten Kanzel klang und
Luthers Lehr in die Dorfkirchen einzog – da behieltest du
noch den goldnen Hochaltar, und von der Wand des Nord-
chors lächelte immer noch die zarte junge Gottesmutter –
letztes deiner Madonnenbilder, von Lucas Cranach gemalt.
Die lebensfrohe Zeit des nächsten Jahrhunderts ließ hier in
dem Land, das der fürchterliche Krieg verschonte, der dreißig Jahre lang das heilige deutsche Reich verheerte, nicht nur
das Kirchenlied neu erblühn durch deinen Organisten Heinrich Albert und die Dichtkunst durch seinen Freund, den
Magister Simon Dach, der im Schatten deiner Mauern, deiner Friedhofslinden lebte – sie konnte sich nicht genug tun
in prächtigem Schmuck ihrer alten Kirchen. Um den kantigen Schrein des Altars mit dem Weltrichter legte sie die
üppigen Girlanden goldenen Schnitzwerks, und die Kapelle
der Nordwand mit dem uralten Taufstein wurde durch eine
Säulenreihe vom Gang getrennt, auf deren Sims blühende
junge Mütter rosige pausbäckige Brustkinder in den runden
Armen hielten. Aus dem Orgelchor, der sich wie ein Schiffs-
bug vorwölbte, an dem wie eine Gallionsfigur das Schild mit
der Kogge hing, wuchs das silberne Pfeifengewirr, genienge-
schmückt, funkelnd und tönend, strahlend heiter noch, als
die Nüchternheit superkluger Aufklärungszeit und mißver-
standner Ordnungssinn schlimmer als Kalkputz und Staub
über dich hingingen, mein Dom! Aber selbst in den Jahrzehnten der Verarmung durch allzu schwere Kriegszeiten,
durch Seuchen und Feuersbrünste, die den Reichtum deiner
Stadt vernichteten wie ihre Menschen, behieltest du immer
noch etwas von der edlen Würde deiner Jugend, von der
Schönheit vergangner Zeit.
Und als dann nach Jahrzehnten des Stillstandes mit dem
reich werdenden Preußen auch zu dieser Stadt neuer Wohl-
stand kam, wieder fremde Schiffe in ihren Hafen fanden – da
zogen die Kaufleute, die Notare, die Gelehrten fort von der
alten enggewordnen Pregelinsel, von den Beischlägen der

Langgasse, den Holzveranden der saalartigen Plätze, den Giebelhäusern am Kai – hinauf in die vielstöckigen Wohnhäuser in den neuen Straßen der Oberstadt um Schloß und Schloßteich, nahe zum Theater und dem hellen Backsteinbau der Universität am Paradeplatz. Nur wer hier wohnen mußte um Handels und Erbes willen, oder wer nicht fortfand aus den alten Gassen, an denen sein Herz hing, blieb hier noch auf der alten Kneiphofinsel, die mit dem neuen Jahrhundert immer mehr zur »City« wurde. Am Tag vom Lärm und Feilschen des Marktes, der Läden, der Kontore hallend – am Abend aber verstummt und menschenleer, nach dem Abendlied des Schloßturms in Schlaf versunken wie die hohen, fachwerkbunten Speicher der Lastadie, wie die planverhangnen breiten Holzkähne auf den Pregelarmen.

Aber auch die Straßen der Oberstadt wurden stiller. Viele zogen hinaus in die grünen Vororte, die draußen jenseits der geschleiften Wälle entstanden, deren düstere Glacis an Gräben und Teichen sich zu schönen Parks wandelten.

Aber doch vergaßen sie dich nicht, mein Dom! Immer noch bliebst du für Arme wie Reiche die ersehnte Hochzeitskirche, mehr noch als die Schloßkirche. Immer noch führten deine Pfarrer – von denen der erste im Volksmund noch »der Domchen« genannt wurde – eine so große Schar von weißgekleideten Mädchen und dunklen Bruderpaaren am Morgen des Einsegnungstages über den weiten Platz vom Pfarrhaus zu deiner weitoffenen Tür, wie die kleine Gemeinde der Pregelinsel und -ufer sie allein doch nicht zu dir in die »Kinderlehr« schicken konnte. Immer noch warst du am Heiligen Abend, wenn die großen Waldtannen zur Seite des Altars im Kerzenglanz standen, übervoll von Menschen, die durch den eisigen Ostwind, durch treibenden Schnee zu dir wanderten aus allen Stadtteilen, allen Vororten, um in deiner Halle – die nun wieder in bunter Pracht strahlte wie in deiner Jugend, wie du wieder dein altes Purpurkleid trugst – die alten Lieder zu singen in dir, wie aus deinem Mund die

Weihnachtsgeschichte zu hören! Und wo – und wäre es die größte und schönste Konzerthalle gewesen – hätten wir das Osterlied der Matthäuspassion hören mögen als in dir?

Aber es kam ein Abend nach heißem Augusttag – da lagen Platz und Gassen um dich so still, so menschenleer, wie sonst erst in der Dämmerung. Da stand ich vor der Anschlagsäule zwischen deiner Südwand und den alten Linden und versuchte das Wort zu fassen, das meine Augen lasen – aber mein Herz nicht faßte.

Ein junger Arbeiter kam von der Brücke her und las es wie ich – und sein junges, sonngebräuntes Gesicht wurde wachsweiß, als seine Lippen es formten: »Kriegserklärung!« Und nun erhob sich über uns das Gedröhn des großen Geläuts all deiner alten Glocken, denen die andern vom Schloßturm, vom Löbenicht, von allen alten Kirchen auf den Hügeln der Oberstadt, vom Haberberg, aus den Vororten antworteten. Einfallend in dein Sturmläuten, mit ehernem Mund Klage rufend über Stadt und Land, über Haus und Hof, über Hafen und Speicher, über Tier und Mensch, über Tote und Lebende, über uns beide, die Alternde und den Jungen, die sich nicht kannten und die hilflos und fast verwundert in dem Gewoge dieses Geläuts bangten, wie Ertrinkende in der Brandung. –

Einmal noch, o mein Dom, habe ich dich so klagen hören – dreißig Jahre nach jenem Augusttag. Aber kein Abendschein war es, der deine Backsteinwand aufglühen ließ, kein Kerzenglanz, der deine bunten Fenster erhellte – Feuer, das im Getöse der Apokalyptischen Reiter niederstürzte und deine Stadt vernichtete, ließ auch dich aufstrahlen in seiner Höllenglut.

Fern von dir, nahe dem Hufenbach, nahe den grünen Friedhöfen wohnte ich. Und als ich dann endlich mit Nachbarn und Freunden hinauslief aus dem Keller in die plötzliche Stille, in der nun nur das Knistern zu hören war von Flammen und berstenden Mauern, da sahen wir, erstarrt von

Grauen, zu entsetzt, um zu weinen – nur den roten, aus Rauch und Gewölk widerstrahlenden Schein des Feuers, in dem unsre Stadt verging.

Und dann über dem Sausen, dem Knistern hörten wir den Todespsalm, den die Glocken der sterbenden Kirchen, geschwungen vom Feuersturm, dieser Stadt sangen. Und ich hörte, mit der Gewißheit, die Liebe gibt, aus dem Chor der zerschmelzenden Todverfallnen den Ruf deiner Glocken, mein Dom! Vaterstimme, noch im Sterben tröstend mit heiligem Spruch, hinweisend über Vergehn des Vergänglichen zu dem Ewigen, zu »dem bestirnten Himmel«, der auch über diesen Brandwolken stand in aller Herrlichkeit der Augustnacht, so wie er heute steht über mir in dem erntemüden Land im Westen und über der leeren Totenstadt deiner Insel, über deinen geborstenen Mauern, mein Dom!

KÖNIGSBERG
13. Juni 1924

O Heimatstadt!
           Wir stehen heut vor Dir
Wie Kinder an der Mutter Ehrentag,
Die vor der Gästeschar, verwirrt und zag,
Vor Eifer doch und frohem Stolz vergehn
Den Wunsch zu sagen.
           Um im Schoße ihr
Scheu ins geliebte Antlitz aufzusehn,
Das hold vertraute, das so schön geschmückt
Festlich verwandelt auf sie niederblickt
Bis sie sich mühn sein Lächeln zu verstehn

Um forschend seine Züge zu erspähn
Als sähen sie sie heut zum erstenmal.
Wie wurdest Du?
                    Wer bist Du? Und wohin
Dein Weg und unsrer? Süße Mutter, sprich!
Geliebter Mund, gib unserm Dasein Sinn!

Es war einmal:
                    Höre, mein Kind!
Gletscher schmolzen und Völker, die lange vergessen sind.
Ungezählte Jahre brauste der Wind
Von Haff und See über das sumpfige Tal.
Zur hohlen Linde die Biene Honig trug,
Elch und Keiler suhlten im Erlenbruch,
Unterm Urwald schliefen Ringwall und Gräbermal.

Dann kam der Tag da die erste Axt erklang,
Heilige Rune, die mich ins Leben sang!
– – –

Stämme stürzten stöhnend bei meiner Geburt,
Von blitzendem Pfeil, von sausendem Speer umsurrt.
Todesschrei röchelte. Rot trieb unten die Furt.

Aber ich stieg aus der grünen Tiefe empor,
Aus eichenen Bohlen gefügt, aus Lehm und Rohr,
                                        mit Brücke und Tor,
Mit dem steingetürmten Herd, draus mein erstes Feuer
                                                        schlug,
Mit dem schollernden Knüppeldamm, der die
                                        Weißmäntligen trug.

Und es sprach der Greis, der zur Seite des Böhmen ritt:
»Die Beste, die namenlose im Preußenland,
Herr, Dir zu Ehren sei sie fortan genannt!«

Doch leise sprach er, als er vom Sattel glitt
Zu den Pfosten am Tor und es rührte sie seine Hand,
Hochgeadert, schwertmächtig, schwarzbraun vom
                                        Wüstenbrand:
»Castrum regium, die weit über Akkon schaut,
Du dörferreiche Verlorne, meines Alters blühende Braut,
Und Du, Tor des Ostens das alle Straßen hielt,
Du Brücke von Abend zu Morgen, in blutigem Ringen
                                        verspielt,
Du letztes Bollwerk, Du Hort des Glaubens, Mont-Royal,
Erwacht mir zu Ruhm und Ehre zum andern Mal –
Schwarzweiße Ordensfahne, steig auf über Königsberg!«

Sie wehte vom Schaft, im Ostwind gebauscht, über
                                Mauern und Wipfel getragen,
Da kams durch die Furt gerauscht, da knarrten die Wagen
Mit triefenden Rädern hinauf den lehmigen Berg.
Blondbärtige Männer lenkten das Ochsengespann
Und starrten mich lachend aus hellen Augen an.
Zwischen Schaff und Züchen krochs rotbäckig hervor
Und sie hoben die Kleinsten, zappelnd und nackt, zu mir
                                        empor,
Ich trank ihre Stimmen und trank ihrer Kinder Schrein
Und trank das Wunder der Wunder, eine Seele in mich
                                        hinein!

– – –

Ich sah sie kommen und gehn, Geschlecht um Geschlecht.
Deutschherr und Siedler ging, Priester und höriger Knecht.
Wald wurde Wiese, wurde Gasse und Haus.
Türme ragten mit dröhnendem Mund über die Firste hinaus.
Meine Kinder wuchsen:
                        Altstadt, Kneiphof und Löbenicht.
Ich liebte sie.
                Sie aber liebten sich nicht.

Mächtig über den Andern, wehr- und türmegekrönt,
Lag mein Erstgeborenes, prächtig und stolz.
Mühlen rauschten am Teich. Hunde blafften im Holz.
Fackelhell war die Nacht. Der Morgen hifthorndurchtönt.

Reich und satt um den Dom, mit steinernen Engeln und
                        Ranken um Beischlag und Brückentor
Lag die Inselstadt unten im Strom, mit den fliesenblanken
                        Festsälen, dem Federgekratz im dunklen Kontor.
Breitbäuchige Koggen und Kuffe blähten üppig die Segel,
Korn und Obst und Heu schwamm zwischen den Schliepern
                                  im Pregel.

Drüben am Berg um den Bach, winklig und warm,
                        hausten die Melzenbräuer.
Durch den Malzdunst um Luke und Fach kreiste der
                    Taubenschwarm. Vor Speicher und Scheuer
Klopfte der Küfer das Faß.
                  An klirrender Peede
Trug die Magd das schäumende Bier.
    Laut rollten die Wagen. Breit rollte die plattdeutsche Rede.

Meine schönen Kinder, Altstadt, Kneiphof und Löbenicht,
Ich liebte sie.
              Sie aber liebten sich nicht.
Ich wollte sie groß und wollte sie einig sehn
Und sah sie träge und schmollend und neidisch stehn.
– – –
Über mein holpriges Pflaster stampfte ein schwerer Stock.
Er humpelte keuchend bergauf im blauen Soldatenrock.
Breit war er. Sein Kopf war rund. Die Binde würgte sein
                        kurzes Genick.
Doch die Stirn war hoch. Fest war sein Mund und
                    funkelnd sein Blick.
Am Schloßtor stand er, der König. Er atmete schwer.

                                        Die verschwollene Hand
Preßte den Ordenstern. Er flüsterte tonlos. Ich aber
                                                        verstand,
»Weiber und Jagd und Spiel für Andre – Arbeit für mich!
Preußen, du Witwe am Weg, ich freite um Dich.
Kinder erweckte ich Dir und machte die Hungrigen satt.
Brache ward Acker. Öde ward Dorf und Wildnis Stadt.
Doch sie wohnen weit von der Welt. Sie waren zu lange
                                                        allein.
Locker sitzt ihnen das Geld. Lockrer im Munde das Nein.
Sie nehmen das Leben leicht. Wie's kommt, sie lassens
                                                        geschehn.
Doch der liebt sein Kind, der es streicht. Der es gängelt,
                                                        lehrt es gehn!«

Er lachte leise und suchte nach Dose und Tuch.
»Heute drei Städte, drei Räte und Klatsch und Geschrei –
Morgen die einige Stadt und ein einiges Rechnungsbuch.
Morgen, Königsberg, mach ich von Dir Dich frei.
Lerne! Du bist zum Lernen noch jung genug.
Ich schreib ein Wort an die Tafel. Ein einziges:
                                                        »Pflicht«.

Du wirst es lesen. –
                        Ich aber höre es nicht.
Die Hand, die es schrieb, wird matt. Ich will heimwärts
                                                        gehn.
Du alte Stadt, Du neue Stadt – wie wirst Du und
                                        Preußen bestehn?«

– – –

Sie lernten. Sie lasen das Wort. Über Schutt und Brand
Boten sich Arm und Reich die Bruderhand.
Sie trugen zusammen die Not. Sie trugen der Knechtschaft
                                                        Schmach.

Sie zogen mit ihrem Blut die Schrift auf der Tafel nach
Und schrieben ein Wort darüber. Ein einziges. »Kant«.
Und wurden im Feuer geläutert. Und bestanden wie
                                    Preußen bestand.

– – –

O Heimatstadt!
            Wir haben Dich gehört,
Nun höre Du!
            Wir haben Dich gesehn
Vom Schall der Kriegsposaune aufgestört,
An Deinem leeren Hafen weinend stehn.
Wir hörten nachts in Deinen dunklen Gassen
Im Traume Dich um Deine Kinder weinen.
Wir sahn Dich zittern um die hungerblassen
Greise und Deine mattgeäugten Kleinen.
Wir sahen Dich, wenn hold und langgezogen
Des Abendliedes Stimme niederklang,
Vom Turm ins Land spähn aus dem Fensterbogen.
So sieht der Inselwächter auf die Wogen,
Sieht Strand und Deich und Buhne aufgesogen
Und alle Zeichen deuten Untergang.

– –

So stand ich, meine Kinder!
                        Und ich mußte
Den bitteren Kelch bis auf die Hefen trinken.
Sah Kronen stürzen, heilige Fahnen sinken,
Sah flammender Nächte trunkne Raserei,
Sah ewiger Grenzen Steine frech verrücken
Und hörte über den zerklirrenden Brücken
Verlorener Völker irren Todesschrei!

Und spürte meiner Kinder Graun und wußte
Geb ich mich auf und wirke heute nicht,
Dann sprech ich mir und ihnen das Gericht!

Ab warf ich mein verschlissenes Gewand
Und habe wie den lähmenden Gram gesprengt
Den Gürtel, der zu lang mich eingeengt.
Den Spaten nahm ich in die breite Hand:
Und Wasser flutete, wo Wiesen blühten,
Und Schienenstränge blitzten, Schlote glühten
Und Kai und Kran wuchs auf aus Sumpf und Sand.
Und Gartenstraßen wanderten ins Land
Und riefen stumm: Die Stunde hat geschlagen!
Kommt, Gäste! Bürger, kommt! Wir sind bereit
Ein neu Geschlecht in eine neue Zeit zu tragen!
Wir kommen Mutter!
                Wir, die Ungebornen,
Getrieben von den Seelen der Verlornen,
Dem Blut, das Du als Opfer dargebracht.

In Deiner arbeitsummenden Lebensglut,
Geschäftig in den allzukurzen Tagen
Zu Deinen Waben Stein und Geist zu tragen
Und vorzusorgen für die neue Brut.
Und dann zurückzusinken in die Nacht
Erfüllt und glücklich.
                Dankbar im Vergehn
Weil wir es wissen:
                Du wirst noch bestehn
Die weise Maklerin der baltischen Küsten,
Wenn schon im Westen, müde vom Erleben,
Die großen Schwestern sich zum Schlummer rüsten.

Dann wirst Du neuen Völkern Arbeit geben.

Durch Deiner Speicher eherne Schleusen wird
Der Körnerstrom der schwarzen Erde quillen
Der greisenden Europa Mund zu füllen.
Auf deinen Märkten tauscht der gelbe Hirt

Für Deiner Kinder künstliche Geräte
Die Fettigkeit der grünen Steppe ein.

Du wirst, ehrwürdige Ahnin junger Städte,
Das Herz des Landes sein, das um Dich blüht.
In einem großen Glauben wirst Du brennen
Und wirst den Fremden, die Dich staunend nennen
Und wirst dem Sohn, in dem Dein Lieben glüht

Gleichnis, Gewähr und Bild des Ewigen sein!

ABSCHIED VON KÖNIGSBERG

Es forderte zum Fackeltanze Dich,
Gekrönte Vaterstadt, der grimme Tod.
Wir sahn von seinem Mantel Dich umloht
Und hörten, wie bei Deiner Türme Neigen
Die Glocken sangen Deinen Todesreigen
Und sahen wie Dein Angesicht erblich.
Und sahen schauerlich
Den Pregel schwarz an den verkohlten Pfählen
Vorbei an leeren Hafenstraßen schleichen,
Und sahn, wie Opferrauch am Grab, die reichen
Schätze gesunkner Speicher qualmend schwelen.
Und sahen Deinen furchtbaren Freier Tod
Aus Deiner Gasse leeren Masken starren
Und durch den grauen Rauch stromabwärts fahren
Mit zuckender Beute auf verglühendem Boot.

So sahn wir Dich. Und sahn was uns gehört
Wie Mutter ihrem Kind, in stummer Klage,

Vom Schnee bestäubt, durch kalte Wintertage
Fremd um uns stehn, gespenstisch und zerstört.
Doch immer noch bedroht von Haß und Neid
Und immer noch in Deinem Witwenkleid
Von Deinem Feind mit Schwert und Sturm begehrt!
O Angesicht, so bleich und so verstört,
O Stadt, umtobt vom Kampf, durchwühlt von Leid –
Wir wandern fort aus den zerstörten Gassen,
Doch wissen wir, die weinend Dich verlassen:

Wenn unsre Augen Dich nie wiedersehn,
Wenn wir vergehn
Mit unserm Blut, mit unserm Hab und Gut –
Daß noch in Dir, o Mutter, Leben ist,
Und daß Du, Königsberg, nicht sterblich bist!

QUELLENNACHWEIS

Alte Liebe. In: Das Ostpreußenblatt, 10. Jg. 1959, Folge 10 (7.März 1959), Seite 3 f.

Gespräch mit den Ahnen. In: A.M., Unter hellem Himmel. Jena 1936 (Diederichs' Deutsche Reihe, Bd. 38), Seite 62–71

Das Bernsteinherz. In: A.M., Das Bernsteinherz. Erzählungen. Leipzig 1937 (Reclam), Seite 3–44

Nachtspaziergang. In: A.M., Gang in die Dämmerung. Erzählungen. Jena 1934 (Diederichs), Seite 68–77. – Erstdruck in der »Ostpreußischen Zeitung« (Königsberg), Jg. 1921

Altjahrsabend. In: A.M., Im Ostwind. Erzählungen. Jena 1940 (Diederichs' Deutsche Reihe, Bd. 101), Seite 5–22. – Erstdruck in der »Ostpreußischen Zeitung« (Königsberg), Jg. 1922, u. d. T. »Als der Kleine ankam«

Heimgekehrt. In: A.M., Dorothee – Heimgekehrt. Zwei Erzählungen. Königsberg 1931 (Gräfe und Unzer), Seite 7–26

Der Abschied. In: A.M., Gedichte. Stuttgart 1901 (J.G. Cotta Nachf.), Seite 124–128

Das Lied des Nöck. In: A.M., Kinderland. Leipzig 1930 (Hermann Eichblatt), Seite 37–40. – Erstdruck in der »Ostpreußischen Zeitung« (Königsberg), Jg. 1925, u. d. T. »Mein Schicksalslied«

Tine Sudaus Erzählung. In: A.M., Kinderland. Leipzig 1930 (Hermann Eichblatt), Seite 44–49

Die Kuh Vergißmeinnicht. In: A.M., Die Kuh Audhumla. Königsberg 1937 (Gräfe und Unzer), Seite 80–87

Gruß der Türme. In: A.M., Unter hellem Himmel. Jena 1936 (Diederichs' Deutsche Reihe, Bd. 38), Seite 33–40

Abschied vom Kinderland. In: A.M., Kinderland. Leipzig 1930 (Hermann Eichblatt), Seite 62–67 u. d. T. »Das Linsengericht«

Meine alte Lina. In: A.M., Die Meinen. Erzählungen. Düsseldorf 1951 (Diederichs), Seite 28–43

Die fremde Tante. In: A.M., Aus der Heimat. Geschichten und Bilder. Düsseldorf/Köln 1954 (Gesammelte Werke Bd. V, Diederichs), Seite 69–76. – Erstdruck in der »Königsberger Allgemeinen Zeitung« 4. März 1934 u.d.T. »Das Hütchen«

Kindergeburtstag. In: Das Ostpreußenblatt, 17. Jg. 1966, Folge 11 (12.3.1966), Seite 8. – Erstdruck in der »Ostpreußischen Zeitung« (Königsberg) u. d. Serientitel »Spaziergänge einer Ostpreußin«

Wenn der Schloßteich blühte. In: Das Ostpreußenblatt, 18. Jg. 1967, Folge 24 (17.6.1967), S. 8. – Erstdruck dto.

Nach dem Schneefall. In: Das Ostpreußenblatt, 18. Jg. 1967, Folge 4 (28.1.1967), Seite 8. – Erstdruck dto.

Klein-Jungchen. In: A.M., Der Vater. Drei Blätter eines Lebensbuches. Berlin 1932 (Eckart), Seite 9–23

Morgendämmerung. In: A.M., Der Vater. Drei Blätter eines Lebensbuches. Berlin 1932 (Eckart), Seite 24–32

Freundschaft. In: A.M., Der Vater. Drei Blätter eines Lebensbuches. Berlin 1932 (Eckart), Seite 33–47

Von der Bärenapotheke bis Oxböl (1946). Faksimile-Handschrift als Jahresgabe der Agnes-Miegel-Gesellschaft, Detmold/Minden 1974 (leicht gekürzt)

Zwei Erinnerungen. 1. Mein Leben. In: A.M., Kinderland. Leipzig 1930 (Hermann Eichblatt), Seite 5–9. – 2. Verlorene Heimat. In: A.M., Als ob ich in einen Spiegel blicke. Mitteilungen der Deutschen Hausbücherei, Hamburg (1958)

Der goldene Tag. In: Das Ostpreußenblatt, 19. Jg. 1968, Folge 43 (26.10.1968), Seite 8 – Erstdruck in der »Ostpreußischen Zeitung« (Königsberg) 28. Okt. 1923

Mein Dom. In: Merian, 8. Jg. 1955, Heft 12 Königsberg, Seite 11–15

Königsberg. In: A.M., Herbstgesang. Neue Gedichte. Jena 1932 (Diederichs), Seite 24–29.

Abschied von Königsberg. In: A.M., Du aber bleibst in mir. Flüchtlingsgedichte. Hameln 1949 (Fritz Seifert), Seite 6f.